마귀의 종노릇을 하는 목사들

마귀의 종노릇을 하는 목사들

ⓒ 김상진, 2024

초판 1쇄 발행 2024년 12월 2일

지은이   김상진
펴낸이   이기봉
편집   좋은땅 편집팀
펴낸곳   도서출판 좋은땅
주소   서울특별시 마포구 양화로12길 26 지월드빌딩 (서교동 395-7)
전화   02)374-8616~7
팩스   02)374-8614
이메일   gworldbook@naver.com
홈페이지   www.g-world.co.kr

ISBN   979-11-388-3780-4 (03230)

마귀의 종노릇을 하는 목사들

김상진 지음

"여자 목사들은 회개하라!"
"회개하여 멸망을 면하라!"

좋은땅

머릿글

 예수 그리스도의 종이며 여러분의 형제인 저자는 하나님과 구주 예수 그리스도를 통해 우리와 같이 소중한 믿음을 받은 여러분에게 그 믿음을 지키기 위하여 힘써 싸우라는 간곡한 권고의 뜻으로 이 글을 쓸 필요가 생겼다고 생각을 했습니다.

 그 생각은 다름이 아니라 오늘날 수많은 복음의 홍수를 타고, 하나님을 배반한 사람들이 몰래 여러분 가운데로 끼어들어 왔기 때문입니다. 그들은 경건치 않으며, 하나님의 은혜를 악용하여 방종한 생활을 하는 자들입니다. 그리고 또 그들은 오직 한 분이신 지배자이시며 주님이신 예수 그리스도를 부인하는 자들로서, 성경은 그들이 받을 심판을 이미 오래전에 예언하였다고 하였습니다.

 이자들은 자기들이 알지 못하는 것은 무엇이나 욕하고, 이성 없는 짐승들처럼 무엇이든지 본능으로만 이해하기 때문에, 바로 그 사실로 말미암아 멸망하고 마는 자들입니다.

성경은 "그들은 화를 입을 것입니다."(유1:11) 하고 기록하고 있습니다.

그렇게 화를 입을 그들은 아래와 같은 자들이라고 말입니다.

"그들은 가인의 악한 길을 따르고, 발람처럼 돈을 탐내다가 잘못에 빠져들어 갔으며, 고라처럼 하나님을 거역하여 멸망으로 치닫고 있습니다. 이자들은 흥청망청 먹어 대고 자기네 배만 채우며 여러분의 사랑의 식탁을 더럽히는 자들입니다."(유1:11-12; 현대인의 성경, 공동번역) 하고 말입니다. 이렇게 오늘날 교회가 사도 유다의 예언을 그대로 성취하고 있는 것입니다.

그것은 성경을 억지로 해석하여 많은 사람을 가인처럼, 멸망으로 인도하고 있는 것이며, 발락 왕의 재물에 눈이 멀어 버린 발람처럼, 목사들이 재물에 눈이 멀어 돈을 탐내고 있는 것이며, 제사장직까지 차지하려고 하나님께 반역한 고라처럼, 여자를 제사장격인 목사로 세움으로써 하나님을 거역하고 있는 것입니다. 그리고 여러분의 주머니를 털어 두려움 없이 먹어 대고 자기네 배를 섬기며, 그렇게 하여 여러분이 함께 나누는 사랑의 식탁을 망치는 암초들로, 그들은 지금 교회 안에서 그렇게 활동하고 있습니다.

성경은 오늘날 위와 같은 세상이 올 것이라고 미리 예언하여 두셨습니다.

"훗날에 사람들이 거짓된 영들의 말을 듣고 악마의 교설(악마의 교설;

wordrow.kr 사전; 남들이 잘 알아채지 못할 정도로 재치 있게 꾸며 하는 말)에 미혹되어 '믿음을 버릴 때가 올 것'이라고 '성령님께서는 분명히 말씀하십니다.'"(딤전4:1; 공동번역) 하고 말입니다.

말씀이 이러함으로 하나님과 구주 예수 그리스도를 통해, 우리와 같이 소중한 믿음을 받은 여러분에게, 그 믿음을 지키기 위해서 힘써 싸우라는 간곡한 권고의 말씀을 드리기 위해, 이 글을 쓰게 된 것입니다. 사람의 지혜에 의존하지 않고, 하나님의 능력에 의존하여 이 글을 쓰게 된 것이므로, 여러분이 구원의 문에 다다를 때까지, 성령님께서 인도하시리라 굳게 믿고 있습니다. 아무튼지 간에 뱀의 간사한 거짓말을 듣고 속아 넘어간 하와처럼, 거짓 목사들의 간사한 거짓말을 듣고 속아 넘어가, 그리스도에 대한 진실과 순결을 저버리지 않게 되기를 바랍니다.

그리고 전에 저자는 "영혼에도 감각이 살아 있어서"라는 책에서는 하나님께서 저자와 여러분의 손에서 **"피 값"**을 찾는다고 썼습니다. 그러나 저자는 오늘 여러분에게 이 책을 빌려 분명히 말해 두겠습니다. 앞으로 여러분 가운데 누가 **"멸망"**하게 되더라도 저자에게는 사도 바울과 같이 아무런 책임이 없다는 것(행20:26-27)을 말입니다. 그것은 저자도 하나님의 영원한 계획에 대한 말씀을 이 책 속에 모두 다 기록하여 여러분에게 전해드렸기 때문입니다.

하나님의 아들이신 그리스도께서 여러분을 악한 마귀로부터 지켜 주시기를 빕니다. 그와 같이 여러분을 넘어지지 않게 지켜 주셔서 자기의 영광 앞에 기쁘게 나서게 하시기를 빕니다. 또 한 형제 여러분 모두가 하나님과 예수 그리스도를 알게 됨으로써 은혜와 평화가 더욱 넘치게 하시기를 빕니다. 우리를 구원하여 주신 한 분이신 하나님께서, 우리 주 예수 그리스도를 통하여 영광과 권세와 권위를, 천지창조 이전부터 이제 와 또 영원토록 누리시기를 우리 주 예수 그리스도 이름으로 기도합니다. 아멘.

하나님의 나팔 소리 김상진 드림

차례

과거 현재 미래의 죄를
모두 용서 받았다?

오늘날 인터넷이 발달하다 보니 자신이 찾고자 하거나 보고자 하는 것은, 언제든지 검색만 하면 찾아볼 수 있는 시대가 되었습니다. 그러다 보니 성경에 관한 말씀도 언제든지 듣거나 볼 수 있는 시대가 되었습니다.

　저자의 어린 시절만 해도, 교회에 가야만 한두 분의 설교를 들을 수 있었던 말씀들이, 이제는 언제든지 다양한 교회들과 다양한 목사들의 설교를, 검색하여 들을 수 있게 된 것입니다. 그만큼 우리는 복음의 홍수 속에서 살아가고 있는 것입니다.

　이런 때가 될수록 우리는 말씀을 분별할 필요성이 절실하다는 것을 느끼게 합니다. 그것은 만일 여러분에게 선포되는 말씀을 분별하지 못하고 그들을 무턱대고 따라가다 보면, 자신도 모르게 최악의 길로 빠질 수도 있기 때문입니다. 그러므로 여러분 모두에게 분별의 능력을 주시기를 우리 주 예수 그리스도 이름으로 기도합니다.

어느 날이었습니다. 회사 출근 시간에 맞춰 출근하면서, 기독교 라디오 방송을 들었을 때, 황당한 설교를 들었습니다. 그것은 다름 아닌 "과거 현재 미래의 죄를 모두 다 용서를 받았다는 내용의 설교"였습니다. 그러한 설교를 듣고서도 그 자리에 참석한 사람들 가운데 그 누구도 반박하는 목사들이나 물어보는 사람들이 없었다는 것입니다. 서너 날을 들어도 정정 보도 발표도 없었습니다. 이렇게 전국으로 세계로 전파되는 방송에서 과거 현재 미래의 죄가 다 용서받았다는 황당한 설교가 전파를 타고 전해졌는데도 말입니다. 그런 설교가 옳다고 생각하는 것일까요?

그러한 설교는 신자들이 죄짓게 하는 설교이며, 신자들의 가정을 온통 뒤흔들어 놓는 설교인 것입니다. 이렇게 "남을 죄짓게 하는 자들은 심판을 면할 길이 없는 것"입니다. 그것은 왜냐하면 주님은 남을 죄짓게 하는 자들과 악을 행하는 자들을 주님의 나라에서 모두 추려 내어 불구덩이에 던져 넣을 것이라고 분명하게 말씀하셨기 때문입니다.

"내가 천사들을 보내겠다. 그들은(천사들은) **'남을 죄짓게 하는 자들'**과 **'악을 행하는 사람들'**을 내 나라에서 모두 추려 내어 **'불구덩이에 던져 넣을 것'**이다. 그러면 사람들이 거기서 통곡하며 이를 갈 것이다."(마13:41-42) 이렇게 말입니다.

말씀이 이러하니 우리는 "남(신자들)을 죄짓게 하지 맙시다." 그리고 그런 황당한 말에 속아 넘어가지 맙시다. 그리고 이 말씀만 기억하십시오.

"우리가 율법 아래 있지 않고 은혜 아래 있다고 해서 **'죄를 지어도 된다는 말입니까?' '결코, 그럴 수 없습니다.'** 여러분이 **'누구에게 자신을 바쳐 복종하면 그의 종이 된다는 것을 모르십니까?'** 죄의 종이 되면 죽음에 이르고, 하나님께 순종하는 종이 되면 의롭게 될 것입니다."(롬6:15-16) 하신 말씀을 말입니다.

저자는 이것을 여러분에게 알리려고 이 글을 쓰는 것입니다.

이렇게 "하나님을 믿는다고 하면서" 형제들을 죄짓게 하거나 죄짓고도 회개하지 않는 사람들 하고는 상종을 하지 말아야만 하는 것입니다. 이런 사람들이 온갖 악을 저지르기 때문(고전5:11; "내가 말하는 것은 '믿는다고 하면서도' 음행하거나 탐욕을 부리거나 우상 숭배하거나 욕설을 일삼거나 술 취하거나 약탈하거든 '사귀지도 말고' '함께 먹지도 말라는 것'입니다.")입니다.

주님은 이렇게 사도 바울을 통하여 괄호 안의 말씀과 같이 "그런 악한 사람들하고는 사귀지 말고 함께 먹지도 말라"고 말씀하셨습니다.

그리고 또 위와 같이 "교인이라고 하면서도 온갖 악을 행하는 그런 자들을 교회 밖으로 쫓아내라고도 말씀하셨습니다.

"그러므로 그런 악한 사람은 여러분 가운데서 쫓아내십시오."(고전5:13) 이렇게 말입니다. 왜 이렇게 교인이라고 하면서 온갖 악을 행

하는 그런 사람들을 교회 밖으로 쫓아내라고 하였습니까? 그것은 왜
냐하면 그런 악한 친구와 사귀면 여러분의 품행이 나빠지기 때문입
니다.

"여러분은 속지 마십시오. 악한 친구와 사귀면 좋은 버릇마저 그르
치게 됩니다. **'정신을 똑바로 차리고 죄를 짓지 마십시오.'**"(고전15:33-34;
현대인의 성경) 이렇게 말입니다. 그리고 이렇게도 말씀하고 있습니다.

"여러분 중에는 **'하나님을 모르는 사람'**이 있어서"(고전15:34; 공동번
역)라고 말입니다. 이렇게 하나님을 믿는다고 하면서 하나님이 어떤
분이신 줄을 모르는 그런 사람들이 악을 행하는 것입니다. "사실 하
나님은 태워 버리는 불이십니다."(히12:29; 공동번역) 이렇게도 하나님
에 대하여 말씀하시고 있는데도 말입니다.

그렇습니다. 우리 하나님은 죄를 짓는 사람들을 태워 버리시는 불
이십니다. 그러므로 여러분은 잘 들어보십시오. 하나님께서는 히브
리서 기자를 통해 "여러분은 속지 마십시오." 말씀하시지 않았습니
까? "정신을 똑바로 차리고 죄를 짓지 마십시오." 하고 말씀하시지 않
았습니까?

그리고 "한 사람이 잘 못 되면 여러분 전체가 영향을 받습니다."(갈
5:9; 현대인의 성경) 하고 사도 바울을 통해서도 말씀하시지 않았습니까?

그렇게 "적은 누룩이 반죽 덩어리 전체를 부풀게 한다는 것을 모르
십니까?"(고전5:6) 하고 말입니다.

이렇게 적은 누룩이 반죽 덩어리 전체를 부풀게 만들기 때문에 주

님께서는 그런 "악한 사람들을 너희 가운데서 쫓아내라"(고전5:13; 현대인의 성경) 하고 말씀하신 것입니다.

그리고 하나님 여호와께서는 "내가 거룩하니 너희도 거룩하게 되어라."(벧전1:16) 말씀하셨고 "거룩해지지 않고서는 아무도 주님을 뵙지 못할 것입니다."(히12:14; 현대인의 성경) 하고 말씀하셨습니다. 말씀이 이러한데도 죄짓는 것을 아주 가볍게 생각하는 사람들이 있습니다.

그러므로 여러분들과 같이 "주님의 피로 씻음을 받은 거룩한 사람들"(히10:22) 속에서 "계속 죄를 짓는 더러운 죄를 가진 사람들"이 끼어 살 수 있을까요?

주님은 교인이라고 하면서도 그렇게 온갖 죄를 짓는 사람들을 교회 밖으로 쫓아내라고 하셨고, 악한 죄를 짓는 그런 사람들에게서 떠나라고 하셨고, 그들의 부정한 물건을 만지지 말라고도 하셨는데 말입니다. 그리고 또 여러분은 보십시오. 주님은 사도 요한을 통해 이렇게도 말씀하셨습니다.

"만일 우리가 하나님과 교제한다고 하면서, **'죄를 짓는 어두운 생활을 계속한다면,' '우리는 진리대로 살지 않는 거짓말쟁이에 불과합니다.'**"(요일1:6; 현대인의 성경) 하고 말씀하셨고 "**죄를 짓는 사람은 누구나 하나님의 법을 어기는 것**'이며 '**법을 어기는 그것이 곧 죄**'가 됩니다."(요일3:4) 하고 말씀하셨습니다.

그러므로 여러분은 과거 현재 미래의 죄가 다 용서받았다고 주장하는 그런 마귀의 종노릇을 하는 목사들에게 속지 마십시오.

하나님께서는 이스라엘 지도자 모세에게 명령하시기를 **"악한 죄를 짓는 그런 사람들'**에게서 떠나고 그들의 부정한 물건을 만지지 말아서 그들과 함께 멸망함을 면하라"(민16:26) 이렇게 여호와를 거역한 고라와 그의 패거리들에게서 떠나라 하고 말씀하신 하나님이십니다.

하나님의 말씀이 이러한데도 "과거 현재 미래의 죄가 다 용서받았다고 말하는 사람들"이 있습니다. 이렇게 목사라는 사람도 하나님을 제대로 알지 못하고, 기독교방송에 나와 정신없는 소리를 하여, 듣는 많은 사람을 혼란에 빠뜨리고 있습니다. 집들을 온통 넘어지게 하고 있습니다.

이런 사람들은 하나님을 제대로 알지 못하는 사람들인 것(고전15:34)입니다. **"사실 하나님은 태워 버리시는 불이십니다."**(히12:29) 말씀하셨는데도 알지 못하며 그리고 "우리는 **'주님이 두려운 분'**이라는 것을 알고 있으므로 이것을 사람들에게 알리려고 합니다."(고후5:11; 공동번역) 하고 이렇게 사도 바울은 주님에 관하여 전파하고 있는데도 하나님을 제대로 알지 못하고 있는 것입니다.

그러므로 여러분은 하나님께서 우리가 어느 때에 지은 죄를 용서하셨는지에 대하여 잘 아십시오.

우리는 "아담으로부터 시작된 과거의 모든 죄"를 예수 그리스도를 믿음으로 용서를 받은 것입니다. 현재 짓는 죄와 미래에 짓는 죄를 "미리" 용서받은 것이 아닙니다. 그리고 그들이 주장하는 것처럼 과거와 현재와 미래의 죄를 통틀어서 모두 다 용서받은 것도 아닙니다.

그러나 그런 말도 아닙니다.

다시 더 자세하게 말한다면, 현재 짓는 죄는 있어도, 미래의 짓는 죄라는 항목의 죄는 없다는 것입니다. 그것은 왜냐하면 우리 주 예수 그리스도를 믿은 사람들은 누구나 하나님의 놀라운 빛을 받은 사람들이기 때문입니다. 그런데 만일 그러한 사람들 가운데 어떤 사람이 그와 같이 하나님의 거룩한 빛을 받은 후에 타락하게 되면 어떻게 될까요?

성경에서는 "하나님의 거룩한 빛을 받은 후에 타락하게 되면 두 번 다시 회개할 길이 없다고 말씀하고 있습니다."(히6:4-6)

그러므로 여러분은 잘 생각해 보십시오. 만일 위와 같이 어떤 사람이 하나님의 거룩한 빛을 받은 후에 타락했다면, 그 사람이 타락한 시점이 언제인지를 여러분은 잘 생각해 보십시오. 타락한 사람의 타락한 시점이 과거이겠습니까? 현재이겠습니까? 미래이겠습니까? 그렇습니다.

여러분은 현재에 사는 것이지 미래에 가서 사는 것이 아닙니다. 이렇게 현재의 짓는 죄가 시간이 지나가면 과거의 죄가 되는 것이지, 미래의 죄가 되는 것이 아닙니다. 그런데 여러분은 이렇게 여러분에게 오지도 않은 미래에 가서 죄를 지을 수 있겠습니까? 그러므로 미래의 죄를 짓는 사람들은 정말 대단한 초능력자들이라고 생각합니다. 오지도 않은 미래에 가서 무엇이 그리도 좋다고 미리 죄를 짓는다고 하니 말입니다.

주님은 시편 기자에게 미래에 대하여 이렇게 말씀하셨습니다. **"내일 일을 자랑하지 말아라. 하루 사이에 무슨 변이 생길지 모른다."**(시 27:1; 공동번역) 하고 말입니다. 이렇게 한 치 앞도 내다보지도 못하는 인간이 어떻게 미래의 죄까지 지을 수가 있겠습니까? 여러분뿐만 아니라 누구든지 죽을 때까지 맞이하게 되는 것은 현재일 뿐입니다.

만일 여러분이 타임머신이 있다면 죄가 무엇이라고 여러분은 그 타임머신을 타고 미래에 가서 죄를 지을 것입니까? 이렇게 말도 안 되는 말을 마귀에게 사로잡힌 목사들이 방송에서도 교회에서도 제멋대로 말하는 것입니다.

그렇게 삶 속에서 죄를 지어도 된다고 말하는 그런 교만한 사람들은 "하나님의 자비로우심과 엄하심"에 대하여 전혀 모르고 있는 사람들입니다. 주님은 사도 바울을 통해 하나님의 자비로우심과 엄하심에 대하여 이렇게 말씀하셨습니다.

"그러므로 여러분은 하나님께서는 자비로우시기도 하고 준엄하시기도 하다는 것을 알아두십시오. 하나님께서는 넘어진 사람들(공동번역; 당신을 거역하는 자들)을 엄하게 다스렸습니다. 그러나 여러분이 '계속 하나님의 은총 가운데 있으면 여러분에게는 자비를 베풀 것'이지만 **'그렇지 못할 때에는 여러분도 잘려나갈 것입니다.'"**(롬11:22; 현대인의 성경, 공동번역) 하고 말입니다.

예수님께서도 같은 말씀을 제자들에게 이렇게 가르치시지 않았습니까?

"나에게 붙어 있으면서 열매를 맺지 못하는 가지는 아버지께서 모조리 쳐내시고"(요15:2; 공동번역)라고 말입니다. 이렇게 "그리스도 안에서 살지 않는 사람들은 하나님께서 모조리 쳐내시는 것"입니다.

상황이 이러한데도 그런 황당한 말을 듣는 교인들은, 그들의 말이 진짜 복음인 줄 알고 너무나도 쉽게, 그런 거짓 목사들의 말을 받아들이고 있는 것입니다. 그런 말들이 "다른 예수"이고, "다른 영"이며, "다른 복음"(고후11:4)인데도 구별하지 못하고 그런 자들을 따라 멸망의 길로 들어서고 있는 것입니다. 그러므로 주님의 자비하심으로 그 길이 잘못된 길인 줄을 깨달은 사람들은 늦추지 말고 회개하십시오. 주님께로 돌아서십시오.

그리고 그런 거짓말에 속지 마십시오. "주님께서는 우리의 **'과거의 모든 죄'**를 이러한 방법으로 용서"하셨습니다.

"하나님께서는 그리스도 예수님의 피를 죄에서 구원하는 제물로 삼으시고 누구든지 그분을 믿으면 하나님과 화목하게 하셨습니다. 그것은 **'하나님께서 지금까지 참으심으로 그냥 지나쳐왔던' '과거의 모든 죄'**(벧후1:9; 자기의 옛 죄)를 **'오늘날 그리스도로 말미암아 해결하심'**으로 자기의 의로움을 나타내셔서 자기도 의로우시며 예수님을 믿는 사람도 의롭다고 인정하기 위해서입니다."(롬3:25-26; 현대인의 성경) 이렇게 말입니다. 그리고 같은 구절의 말씀을 킹 제임스 성경은 이렇게 해석합니다.

"하나님께서는 그의 피를 믿는 믿음을 통하여 그를 화목제물로 세우셨으니 이는 **'하나님의 오래 참으심 가운데서' '이전에 지은 죄들을 사하심'**으로 인하여 그의 의를 선포하려 하심이요, 곧 이 때에 자기의 의를 선포하심은 자신도 의로우시며 또한 예수를 믿는 자도 의롭다 하려 하심이니라." 이렇게 말입니다. 그리고 여러분은 또 보십시오. 주님은 사도 베드로를 통해 이렇게 말씀하셨습니다.

"그러나 이런 것(벧후1:5-7; 신의 성품)을 갖추지 못한 사람은 앞 못보는 소경이며 **'자기의 옛 죄가 깨끗해진 것'**을 잊어버린 사람입니다."(벧후1:9) 하고 말입니다. 이렇게 "우리가 하나님의 아들 예수 그리스도를 믿음으로 '과거의 지은 모든 죄'를 용서하신 것"이지, 과거 현재 미래의 죄를 아울러 용서하셨다는 말씀도 없거니와 그렇게 과거의 죄, 현재의 죄, 미래의 죄 세 가지 종목을 함께 묶어서 말씀하신 성경 말씀도 없습니다. 모두 다 그들이 자기들 멋대로 지어내어서 하는 말이며, 주님께서 명령하신 말씀도 아닌 것입니다.

그리고 하나님께서는 과거에 모든 민족이 각자 자기의 길을 가게 내버려두셨다고도 하셨습니다.

"지난 날에는 하나님께서 모든 나라 사람들을 제멋대로 살게 내버려두셨습니다."(행14:16; 공동번역) 이렇게 말입니다. 그러나 이제는 모든 사람으로 회개하라고 명하셨습니다.

"하나님께서는 사람이 무지했던 때에는 눈감아 주셨지만, '이제는 어디에 있는 사람에게나 다 회개할 것을 명하십니다.' 그것은 하나님께서 당신이 택하신 분을 시켜 온 세상을 올바르게 심판하실 날을 정하셨고, 또 그분을 죽은 자들 가운데서 다시 살리심으로써, 모든 사람에게 그 증거를 보이셨습니다."(행17:30-31; 공동번역) 이렇게 말입니다.

이렇게 "하나님께서는 지나쳐 왔던 과거의 모든 죄를 회개하라고 모든 민족에게 말씀을 선포하신 것"입니다. 그러므로 이방인들도 회개하고 예수 그리스도를 믿음으로써, 영원한 생명(행11:18; "이방인에게도 생명 얻는 회개를 주셨도다")을 얻을 기회를 이방인에게도 주신 것입니다. 말씀이 이러한데 어디 과거 현재 미래의 죄를 다 하나님께서 용서하셨다고 하는 증거도 없는 터무니없는 말을 합니까? 왜 다른 성경을 잘못 해석하듯이 말씀을 잘못 해석하여, 신자들이 죄를 지어 심판을 받도록 인도하는 것입니까?

그러므로 주님의 날이 이르기 전에 회개하십시오. 회개하고 올바른 길을 가십시오.

"현재에 짓는 죄"에 대해서는 자신이 지은 죄를 하나님께 자백함으로 용서를 받는 것(요일1:9; "우리가 우리의 죄를 고백하면 신실하시고 의로우신 하나님은 우리 죄를 용서하시고 모든 죄악에서 우리를 깨끗하게 하실 것입니다.")입니다. 그러므로 여러분은 속지 마십시오.

과거 현재 미래의 죄를 주장하는 자들처럼 그 모든 죄가 이미 다 용서받은 것이 아닙니다. 만일 과거 현재 미래의 죄가 이미 다 용서받았다고 한다면, 교회 세상이 무법천지가 되어 아무리 죄를 많이 지어도, 하나님의 율법이 죄인에게 아무런 힘을 발휘하지 못하게 되는 것입니다. 그런 주장은 율법 폐기론 자들의 주장이나 다름없는 것입니다. 그러니 여러분은 그런 무법한 자들에게 속지 마십시오.

"**율법은**" "의로운 사람을 위해 있는 것이 아니라 '**죄인을 위해 있는 것**'"이라고 주님은 분명하게 성경에 기록하여 두셨습니다.

"여기서 알아두어야 할 것은, '**율법이 올바른 사람들을 위해서 제정된 것이 아니라는 것**'입니다. 하나님의 율법을 어기는 자와 순종하지 않는 자, 불경건한 자와 하나님을 떠난 죄인, 신성을 모독하는 자와 거룩한 것을 속되게 하는 자, 아비나 어미를 죽인 자와 사람을 죽인 자, 음행하는 자와 남색 하는 자, 사람을 유괴하는 자와 거짓말을 하는 자, 위증하는 자와 '**그 밖에 건전한 교설에 어긋나는 짓을 하는 자들을**' 다스리기 위해서 율법이 있는 것'입니다."(딤전1:9-10; 공동번역) 하고 말입니다. 주님은 또 이렇게도 말씀하셨습니다.

"**사망이 쏘는 것**(독침)**은 죄요, 죄의 권능은 율법이라.**"(고전15:56) 하고 말입니다. 이렇게 "**지금, 현재**"에서 사람들이 죄를 지으면 "율법은 죄를 지은 그런 사람들에게 '여전히 막강한 힘'을 발휘하고 있는 것"입니다. 이러한데도 한 치 앞도 내다볼 수 없는 인간이, 가지도 못하며 짓지도 못하는 미래의 죄까지 용서를 받았다고 하니 그것이 말이나 됩니까?

그리고 과거 현재 미래의 죄가 다 용서함을 받았다고 한다면, 계속 악독한 죄를 짓는 사람들이 교회 안에서 득실거려도 된다는 것입니다. 교인들이 추악한 짓을 해도 된다는 말인 것입니다.

그러므로 여러분은 잘 보십시오. 만일 그런 죄를 짓는 사람들이 이미 죄 용서를 받았으므로, 죄짓는 것이 허용된다면, 어떻게 되는지를 말입니다.

만일 과거 현재 미래의 죄가 다 용서함을 받았다고 한다면, 지금뿐만 아니라 언제 어느 때나 여러분이 탐욕을 부려도 된다는 것이며, 여러분이 사기를 쳐도 된다는 것이고, 거짓말을 해도, 우상 숭배해도 된다는 것이며, 심지어 사람을 죽여도 된다는 말이 되는 것입니다. 그렇게 무법천지의 교회가 되는 것입니다.

그런데도 그들은 이렇게 주장합니다. 현재뿐만 아니라 앞으로도 계속하여 짓는 미래의 죄까지도, "예수님의 편에서 보면," "자기들의 모든 죄가 이미 다 용서를 받은 죄이기 때문에 죄가 되지 않는다고 주장하는 것"입니다. 그것은 그들이 태어나기도 전에, 이미 다 예수님께서 일방적으로, 그것도 그들이 말하는 선불로, 그들의 죗값을 영원히 치르셨기 때문이라고 말입니다.

그래서 "예수님께서는 그들이 태어나면서부터 죽을 때까지 죗값을 다 한꺼번에 지불 하셨다고" 말하며 그와 같이 "예수님께서 미리 선불로 자기들의 죗값을 다 갚아 주셨습니다." 하고 그렇게 주장하는 것입니다. "이렇게 예수님께서 죄에 대하여 심판을 다 받으셨기 때문에" 설령, **"그들이 삶 속에서 죄를 짓고 허물이 나타나고 실수를 한다고 할지라도"** "그 죄는 이미 심판이 끝난 죄이고" "그 죗값은 다 지불되었기 때문에" "하나님이 예수님의 피를 보시고 여전히 자기네들을 의롭다 깨끗하다 온전하다 이렇게 약속하십니다." 하신다고 말하는 것입니다. "그래서 자기네들의 구원은 안전한 것이지요."라고 말합니다. **"죄 사함을 받고 '죄를 짓는다고 해서' 그 죄가 사해지지 않은 것이 아닙니다."** 이렇게 강조하면서 말입니다.

그러나 여러분은 이것을 아십시오.

"죄 사함을 받고 또 죄를 계속 지으면, 주님을 다시 또 제 손으로 십자가에 못 박아 현저히 욕을 보이는 짓"(히6:6)이라는 것을 말입니다. "죄 사함을 받고 또 죄를 계속 지으면, **돼지가 씻었다가**(죄 용서함을 받았다가) **다시 진창에**(다시 죄 속에) **뒹구는 짓**"(벧후2:22)이라는 것을 말입니다. 그리고 또 그들은 이렇게도 말합니다.

"예수님의 피는 부족함이 없는 피였고, 우리들의 모든 죄를 하나님 앞에서 영원히 완벽하게 씻어서, 우리가 하나님 앞에 부족함이 없도록 의롭고, 깨끗하고, 거룩하고, 완전하게 만드신 놀라운 능력의 보혈이라는 말씀을, 여러분들의 마음에 받으시고, 또 약속 아래 거하시기를 바랍니다." 하고 말입니다. 이렇게 그들은 누가 들어도 귀가 솔깃할 정도로 그럴듯하게 말하는 것입니다.

그것은 "죄 사함만 보기 때문입니다." 그들이 말하는 "죄 사함을 받고 '죄를 짓는다고 해서' 그 죄가 사해지지 않은 것이 아닙니다." 하는 말은 잊어버리고, "죄 사함만 듣고 있기에" 귀가 솔깃해지는 것입니다. 그런 달콤한 사탄의 말에 마음을 빼앗겨 버리는 것입니다. 그와 같은 말들은 사도 바울 때와 같이 "다른 예수,"이고 "다른 영,"이며 "다른 복음"인 것입니다. 그런데도 교인들은 그런 거짓된 복음들을 하와와 같이 너무나도 쉽게 받아들이는 것입니다.

이렇게 그들은 "주님의 보혈을 들먹여서" "여러분이 깨닫지 못하도록, 여러분들의 마음에 희뿌옇게 연막을 치고 있기에, 그들이 가장하여 만든 주님의 보혈 연막탄 연기에, 시야가 가려져서 여러분은 그런 말들이 거짓 복음인지를 모르고 있는 것"입니다. 그들이 그렇게 주장하는 그와 같은 말들이 여러분은 성경적이라고 보십니까?

형제 여러분, 주님께서는 우리에게 이렇게 말씀하셨습니다.

"하나님께서 세상을 이처럼 사랑하셔서 외아들을 주셨으니 이는 **'그를 믿는 사람'**마다 멸망하지 않고 영생을 얻게 하려는 것입니다."(요3:16; 새 번역 성경) 하셨고 "만일 여러분이 입으로 **'예수님을 주님이라고 고백'**하고 또 **'하나님께서 그분을 죽은 자들 가운데서 살리셨다는 것'**을 마음으로 믿으면 구원을 받을 것입니다. **'사람이 마음으로 믿어 하나님께 의롭다는 인정을 받고 입으로 고백하여 구원을 받게 되는 것입니다.**"(롬10:9-10; 현대인의 성경) 하셨습니다.

말씀이 이러한데 저들은 "그네들이 태어나기도 전에, 이미 다 예수님께서 일방적으로, 그것도 그들이 말하는 선불로, 그들의 죗값을 영원히 치르셨다고" 말합니다.

그러므로 여러분은 잘 보시기를 바랍니다.

어떻게 우리가 "입으로 예수님을 주님이라고 고백하기도 전에" 죄 용서를 받고, 어떻게 우리가 "하나님께서 예수님을 죽은 사람들 가운데서 살리셨다는 것을 '마음으로 믿기도 전에'" 죄 사함을 받으며, 어떻게 우리가 "사람이 마음으로 믿어서 하나님께 '의롭다는 인정'을 받기도 전에 그리고 입으로 고백하기도 전에'" "하나님께 죄 용서를 받아 '의롭다는 인정'을 받아서," "입으로 예수님을 '주님'이라고 고백하여 구원을 받겠습니까?"

"그네들이 태어나기도 전에," "입으로 예수님을 주님이라고 고백을 했고," "그네들이 태어나기도 전에" "하나님께서 예수님을 죽은 사람들 가운데서 살리셨다는 그네들이 마음으로 믿었습니까?"

"그네들이 태어나기도 전에" 그렇게 "그들이 하나님께서 예수님을 죽은 자들 가운데서 살리셨다는 것을, 마음으로 믿어 하나님께 의롭다는 인정을 받았고, 입으로 예수님을 주님이라고 고백하여 구원을 받았습니까?"

그런데도 그들은 "그네들이 태어나기도 전에 이미 다 예수님께서 일방적으로, 그것도 그들이 말하는 선불로, 그들의 죗값을 영원히 치르셨다고" 주장을 합니다.

이렇게 그들은 "지나치게 앞질러서 그리스도께서 가르치시지도 않은 것"을 자기들 마음대로 지어내어 그렇게 여러분에게 전하는 것입니다. 그러므로 주님은 그리스도의 가르침이 아닌 다른 것을 전하려고, 여러분을 찾아오거든, 그를 집에 맞아들이지도 말고, 인사도 하지 말라고 사도 요한을 통해 말씀하시지 않았습니까? "그러한 사람을 문안하면, 그의 악한 일에 동참하는 것"이 된다고 말입니다.

"만일 누가 '**그리스도의 가르침이 아닌' '다른 것**'을 전하려고 여러분을 찾아오거든 그를 집 안으로 받아들이지도 말고 인사도 하지 마십시오. 그런 사람에게 인사하면 **'그의 악한 행동에 참여하는 것'**이 됩니다."(요이1:10-11; 현대인의 성경) 이렇게 말입니다.

그리고 또 주님, 주님, 하는 자들을 보십시오.

"그날에 많은 사람이 나에게 말하기를 '주님, 주님, 우리가 주의 이름으로 예언을 하고 주님의 이름으로 귀신을 쫓아내고 주님의 이름으로 많은 기적을 행하지 않았습니까?' 할 것이다."(마7:22) 하셨고 바로 이어서 그들에게 이렇게 말씀하셨습니다. "그 때에 내가 그들에게 분명히 말할 것이다. **나는 너희를 도무지 알지 못한다. 불법을 행하는 자들아, 내게서 물러가라.**"(마7:23) 하고 말씀하셨습니다.

형제 여러분, "불법"이 무엇입니까? "법을 어기는 그것이 불법"이 아닙니까?

그러므로 주님은 위와 같이 불법을 행하는 자들에 대하여서 사도 요한을 통해서 이렇게도 말씀하시지 않았습니까?

"죄를 짓는 자마다 '불법을 행하나니' 죄는 불법이라."(요일3:4) 하고 말입니다.

주님의 말씀이 이러한데도, 과거 현재 미래의 죄를 이미 모두 다 용서받았다고, 주장하는 자들은 이렇게 말합니다. "우리의 삶 속에서 죄를 짓고 허물이 나타나고 실수를 한다고 할지라도 그 죄는 이미 심판이 끝난 죄이고 그 죗값은 다 지불되었기 때문에 하나님이 예수님의 피를 보시고 여전히 자기네들을 의롭다 깨끗하다 온전하다 이렇게 약속하십니다." 하신다고 그렇게 주장하는 것입니다.

이렇게 주님은 "죄를 짓는 자마다 **'불법을 행하나니 죄는 불법이라.**"(요일3:4) 하셨는데도 그들은 지나치게 앞서나가서 그리스도께서 명령하지도 가르치시지도 않은 것들을 제멋대로 만들어 잘못 해석하여 가르치는 것입니다. 그렇게 그들은 스스로 멸망을 불러들이는 것(벧후3:16)입니다.

그러므로 사랑하는 형제 여러분, 여러분은 이런 허무맹랑한 말에 넘어가지 마십시오. 속지 마십시오. 주님께서는 분명하게 우리에게 이렇게 말씀하셨습니다.

"정신을 똑바로 차리고 죄를 짓지 마십시오!!" "하나님을 제대로 알지 못하는 사람이 있기로"(고전15:33) 하고 사도 바울을 통해서 **"죄를 짓지 말라고"** **"분명하게"** **"엄중하게"** 경고하시듯이 말씀하셨습니다. 그리고 사도 바울은 하나님께 이렇게도 기도하였습니다. "또 여러분의 마음을 굳세게 하셔서, 우리 주 예수님이 모든 성도들과 다시 오실때, **'하나님 우리 아버지 앞에서, 거룩하고 흠이 없는 사람'**으로 나설수 있게 되기를 빕니다."(고전15:13; 공동번역)라고 말입니다. 그리고 또 성령님은 히브리서 기자를 통하여 이렇게도 말씀을 선포하셨습니다. **"거룩해지지 않고서는 아무도 주님을 뵙지 못할 것입니다."**(히12:14; 현대인의 성경)라고 말입니다. 그리고 또 죄에서 벗어난 사람에 대하여 이렇게 말씀하셨습니다.

"그러면 '은총을 풍성히 받기 위하여 계속해서 죄를 짓자'라고 말할 수 있겠습니까? 절대로 그럴 수 없습니다. **우리가 이미 죽어서 죄의 권세에서 벗어난 이상** '어떻게 그대로 죄를 지으며 살 수 있겠습니까?'"(롬6:1-2; 공동번역) 하고 말입니다. 그리고 이렇게도 말씀하셨습니다.

"**'죄의 삯은 죽음이요,**' '하나님의 선물은' '우리 주 예수 그리스도 안에서 누리는 영원한 생명입니다.'"(롬6:23; 새 번역 성경) 이렇게 말입니다.

말씀이 이러한데도 이미 죄 용서함을 받은 죄이기 때문에, 죄를 지어도 된다고 하고, 과거 현재 미래의 죄까지 이미 다 용서함을 받았다고 주장하는 것입니다. 이렇게 미래에 가서 짓지도 못하는 죄까지 들먹여가며, 자기들이 지어내어 말하는 것입니다. 그렇게 자기 마음대로 지어내어 하나님의 말씀인 양 가르치는 "그리스도의 사도로 가장한 그릇된 목사들"이 있는 것입니다. 교회 세상이 그러하니 여러분들은 그러한 목사들을 분별해야 하지 않겠습니까?

이렇게 "하나님이 어떠한 분이신지도 제대로 알지도 못하는 사람들이, 헛된 말을 자기들 마음대로 지껄이고 있는 것"입니다. 심판 날에 자기가 주님에 대하여 말한 온갖 쓸데없는 말을 주님 앞에서 해명해야 한다는 것(마12:36)도 모르고서 말입니다.

그러므로 사랑하는 형제 여러분, **"우리 하나님은 소멸하는 불이십니다."**(히12:29; 현대인의 성경) 하고 말씀하셨습니다. 말씀이 이러하므로 우리는 "모든 사람과 화평하게 지내며 **'거룩한 사람이 되도록 힘써**

야 한다는 것"(히12:14; 공동번역)을 명심하고 자신의 믿음을 굳세게 지킵시다.

주님의 말씀이 이러한데도 그렇게 거짓된 영들의 말도 안 되는 황당한 거짓말을, 그것도 목사라는 사람이 믿고, 자기를 추종하는 교인들을 가르치고 있으니, 그 교인들이 무슨 죄가 있습니까?

교인들이 무슨 죄가 있어서, 죄 속에 거하게 하여 지옥으로, 유황이 영원히 타는 불 속으로 들어가게 합니까? 그러므로 여러분들은 그와 같은 사악한 영들의 말에, 속지도 말고 귀 기울이지도 마십시오.

히브리서 기자는 "하나님이여 보십시오. 내가 주의 뜻을 이루려고 왔습니다.' 하고 말씀하셨습니다. 이렇게 그리스도께서는 **'새 제도'**를 세우시려고 **'옛것을 폐지'**하신 것입니다. 예수 그리스도께서는 하나님의 이런 뜻에 따라 단 한 번 몸을 바치셨고, 그 때문에 **'우리는 거룩하게 되었습니다.'"**(히10:9-10; 공동번역, 현대인의 성경) 하고 말씀하고 있습니다. 그렇습니다. 예수 그리스도께서는 "새 제도"를 세우시려고 "옛것을 폐지"하셨고, 하나님의 뜻에 따라 단번에 몸을 받치셔서, 믿는 "우리는 거룩하게 되었습니다." 이렇게 우리가 예수님의 피로 거룩하게 되었다면, 예수님께서 우리의 죄를 없애기 위해서 **피를 흘리셨다**는 말씀입니다. "피 흘림이 없으면 죄의 용서도 없습니다."(히9:23)라는 말씀처럼 말입니다. "그러므로 '예수 안에 있는 사람들'은 정죄를 받지 않습니다."(롬8:1; 새 번역 성경) 하고 주님은 말씀하시지 않았습니까?

그와 같이 "예수님을 믿는 우리는(그리스도 안에 있는 사람들은) 이제는 '유죄 판결을 받을 죄'가 없는 것"입니다. 우리가 죄가 없다는 것은, 더럽기가 한량없던 우리의 몸과 마음이 완전히 깨끗해졌다는 말씀입니다. 아래의 말씀처럼 말입니다.

"우리가 이미 '마음에 피 뿌림을 받아' **'악한 양심이 깨끗해졌고'** '우리의 몸도 맑은 물로 씻었으니' 이제부터는 진실한 마음과 확고한 믿음으로 하나님께 나아갑시다."(히10:22; 현대인의 성경) 우리가 이렇게 "예수님의 피로 몸과 마음이 깨끗해졌기 때문"에 거룩하시고 자비로우신 하나님 앞에 나아갈 수 있게 된 것입니다. 그래서 주님께서는 히브리서 기자로 이렇게 말씀하시지 않았습니까?

"'염소와 황소의 피와 암송아지의 재도' 더러워진 사람들에게 뿌리면 '그 육체를 깨끗하게 하고 거룩하게 했는데' 하물며 **'영원하신 성령님을 통해 흠 없는 자기 자신을 하나님께 드린 그리스도의 피가'** '죽음에 이르게 하는 행위에서' 어찌 **'여러분의 양심을 깨끗하게 하여' '살아 계신 하나님을 섬기게 하지 못하겠습니까?'**"(히9:13-14; 현대인의 성경) 하고 말입니다.

이렇게 "그리스도의 피로 **'양심'**이 깨끗하게 되어" "하나님을 섬길 수 있게 된 사람들"은, 예수 그리스도를 믿음으로 **"옛사람"**(과거의 모든 죄를 짓고 살았던 옛사람)은 그리스도와 함께 죽고 그리스도의 부활로 말미암아 **"새 사람"**(그리스도 안에서 사는 사람)으로 다시 태어난 사람들임을 가리키는 것입니다. 그러므로 하나님께서는 이렇게 새롭게 다시 태어난 사람들과 새로운 계약을 맺으시는 것입니다.

"그 후에 내가 그들과 맺을 **'새로운 계약'**은 이렇다. 내가 **'나의 법'**을 **'그들 속에 새기고 그들의 마음에 기록할 것'**이다."(히10:16) 하고 말입니다. 그와 같이 하나님께서는 "자신의 법인 사랑의 법"을 "그리스도의 이름을 믿는 사람들의 속에 새기고 그들의 마음에 기록하시는 것"입니다. 여호와 하나님께서 그와 같이 말씀하신 그 "새로운 계약"이, 바로 예수님께서 제자들에게 주신 "새로운 계명"이신 것입니다.

"이제 내가 **'새로운 계명'**을 너희에게 준다. '서로 사랑하여라.' 내가 너희를 사랑한 것처럼, 너희도 서로 사랑하여라.'"(요13:34) 하고 말씀하신 이 새로운 계명이 여호와 하나님께서 우리와 맺으시는 새로운 계약인 것입니다. 바로 이 새로운 계명을 여호와 하나님께서 예수님을 믿는 우리 속에 새기고 우리의 마음에 기록하시는 것입니다. 이렇게 주님을 믿는 사람들이 서로 사랑하도록 그분의 사랑을 하나님께서 성령을 통하여 우리의 마음속에 부어 주시는 것(롬5:5)을 말씀하시는 것입니다.

그래서 주님께서는 제자들에게 이렇게 말씀하시지 않았습니까?

"내가 너희를 사랑한 것처럼 너희도 서로 사랑하여라. 이것이 내 계명이다."(요15:12; 현대인의 성경) 하고 말입니다.

"이단에 속한 사람들"에게는 치명적이게도 "그리스도의 계명(진리가)이 그들 속에 없다는 것"(요일2:4)입니다. 그러므로 그들은 "그리스도의 계명"을 지키지도 못할뿐더러, "그리스도 안에서도 살지 못한다는 것"입니다. 이것으로 여러분은 이단을 확실하게 구별할 수 있는 것입니다.

"'의로운 일을 하지 않는 사람'이거나 '자기 형제를 사랑하지 않는 사람'은 하나님에게서 난자가 아닙니다. 이와 같이 **하나님의 자녀와 악마의 자식은 분명하게 구별됩니다.**"(요일3:10; 공동번역) 하고 말씀하시지 않았습니까?

이렇게 "의로운 일을 하지 않거나 자기 형제를 사랑하지 않는 사람은 하나님에게서 난자가 아닙니다." 하셨고 "이와 같이 하나님의 자녀와 악마의 자식은 분명하게 구별됩니다." 말씀하셨습니다.

말씀이 이러하듯이, "이단들은" 서로 자기의 형제를 형제처럼 사랑하지 못한다는 것입니다. 그러므로 성령을 받았다고 하면서도 "의로운 일을 하지 않거나 자기 형제를 사랑하지 않는 사람들은" "악마에게 속한 사람들"이 맞는 것입니다. 이러하므로 여러분은 의로운 일을 하지 않거나 형제를 사랑하지 않는 그러한 사람들을 조심하시기를 바랍니다.

그리고 여러분은 위의 말씀을 가슴에 새겨 두고 그 말씀을 비추어 보아서 이단을 쉽게 구별하시기를 바랍니다.

누구든지 믿는다고 하면서도 자신의 형제를 서로 자기의 형제와 같이 사랑하지 않는 사람은 거짓말쟁이라고 말씀하고 있듯이 이단과 다름없는 사람들입니다. 그러므로 여러분이 어떠한 교회에 들어가게 되더라도 그들을 잘 살펴보십시오. 만일 그곳에 있는 사람들이 의로운 일을 하지 않거나, 서로 자기의 형제처럼 사랑하지 않는다면, 이단과 같이 여기십시오. 그런 후에 그곳에 머물러 그들과 함께 동화되지 말고 그곳을 떠나십시오.

그리고 그런 사람들과는 인사도 하지 마십시오. "그런 사람들에게 인사를 하면 그의 악한 행동에 참여하는 것"(요이1:10-11)이 된다고 주님께서는 분명하게 말씀하셨습니다.

그러므로 여러분은 이것만 아십시오. "그리스도의 참된 제자는 바로 이런 사람들이라는 것"을 말입니다.

"서로 사랑하여라. 내가 너희를 사랑한 것처럼, 너희도 서로 사랑하여라. 너희가 서로 사랑하면, '모든 사람이 그것을 보고,' **너희가 내 제자라는 것**'을 '**알게 될 것이다.**'"(요13:34-35)

그렇습니다. 그리스도의 형제들이 자기의 형제처럼 서로 사랑하는 사람들이 "그리스도의 참된 제자들인 것"입니다. 그리고 위와 같은 사람들이 "그리스도 안에서 사는 사람들"이며 "새사람이 된 사람들인 것"(고후5:17)입니다. 이렇게 주님이 우리를 사랑한 것처럼, 우리가 서로 사랑함으로 하나님을 사랑하는 사람들(요일4:20-21)이, 하나님의 계획에 따라 부르심을 받은 사람이며, 모든 일을 서로 협력하여 선을 이루는 사람인 것(롬8:28)입니다. 이와 같이 하나님의 사람들은 이기적이지 않은 사람인 것(고전13:5)입니다.

그러므로 이기적이고 과거 현재 미래의 죄를 들먹여 여러분을 유혹하는 사람들을 조심하십시오. 현재에 사는 여러분이 아무리 예수님을 믿는다고 할지라도 계속해서 죄를 지으면 율법의 다스림(딤전 1:9-10)을 받게 되는 것입니다. 율법의 다스림을 받는 사람들은 율법 아래에 사는 사람인 것입니다.

그렇게 여러분이 다시 율법으로 돌아가 율법 아래에서 살고자 한다면, 여러분은 이미 그리스도와 관계를 끊고 하나님의 은혜에서 떨어진 사람(갈5:1-4)이라고 말씀하셨습니다. 그렇게 그리스도와 관계를 끊고 하나님의 은혜에서 떨어진 그런 사람들에게는 아래와 같은 속담이 어울린다고 주님은 사도 베드로를 통해 말씀하셨습니다.

"개가 토한 것을 다시 먹고 돼지가 몸을 씻고도 다시 진창에 뒹군다."(벧후2:22)

그러므로 "그리스도의 피를 들먹거리며 과거 현재 미래의 죄를 이미 다 용서함을 받았기 때문에 '설령 삶 속에서 죄를 짓고 허물이 나타나고 실수를 한다고 할지라도 그 죄는 이미 심판이 끝난 죄이고 그 죗값은 다 지불되었기 때문에 하나님이 예수님의 피를 보시고 여전히 우리를 의롭다 깨끗하다 온전하다 이렇게 약속하십니다."라고 하는 그런 달콤한 말에 쉽게 넘어가지 마십시오.

"우리는 다 하나님의 심판대 앞에 서게 될 것입니다."(롬14:10) 하고 말씀하시지 않았습니까? **아직 심판은 시작하지도 않았습니다.** 그러므로 그들의 "죄 사함만 보지 마시고" "설령 삶 속에서 죄를 짓고 허물이 나타나고 실수를 한다고 할지라도" 하고 그들이 주장하는 "날마다 그들이 삶 속에서 계속 짓는 그들의 죄"를 보십시오.

"계속 죄를 짓는 사람은 그분을 보지도 못하였고 그분을 알지도 못한 것입니다."(요일3:6; 현대인의 성경) 하고 말씀하셨습니다. 그러므로 여러분은 보십시오. 위와 같이 "계속 죄를 짓는 사람은 '그리스도를 보지도 못한 사람이고 알지도 못한 사람'"이라고 말씀하고 있지 않습니까?

그리고 또 여러분은 보십시오.

"죄를 짓는 사람은 누구나 하나님의 법을 어기는 것이며 법을 어기는 그것이 곧 죄가 됩니다."(요일3:4) 말씀하시지 않았습니까? 그리고 또 "죄를 짓는 사람은 마귀에게 속해 있습니다. 마귀는 처음부터 죄를 지었기 때문입니다."(요일3:8) 하셨고 **하나님의 아들이 나타나신 것은 바로 이 마귀의 일을 멸하기 위해서입니다.**"(요일3:8) 하셨습니다.

주님의 말씀이 이러한데 "어느 하나님이 삶 속에서 계속해서 죄를 짓고 사는 사람에게 예수님의 피를 보시고 의롭다 깨끗하다 온전하다 이렇게 약속하신다고 하셨습니까?"

이런 가르침은 양심이 마비된 거짓말하는 위선자들에게서 나오는 것입니다. "성령님은 훗날 어떤 사람들이 믿음을 버리고 속이는 영과 귀신들의 가르침을 따를 것이라고 분명하게 말씀하셨다고 하시지 않았습니까?"

"훗날에 사람들이 **거짓된 영들의 말을 듣고** 악마의 교설에 미혹되어 **믿음을 버릴 때가 올 것**'이라고 성령님께서 분명히 말씀하십니다. 이런 교설은 거짓말쟁이들의 위선에서 오는 것이고 이런 자들의 양심에는 **'사탄의 노예라는 낙인이 찍혀 있습니다.'**(딤전4:1-3; 공동번역) 이렇게 말입니다. 그러므로 과거 현재 미래의 죄를 용서받았다고 주장하는 그들은 "사탄의 노예라는 낙인이 찍혀 있는 사람들"인 것입니다.

예수님을 믿기 이전, 죄에 순종하고 살았던 옛사람은, 우리가 예수님의 이름을 믿음으로써 예수님이 십자가에 못 박히셨을 때 그리스도와 함께 못 박혀 죽은 것(갈5:24)입니다.

우리가 이러한 사람들인데도 거짓 영을 받은 사람들은 삶 속에서 죄를 지어도 된다고 가르치는 것입니다. 그러나 여러분은 이것을 아시기 바랍니다.

예수님을 믿는 사람이 삶 속에서 어쩌다가 죄를 짓게 되는 것은, 그 어떤 유혹을 이기지 못해서 죄를 짓게 되는 것입니다. 본래는 "그분 안에 사는 사람들은 죄를 짓지 않습니다."(요일3:6) 하고 말씀하심과 같이 그리스도 안에 사는 사람은 죄를 짓지 않는 것입니다.

그것은 왜냐하면 예수님이 우리를 지켜 주시기 때문입니다.

"하나님의 자녀는 계속해서 죄를 짓지 않는다는 것을 우리는 압니다. **'하나님의 아들이 그를 지켜 주시기 때문에 악한 마귀도 그를 건드리지도 못합니다.'**"(요일5:18; 현대인의 성경) 이렇게 말입니다.

그러나 만일 어쩌다가 자신이 죄를 짓게 된다면, 죄를 지은 자신은 자신이 지은 죄를 하나님께 자백하는 것입니다. 그러면 신실하시고 의로우신 하나님께서는 우리 죄를 용서하시고 모든 죄악에서 깨끗하게 하신다고(요일1:9) 주님은 사도 요한을 통하여 말씀하셨습니다.

주님의 말씀이 이러한데도 삶 속에서 죄를 짓고 살아도, 이미 그 죄는 용서를 받은 죄이고, 심판을 받은 죄이기 때문에, 형벌 받지 아니하고 안전하게 구원을 받는다고 가르친다면, 예수님을 믿는 사람들이 타락해도, 형벌 받지 아니하고 구원받는다는 말입니까?

그렇게 예수님을 믿는 사람들도 저들과 같이 무법한 자들이 되어도, 형벌 받지 아니하고 구원을 받는다는 말입니까?

이렇게 하나님의 은혜를 망각하고 거짓된 영들의 말을 듣고, 악마의 교설(교설: wordrow.kr 사전; 남들이 잘 알아채지 못할 정도로 약삭빠르게 꾸며대는 말)에 미혹되어, 성령님의 말씀대로 믿음을 버리는 자들이 있는 것(딤전4:1)입니다.

오늘날 교회 세상이 이러하기에 주님은 여러분에게 사도 바울을 통해서 이렇게 신신당부하고 계시지 않습니까?

"**'여러분은 속지 마십시오.'** '악한 친구와 사귀면 좋은 버릇마저 그르치게 됩니다.' **'정신을 똑바로 차리고 죄를 짓지 마십시오.'** 여러분 가운데 아직도 **'하나님을 제대로 알지 못하는 사람이 있기에'** 부끄럽게 하려고 이런 말을 합니다."(고전15:33-34; 현대인의 성경) 하고 말입니다.

그러므로 주님의 이름으로 여러분에게 신신당부합니다.

"여러분은 삶 속에서 죄를 지어도 된다는 말에 속지 마십시오. 불의한 자들의 유혹에 휩쓸려 죄를 짓지 마십시오." "다시 악한 일에 빠지게 되면, 그리스도도 다시 회개하게 하여 거룩하게 할 수 없다고"(히 6:6) 분명하게 말씀하셨습니다. 그리고 하나님께서는 죄의 문제를 해결하시기 위해 자기 아들을 죄 많은 인간의 모양으로 보내시고 우리의 죗값을 그에게 담당시키셔서 그 육체를 죽이심으로써 이 세상의 죄를 없이 하셨다고(롬8:4) 하셨습니다. 그리고 또 "육체를 따라 살면 여러분은 죽습니다. 그러나 성령의 힘으로 육체의 악한 행실을 죽이면 삽니다."(롬8:13) 하고 말씀하셨습니다.

이렇게 그리스도 예수님을 믿는 사람들에게는, 유죄 판결이 없음(롬8:1)에도 불구하고, 다시 죄 속에 빠지면 죽는다고 하셨습니다. 말씀이 이러한데도 삶 속에서 계속 죄를 지어도, 그 죄는 이미 용서받은 죄이고 심판받은 죄라서, 심판받지 아니하고 안전하게 구원을 받는다고 가르치고 있다니 말이나 되는 소리입니까?

이렇게 해서 거짓된 영을 받은 자들이 집들을 온통 뒤엎고 있는 것입니다.

사도 바울의 시대에는 그래도 교회들이 주님의 말씀에 순종함으로써, 성도들끼리 진실로 형제와 같이 서로 사랑하며 살았습니다.

"우리는 성령님을 통해 믿음으로 의롭게 되기를 바라는 희망을 가지고 삽니다. 그리스도 예수 안에서는 할례를 받고 안 받는 것이 문제가 아니라 **사랑으로 표현되는 믿음만이 중요합니다.'**(딤전1:5; '거짓이 없는 믿음에서 나는 사랑이거늘,' 말씀처럼 말입니다) **'전에는 여러분이 신**

앙생활을 잘했습니다."(갈5:5-7; 현대인의 성경) 하고 우리의 사도이자 복음의 아버지인 바울이 칭찬할 정도로 그 시대 사람들은 신앙생활을 잘했습니다. 그와 같이 신앙생활을 잘하는데도 문제가 생기는 것입니다. 이렇게 말입니다.

"그런데 누가 여러분을 가로막아 진리를 순종하지 못하게 했습니까? 그런 꾐은(할례를 받고 안 받는 꾐은) 여러분을 부르신 하나님에게서 나온 것이 아닙니다. 적은 누룩이 반죽 전체를 부풀게 합니다."(갈5:9) 하였습니다.

이렇게 "적은 누룩이 반죽 전체를 부풀게 합니다."라고 말씀을 선포하고 있듯이, 그 당시 많은 교인이 진리에 순종하며 살았었습니다. 그렇게 진리에 순종하며 사는 성도들 가운데에 극소수의 할례 자들이 들어와 할례를 받아야만 된다고 가르친 것입니다. 그래서 사도 바울은 갈라디아 교인들에게 다음과 같이 진리의 말씀으로 권면하지 않았습니까?

"여러분이 할례를 받으면 그리스도가 여러분에게 아무런 유익이 되지 못하며, 할례받는 모든 사람에게 증언하지만, **'할례를 받는 사람'**은 **'율법 전체를 지킬 의무를 지는 것'**(약2:10; '누구든지 율법을 다 지키다가도 그중에 하나를 어기면 율법 전부를 범한 것이 됩니다.')입니다. 그리고 그렇게 율법으로 의롭게 되려고 하는 사람은 **'그리스도에게서 끊어지는 것'**이며, **'은혜에서 떨어져 나간 사람입니다.'**"(갈5:2-4) 하고 말입니다.

이렇게 매우 적은 수의 사람들이 할례와 복음을 혼합하여 만든 비

진리를, 참 진리에 순종하며 사는 아주 많은 갈라디아 교회 성도들에게 퍼뜨려서, 그곳 성도들이 그들의 말을 믿고 할례를 받도록 만든다는 것입니다. 만일 그렇게 하는 그와 같은 비진리가 교회 내에 급속히 파고들게 되면, 교회 전체가 그리스도에게서 끊어지는 현상이 일어나고, 교회는 은혜에서 떨어져 나간 사람들로 북적이게 된다는 것입니다. 이렇게 참혹한 일이 교회 안에서 벌어지게 되는 것입니다. 그와 같이 잘난 체하는 극소수의 사람들이 갈라디아 교회 성도들을 가로막아 진리에 순종하지 못하도록 식구들 모두에게 영향을 주는 것입니다. 그러하기에 주님은 사도 바울을 통해서 이렇게 말씀하시지 않았습니까?

"한 사람이 잘못되면 여러분 전체가 영향을 받습니다."(갈5:9; 현대인의 성경) 하고 말입니다. 그러므로 만에 하나 이렇게 "교인 한 사람이 잘못되어서" 성도들 전체에 영향을 끼치게 한다면, "목사 한 사람이 잘못되면" 교회들이 어떻게 되겠습니까? 과거 현재 미래의 죄를 용서받았다고 주장하는 자들과 같이, 다른 성경을 잘못 해석하듯이 그것을 잘못 해석해서 전파한다면, 여러분뿐만 아니라 많은 교회가 스스로 파멸에 이르게(벧후3:16) 되지 않겠습니까?

그러므로 그와 같은 일이 일어나기 전에 "그 악한 사람을 교회 밖으로 쫓아내십시오,"(고전5:13) 하고 사도 바울을 통해서 주님은 명령하셨던 것이 아니겠습니까?

그러므로 여러분들은 그러한 악한 사람들을 교회 밖으로 쫓아내십시오. 만일 그렇지 않고 그런 자들의 일에 같이 동참한다면, 여러분은 똑같은 사람이 되는 것이라고 말씀하셨습니다.

"그리스도의 교훈을 지키지 않고 지나치게 앞질러서 나가는 자는 누구든지 하나님을 모시지 못합니다." 하셨고 "그리스도의 교훈을 지키는 사람은 하나님 아버지와 아들을 모신 사람입니다." 하셨습니다. 이와 같으므로 "만일 누가 여러분을 찾아가서 이 교훈과 다른 교훈을 전하거든 그 사람을 집에 영접하지도 말고 문안하지도 마십시오. 그에게 문안하는 자는 그의 악한 일에 참여하는 자입니다."(요이1:9-12) 하고 이렇게 말씀하셨습니다.

주님의 말씀이 이러함으로 악한 일에 참여하여 스스로 멸망을 불러들이지 말고, 늘 조심하여 악한 사람들의 꼬임에 빠지지 않도록 여러분의 믿음을 굳게 지키십시오. 여러분은 우리의 주님이시며 구세주이신 예수 그리스도의 은총을 입은 사람들입니다. 그러므로 성령님의 인도를 받아 우리 주 예수님을 "주님이라고 부르는 사람들은 다 불의에서 떠나라."(딤후2:19) 하시지 않았습니까? 그러므로 성령님을 통해 하나님을 "나의 아버지"라고 부르는 사람들은 죄에서 떠나십시오. 그리고 여러분은 그분을 아는 지식에서 계속 자라가십시오. 이제와 또 영원토록 주님께서 영광을 받으시기를 빕니다. 아멘.

그리스도 안에서 사는 법

"내 안에 살아라. 나도 너희 안에 살겠다. 가지가 포도나무에 붙어
있지 않고서는 스스로 열매를 맺을 수 없듯이 너희도 내 안에 있지 않
으면 열매를 맺지 못할 것이다."(요15:4) 하고 주님은 말씀하셨습니다.

　그러므로 우리는 주님의 말씀과 같이 그리스도 안에 사는 법을 확
실하게 알아야만 합니다. 그것은 우리가 그리스도 안에 살아야 그리
스도께서 우리 안에 사시고, 이렇게 그리스도께서 우리 안에 사심으
로 인하여 우리가 많은 열매를 맺을 수 있기 때문입니다. 그러나 가
지가 포도나무에 붙어 있지 않고서는 가지 스스로는 열매를 맺을 수
없듯이 우리가 그리스도 안에 살지 않으면 위 말씀과 같이 열매를 맺
지 못하는 것입니다.

　그러므로 우리도 우리 주님께서 제자들에게 열매 맺는 법을 가르

처주신 것을 잘 깨달아야만 하는 것입니다. 그와 같이 잘 깨닫게 되면 교회가 주님께서 뜻하신 대로 서로 사랑을 하게 됨으로써, 성도들의 삶이 풍요로워질 뿐만 아니라, 그렇게 우리가 한마음 한뜻이 되어 서로 사랑하는 삶을 많은 사람이 보게 됨으로써, 사람들의 칭찬을 받을 것이기 때문입니다. 그리고 그와 같이 많은 사람의 칭찬을 받게 됨으로써 초대 교회처럼, 우리가 정말 하나님의 살아 계심을 체험할 수 있는 교회로, 분명하게 폭풍 성장할 수 있기 때문입니다.

그러므로 주님께서 제자들을 가르치신 주님의 말씀을 여러분도 배우십시오.

주님께서는 "그리스도 안에 사는 법"을 제자들에게 이렇게 가르치기 시작하셨습니다.

"내 안에 살아라.' 나도 너희 안에 살겠다. 가지가 포도나무에 붙어 있지 않고서는 스스로 열매를 맺을 수 없듯이 너희도 **'내 안에 있지 않으면'** 열매를 맺지 못할 것이다. 나는 포도나무요, 너희는 가지이다. '사람이 내 안에 살고 내가 그 사람 안에 살면 그는 많은 열매를 맺는다.' 나를 떠나서는 너희가 아무것도 할 수 없다."(요15:4-5; 현대인의 성경) 하고 말씀하셨습니다. 예수님의 말씀이 이러하시다면 우리가 "그리스도 안에서 사는 방법"은 무엇이 있을까요?

그리스도 안에서 사는 방법을 주님께서는 제자들에게 이렇게 가르치셨습니다.

"내가 아버지 계명을 지키고 그분의 사랑 안에 있는 것 같이, 너희

도 내 계명을 지키면 내 사랑 안에서 살게 될 것이다.”(요15:10) 하고 말입니다. 이렇게 주님께서는 자기가 아버지의 계명을 지켜 아버지의 사랑 안에 머물러 있었다고 말씀하셨습니다. 그러하시다면 주님의 아버지 계명은 어떤 계명이었을까요?

그것은 아버지께서 모세에게 내려 주신 계명이셨습니다.

그것을 “선생님, 모세의 법 중에 가장 큰 계명은 무엇입니까?” 하고 어느 율법 학자의 질문에 이렇게 대답하신 것을 보면 그것이 주님의 아버지 계명이심을 알 수가 있습니다. “네 마음을 다하고 정성을 다하고 뜻을 다하여 ‘주 너의 하나님’을 사랑하라. 이것이 제일 중요한 계명이다. 그다음은 네 이웃을 네 몸처럼 사랑하라. 는 계명이다. 모든 율법과 예언자들의 가르침은 이 두 계명에서 나온 것이다.”(마 22:36-40; 현대인의 성경) 하고 말입니다.

그러므로 여러분은 잘 보고 들으십시오. 주님께서는 “선생님, 모세의 법 중에서 제일 큰 계명이 무엇입니까? 하고 질문한 율법 학자에게 이렇게 말씀하셨지 않았습니까? “네 마음을 다하고 정성을 다하고 뜻을 다 하여 주 너의 하나님을 사랑하라.” 하셨고 “네 이웃을 네 몸처럼 사랑하라.” 하셨습니다. 주님의 말씀이 그렇다면 여기서 여러분에게 질문을 하나 하겠습니다.

주님께서 율법 학자에게 말씀하신 “주 너의 하나님을 사랑하라.”에서 “주 너의 하나님”은 “율법 학자의 하나님을 말씀하신 것입니까? 아니면 세상 사람 모두의 하나님이심을 말씀하신 것입니까?” 그리고 “네 이웃을 네 몸처럼 사랑하라"에서 "네 이웃"은 "자신의 동족뿐만 아니라 세상에서 소외된 모든 사람을 율법 학자보고, 자신의 몸처럼 사랑하라 하고 말씀하신 것입니까?" 아니면 "자신의 동족인 이스라엘 사람을, 율법 학자에게 네 몸처럼 사랑하라. 하고 말씀하신 것입니까?"

그렇습니다. "주 너의 하나님은" 율법 학자의 하나님을 가리키는 말씀이고, "네 이웃을 네 몸처럼 사랑하라." 하고 말씀하신 하나님의 계명은 "자신의 동족인 이스라엘 사람을, 자신의 몸처럼 사랑하라. 하고 율법 학자에게 주님은 말씀하신 것입니다." 그래서 주님께서는 "모든 율법과 예언자들의 가르침은 **이 두 계명에서 나온 것이다.**"(마 22:40) 하고 율법 학자가 알아듣도록 가르치신 것입니다.

그러므로 여러분은 하나님의 말씀을 잘 깨달아야만 합니다. 위에 "이 두 계명에서 나온 것이다."라는 말씀에서 "이 두 계명"은 "주 너희 하나님을 사랑하라" 하신 것과 "네 이웃을 네 몸처럼 사랑하라" 하신 말씀입니다. 크고 첫째 되는 계명은 "하나님을 사랑하라는 계명"이며, 그다음은 네 이웃을 네 몸처럼 사랑하라는 계명으로써, "하나님의 계명에 대한 것"입니다. 이 두 계명에서 모든 율법과 예언자들의 가르침이 나왔다고 말씀하셨습니다. 그러므로 우리가 이 두 계명을 지키면 "사랑은 율법의 완성이니라"(롬13:10)는 말씀과 같이 모든 율법과 예언자들의 가르침이 나온 계명의 율법을 완성하는 사람이 되는 것입니다. 이렇게 **"이 두 계명을 지킴으로써,'** 모든 율법과 예언자들의 가르침이 나온 하나님의 계명에 대한 율법을 완성하는 것에 대하여,

여호와 하나님께서는 이렇게 말씀하셨습니다.

"나를 사랑하고 내(하나님의 계명) **계명을 지키는 자**'에게는 '**천 대까지 은혜를 베푸느니라.**"(출20:6) 하고 말입니다. 이렇게 "나를 사랑하고" 크고 첫째 되는 계명과 "내 계명을 지키는 자에게는" 하고 그다음 둘째 되는 계명으로써 "네 이웃을 네 몸처럼 사랑하라는" 하나님의 계명을 지키는 것에 대한 말씀으로 여호와 하나님께서는 이스라엘 백성들에게 선포하셨던 것입니다.

그러므로 위의 말씀과 같이 우리 주 예수 그리스도께서는 아버지께서 이스라엘 백성들에게 선포하신 말씀대로, 주님은("내(예수님)가 아버지의 계명 지키고 그분의 사랑 안에 있는 것같이") 그렇게 우리를 위하여 십자가에서 피를 흘리심으로 아버지의 계명을 지키셨던 것입니다.

이렇게 주님은 아버지께 몸을 바쳐서 하나님을 사랑하셨습니다. 그런데 여러분은 여러분의 하나님을 어떻게 사랑하고 있을까요?

허공에다 대고 "하나님, 사랑합니다!" 하고 외쳐서 사랑하실까요? 아니면 마음속에서 "하나님, 사랑해요." 하고 감사하며 사랑하실까요?

주님은 하나님을 사랑하는 사람에 대하여 사도 요한을 통해 이렇게 말씀하셨습니다.

"눈에 보이는 형제를 사랑하지 못하는 사람이 보이지 않는 하나님을 사랑할 수 없습니다."(요일4:20; 현대인의 성경) 하고 말입니다. 그렇습니다. 눈에 보이는 형제를 사랑하지 않고서는 그 누구도 하나님을 사랑할 수 없는 것입니다. 그래서 주님께서는 다시 사도 요한을 통해서 이렇게 말씀하셨습니다.

"하나님을 사랑하는 사람은 자기의 형제도 사랑해야 합니다."(요일 4:21) 하고 말입니다.

이렇게 우리는 눈에 보이는 형제를 사랑해야만 하는 것입니다. 그렇게 진실로 눈에 보이는 형제를 사랑하는 사람이 하나님을 사랑하는 사람인 것입니다. 그래서 주님은 또 이렇게 말씀하시지 않았습니까?

"누구든지 내가 보내는 사람을 영접하는 사람은 나를 영접하는 자이며 나를 영접하는 사람은 나를 보내신 분을 영접하는 자이다."(요 13:20) 하고 말입니다.

위 말씀을 해석하면 "주님이 보내는 형제를 영접하는 사람은 주님을 영접하는 사람이며 주님을 영접하는 사람은 주님을 보내신 하나님을 영접하는 사람이다." 하는 말씀이 되는 것입니다. 그러므로 "영접" 자리에 "사랑"을 붙여 쓰면 이런 말씀이 되는 것입니다.

"주님이 보내는 형제를 **사랑**하는 사람은 주님을 **사랑**하는 사람이며 주님을 **사랑**하는 사람은 주님을 보내신 하나님을 **사랑**하는 사람이다."

주님의 말씀이 이러함으로 "눈에 보이는 형제를 **사랑**하지 못하는 사람이 '보이지 않는 하나님을 **사랑**할 수는 없습니다.' 하나님을 **사랑**하는 사람은 형제도 **사랑**해야 합니다."(요일4:20-21)라는 말씀은 백 번 천 번 지당하신 말씀인 것입니다.

이렇게 형제를 사랑하므로 주님도 하나님도 사랑하게 되는 것은,

우리가 "하나님의 자녀들로서(갈3:26; 새 번역 성경) 그리스도 예수님 안에서 하나가 되었기 때문(갈3:28)입니다."

그러므로 "주 너희 하나님을 사랑하라." 이같이 크고 제일 중요한 계명을 지키는 일은, "눈에 보이는 형제를 사랑하는 일인 것입니다." 이렇게 우리가 형제를 진실로 사랑하는 것이, 주님을 사랑하는 것이 되는 것이며, 주님을 사랑함으로써 주님을 보내신 하나님을 사랑하는 것이 되는 것입니다. 이와 같이 우리가 서로 사랑함으로 크고 제일 중요한 하나님의 계명을 지키게 되는 것입니다.

이렇게 하나님을 사랑하고 하나님의 계명을 지키는 자에게는 천 대까지 은혜를 베푸신다고 말씀하시지 않았습니까?

"나를 사랑하고 내 계명을 지키는 자에게는 천 대까지 은혜를 베푸느니라."(출20:6; 새 번역 성경) 하고 말입니다. 주님의 말씀이 이러하니 위의 말씀을 자세히 연구해 보십시오. 여호와 하나님께서 "나를 사랑하고" 하셨고 이어서 "내 계명을 지키는 자에게는" 하셨습니다. 나를 사랑하고는 "주 너희 하나님을 사랑하라" 명하신 말씀과 같고, 내 계명을 지키는 자에게는 "네 이웃을 네 몸처럼 사랑하라" 명령하신 계명의 말씀과도 같습니다.

말씀이 이러한데도 많은 사람이 이 대목에서 **모퉁이의 머릿돌에 걸려 넘어지고 있는 것**입니다. 그러므로 다시 여러분에게 질문하겠습니다. 여호와께서 "네 이웃을 네 몸처럼 사랑하라." 명령하신 "네 이웃"은 누구이겠습니까?

세상 어려운 이웃을 말씀하시는 것이겠습니까? 아니면 모든 이스라엘 백성들을 말씀하시는 것이겠습니까?

그리고 "주 너희 하나님을 사랑하라."는 말씀에서도 "주 너희 하나님"은 누구의 "주 너희 하나님"이라고 말씀하신 것일까요?

그렇습니다. "주 너희 하나님"은 이스라엘 백성들에게 여호와께서 "주"가 되시고 "하나님"이 되신다는 말씀이십니다. 그래서 여호와 하나님께서 이스라엘 백성들에게 이렇게 말씀하시지 않았습니까?

"나는 종살이하던 너희를 이집트에서 인도해 낸 **너희 하나님 여호와이다.**"(출20:2; 현대인의 성경) 하고 말입니다. 그러면 "네 이웃을 네 몸처럼 사랑하라." 이스라엘 온 회중에게 명령하신 말씀도 자연스럽게 이스라엘 동족에 관한 말씀의 해석으로 해석이 되는 것입니다.

그것은 이스라엘 백성들에게 "주"가 되시고, "하나님"이 되신 여호와께서, 자기 백성들에게 **"나 여호와 너희 하나님'**이 거룩하니 너희도 거룩한 사람이 되어라."(레19:2) 하고 이스라엘 백성들에게 하신 말씀으로 바르게 정리가 되기 때문입니다.

그리고 이렇게도 말씀하셨습니다. 여호와 하나님께서 이스라엘 백성들에게 "형제를 미워하는 마음을 품지 말라." 하셨고 "'이웃'의 잘못을 서슴지 말고 타일러 주어야 한다. 그래야 그 죄에 대한 책임을 벗는다." 하셨으며 "동족에게 앙심을 품어 원수를 갚지 말라."고도 하셨고 "네 '이웃'을 네 몸처럼 아껴라. 나는 여호와이다."(레19:17-18) 이렇게도 말씀하셨습니다.

그러나 만일 위에 여호와께서 말씀하신 그 "이웃"이 우리와 세상 사람들 모두를 가리키는 말씀이라면, 여호와께서 여러분이 세상 이웃의 잘못을 보았을 때는 "이웃의 잘못을 서슴지 말고 타일러 주어야 한다." 말씀하셨습니다. 이렇게 세상 이웃이 여러분들의 이웃이라면, 여러분들은 "세상 이웃의 잘못을 볼 때마다, 그 사람들을 알고 있든지 모르고 있든지 간에 머뭇거리지 말고, 바로바로 타일러 주어야 하는데, 만일 그렇게 세상 이웃에게 여러분이 행한다면 어떻게 될까요?"

그러면 남의 일에 참견하는 일로 그 이웃과 싸우게 될 테고, "그래야 그 죄에 대한 책임을 벗는다." 말씀처럼, 그 죄에 대한 책임을 벗는다는 것은 고사하고, 오히려 그런 일로 인해서 더 많은 죄를 짓게 되지 않을까요?

그러므로 여러분들은 위에 여호와께서 "이웃의 잘못을 서슴지 말고 타일러 주어야 한다."고 말씀하신 그 이웃은 아래와 같은 형제들을 두고 하신 말씀임을 기억하십시오.

"**형제가 죄를 짓는 것을 보게 될 때**' 그것이 죽을 죄가 아니라면 하나님께 용서를 구하십시오."(요일5:16) 하신 말씀과 "주님, '**형제가 내게 죄를 지었을 때**' 몇 번이나 용서해야 합니까?"(마18:21) 하고 주님께 물어본 사도 베드로의 질문과 "네 '**형제가 잘못을 저지르거든 꾸짖고**' 뉘우치거든 용서해 주어라."(눅17:3; 공동번역) 하고 주님께서 대답하신 말씀 등등 그와 같은 "믿음의 형제"라는 것을 말입니다.

그러므로 여호와께서 "이웃(형제들)이 잘못을 저질렀을 때 서슴지 말고 타일러 주어라. 그래야 그 죄에 대한 책임을 벗는다." 하고 이스라엘 온 회중에게 선포하신 말씀은, 위와 같이 "네 '형제가 잘못을 저지르거든 꾸짖고' 뉘우치거든 용서해 주어라." 하고 그리스도께서 말씀하신 그 말씀과 같은 말씀인 것입니다. 그러므로 여호와께서 말씀하신 "잘못을 저지른 이웃"은 바로 "예수님을 믿는 모든 형제를 가리키는 말씀임"을 우리는 알 수 있습니다.

이렇게 "잘못을 저지른 이웃"(레19:17)이 "형제들을 가리키는 말씀"이라면, 레위기 19장 **17절**에서 레위기 19장 **18절**에 말씀으로 바로 이어서 선포하신 "네 이웃을 네 몸과 같이 사랑하라."(레19:18) 하고 여호와 하나님께서 명령하신 "네 이웃"도 "처음 기쁜 소식을 들었던 이스라엘 사람들로서 이스라엘 동족들의 이웃"을 가리키는 말씀이며, 나아가서 그들의 상징인 "나중에 기쁜 소식을 들은 영적 이스라엘 백성들로서, 예수님을 믿는 모든 형제들"을 가리키는 말씀임이 분명한 것입니다. 그와 같이 "네 이웃"은 형제들을 가리키는 말씀임으로 "네 이웃"의 관한 말씀의 해석을 "네 형제"의 관한 말씀으로 해석해야만 하는 것입니다.

그와 같이 해석함으로써 이러한 해석이 나오는 것입니다.

"네 형제를 네 몸처럼 사랑하라." 이렇게 바르게 해석된 이 말씀이 **"여호와 하나님의 계명인 것"**(출20:6)입니다. 위와 같이 해석되어야 그리스도의 계명과 딱 들어맞는 계명이 되는 것입니다. 그 말씀의 해석이 이러함으로 여러분은 그리스도의 계명을 보시겠습니다.

"내가 너희를 사랑한 것처럼 **'너희도 서로 사랑하여라.'** 이것이 내 계명이다."(요15:12) 하셨습니다. 또 이렇게도 말씀하셨습니다. **"서로 사랑하여라.'** 내가 **'너희에게 명령한 것'**이 바로 이것이다."(요15:17) 하셨습니다. 위의 말씀에서 "너희에게 명령한 것이"에서 "너희"는 바로 "너희는 다 형제니라."(마23:8)는 말씀처럼 "그리스도의 형제들을 가리키는 말씀인 것입니다."

그리고 위와 같이 선포된 말씀은 "모두 그리스도의 생각에서 나온 말씀이 아니라, 여호와 하나님의 말씀"인 것입니다. 그것은 왜냐하면 "너희가 듣는 말은 **'내 말이 아니라' '나를 보내신 아버지의 말씀이니라.'"**(요14:24) 하고 말씀하셨기 때문입니다. 이렇게 주님 안에서 주님을 통해 "여호와 하나님께서 선포하시는 말씀"을 제자들이 듣고 그 말씀에 "순종하였던 것"입니다. **"그들은 아버지의 말씀에 순종하였습니다."**(요17:6) 말씀과 같이 말입니다.

이렇게 그리스도를 통해 선포된 모든 말씀은 "여호와 하나님의 말씀이셨던 것"입니다. 그러므로 주님은 사도 요한을 통해 이렇게 말씀하시지 않았습니까?

"우리가 하나님의 아들 예수 그리스도의 이름을 믿고 **'그리스도께서 명령하신 대로' '서로 사랑하는 것'**이 바로 **'하나님의 계명을 지키는 것'**입니다."(요일3:23; 현대인의 성경) 하고 말입니다. "내가 너희를 사랑한 것처럼 너희도 서로 사랑하여라. 이것이 내 계명이다." 하고 주님을 통해 선포된 이 말씀도 바로 "여호와 하나님의 말씀"이셨고 "하나님의 계명"이셨음을 우리는 알 수 있는 것입니다.

"서로 사랑하여라. 내가 너희에게 명령한 것이 바로 이것이다." 하고 그리스도께서 명령하신 것도 여호와 하나님께서 그리스도를 통해 명령하신 것으로서 모두 "여호와 하나님의 명령"이셨던 것입니다. 그러므로 여호와 하나님께서 그리스도를 통해 선포하신 이 모든 말씀을 종합해 본다면 "네 이웃을 네 몸처럼 사랑하라." 하고 명령하신 말씀도 "우리의 형제들임이 분명한 것"입니다. 그러므로 "네 이웃"은 "네 형제" 또는 "너희 형제" 그리고 "자신의 형제"로 해석되어야 맞는 것입니다.

그러므로 "너희 형제를 너희 몸처럼 사랑하여라." 이러한 해석이 나오는 것입니다. 그와 같이 해석이 나오는 것은 "내가 너희를 사랑한 것처럼, 너희도 서로 사랑하여라."(요15:12) 하고 우리에게 예수님께서 말씀하셨기 때문입니다. 이렇게 예수님께서 선포하신 주님의 말씀은 모두 여호와 하나님의 말씀이라고 하시지 않았습니까?

그러므로 "내가 너희를 사랑한 것처럼"이라는 말씀은 "여호와 하나님께서 너희를 사랑한 것처럼"이라는 말씀이 되는 것입니다.

그러므로 그 말씀은 곧 "여호와 하나님께서 자기의 외아들을 세상에 보내셔서 우리를 사랑하신 것처럼(요일4:9-10) 너희도 서로 사랑하여라." 하고 하나님께서는 예수님을 통해 우리에게 말씀하시는 것입니다. 다시 말씀을 드린다면 "자기의 외아들을 세상에 보내셔서 우리가 그를 통해 살게 하신 여호와 하나님처럼 너희도 그와 같이 형제를 위하여 목숨을 버려 서로 사랑하여라."(요일3:16, 4:11) 하시는 것입니다. 위와 같이 형제들이 서로 목숨을 버려 사랑하는 것이 바로 여호와 하나님께서 이스라엘 온 회중에게 말씀하신 것처럼 그리스도의 죽음을 본받아 "자신의 형제를 자신의 몸처럼 사랑하는 것"이 되는 것입니다.

그것은 "'**여러분은 그리스도의 몸이며**' 여러분 한 사람 한 사람은 '**그 몸의 각 지체이기 때문**'입니다."(고전12:27; 현대인의 성경)라고 말씀하고 있기 때문입니다. 이렇게 "우리가 다 같은 그리스도의 몸으로서, 서로 같은 그리스도의 몸 된 형제를 사랑한다면, 그것이 곧 성도 '**자신의 몸을 사랑하는 일**'이 되는 것입니다.

이처럼 여러분들이 형제끼리 뜨겁게 서로 사랑함으로써, 여호와의 말씀과 같이 '자신의 이웃인 형제'를 '자신의 몸처럼 사랑하는 일이 되는 것'"입니다.

그러므로 위의 말씀과 같이 그렇게 "**우리가 한마음 한뜻이 되어 서로 사랑함으로써, 형제들이 그리스도 안에서 하나가 되어**" 여호와 하나님께서 우리에게 "네 이웃을 네 몸처럼 사랑하라." 하고 명령하신 말씀이 그대로 "**우리 가운데서 완성되어 떳떳하게 심판 날을 맞이하게 되는 것**(요일4:17)**입니다.**"

그러므로 여러분은 마귀의 종노릇을 하는 목사들에게 속지 말고, 눈을 크게 뜨고 잘 보십시오. 그리고 여러분은 먼저 사도 요한을 통해 말씀하신 아래의 말씀을 보고, 그다음으로 하나님 여호와의 말씀을 보십시오. 주님은 사도 요한을 통해 이렇게 말씀하셨습니다.

"우리가 하나님의 아들 예수 그리스도의 이름을 믿고 **'그리스도께서 명하신 대로 서로 사랑하는 것'**이 바로 **'하나님의 계명을 지키는 것'**입니다. '하나님의 계명을 지키는 사람'은 '하나님 안에서 살고 하나님께서도 그 사람 안에 계십니다.'"(요일3:23-24; 현대인의 성경) 하고 말입니다. 위의 말씀과 같이 그리스도께서 우리에게 명하신 계명은 바로 아래의 말씀입니다.

"이제 **'내가 너희에게 새로운 계명을 준다.'** 서로 사랑하여라. 내가 너희를 사랑한 것처럼 너희도 서로 사랑하여라."(요13:34) 하고 우리에게 명하신 것입니다.

그리고 여러분은 아래의 말씀을 잘 보십시오. 하나님 여호와께서는 이렇게 말씀하셨습니다.

"**나**(하나님 여호와를)**를 사랑하고 내 계명**(요일3:24; 곧 하나님의 계명)**을 지키는 자**'에게는 천 대까지 은혜를 베푸느니라."(출20:6; 현대인의 성경) 하고 말입니다.

그리고 앞에 하나님 여호와께서 이스라엘 백성들에게 선포하신 말씀과 "같은 말씀"을 사도 요한을 통해서 주님께서는 또 이렇게 말씀하시지 않았습니까?

"**우리가 하나님을 사랑하고 그분의 계명**(요일3:24; 하나님의 계명)**을 지킬 때' '이것으로'** 우리는 하나님의 자녀들(네 이웃을)을 사랑하고 있다는 것을 알게 됩니다. **'하나님을 사랑하는 것은 곧 그분의 계명**(요일3:24; 하나님의 계명)**을 지키는 것입니다."**(요일5:2-3; 현대인의 성경) 하고 말입니다. 이렇게 **"우리가 하나님을 사랑하고 그분의 계명**(요일3:24; 하나님의 계명)**을 지킬 때' '이것으로' '우리는 하나님의 자녀들을 사랑하고 있다는 것을 알게 됩니다.'"** 말씀하셨습니다. 말씀이 이러한데 어떻게 하나님의 자녀에 관한 "네 이웃"이 어떻게 "세상 이웃"이 되겠습니까?

그러므로 여러분은 또 보십시오.

"하나님을 사랑하는 것은 곧 그분의 계명을 지키는 것입니다."(요일5:3; 현대인의 성경) 하고 말씀하신 것입니다. 공동번역은 같은 구절을 이렇게 해석합니다.

"하나님의 계명을 지키는 것이 곧 하나님을 사랑하는 일입니다."(요일5:3) 하고 말입니다. 이렇게 우리가 하나님을 사랑하려면 우리는 하나님의 계명을 알아야만 하는 것입니다. 그렇다면 하나님의 계명은 무엇입니까? 하나님의 계명에 대하여 주님은 사도 요한을 통해 이렇게 말씀하셨습니다.

"우리가 하나님의 아들 예수 그리스도의 이름을 믿고 **'그리스도께서 명하신 대로 서로 사랑하는 것'**이 바로 **'하나님의 계명을 지키는 것입니다."**(요일3:23) 하고 말입니다. 앞의 말씀처럼 그리스도께서 우리에게 명하신 말씀은 바로 아래의 말씀입니다.

"'내가 너희에게 명하는 것'은 이것이다. 너희는 서로 사랑하여

라."(요15:17; 새 번역 성경) 하고 제자들에게 명하신 말씀입니다. 이렇게 그리스도께서 제자들에게 명하신 대로 "형제끼리 서로 사랑하는 사람이, 그리스도처럼" "하나님을 사랑하는 사람이며, 하나님의 계명을 지키는 사람인 것"(요15:10; 내가 아버지의 계명을 지키고 그분에 사랑 안에 있는 것같이)입니다. 이런 사람들에게 여호와 하나님께서는 은혜를 천 대까지 베푸신다고 하신 것입니다. 그러므로 여러분은 여호와 하나님께서 이스라엘 백성들에게 선포하신 하나님의 계명을 보십시오.

"나를 사랑하고 내 계명을 지키는 자에게는 천 대까지 은혜를 베푸느니라."(출20:6) 하고 말씀하지 않았습니까? 이렇게 "여호와 하나님의 계명"과 "너희는 서로 사랑하라" 하고 명하신 "그리스도의 계명"이 서로 일치하지 않습니까?

그러므로 이렇게 "나(하나님을)를 사랑하고 내(하나님의 계명) 계명을 지키는 자인 하나님의 자녀"에 관한 "네 이웃"이 어떻게 "세상 이웃"이 되겠습니까?

세상 사람들이 하나님을 사랑하고 하나님의 계명을 지킬 수 있는 사람들입니까?

이렇게 "네 이웃을 네 몸처럼 사랑하라." 하고 하나님의 백성인 이스라엘 백성들에게 명하신 여호와 하나님의 말씀을 억지로 해석하여 마침내 스스로 파멸에 이르고 마는 것(벧후3:16)입니다. 이러함으로 하나님의 말씀을 억지로 해석하면 안 되는 것입니다.

그러므로 여러분은 말씀을 또 보십시오.

"임금이 대답하여 가라사대 '내가 진실로 너희에게 이르노니 너희가 여기 **내 형제**(마23;8; 너희는 다 형제니라. 히2:11-12; 그리스도의 형제) **중에 지극히 작은 자** 하나에게 한 것이, 곧 **내**(하나님에게, 그리스도 자신에게) **게 한 것**이니라.'"(마25:40) 하고 주님께서 말씀하시지 않았습니까?

이렇게 예수님께서 하나님께 "**내가 내 형제들**'에게 주의 이름을 선포하고 군중 앞에 서서 주를 찬양하겠습니다."(히2:12; 현대인의 성경) 하셨습니다. 그리고 마태복음 25장 40절에서는 "너희가 여기 있는 **내 형제 중에**' 지극히 작은 자 하나에게 한 것"이라고 말씀하셨습니다.

말씀이 그렇다면 앞에 "내 형제 중에"라는 말씀은, 히브리서 2장 12절에서 "그리스도께서 하나님께 **내가 내 형제들**'에게 주의 이름을 선포하고 군중 앞에서 서서 주를 찬양하겠습니다."라는 말씀과 같이 "그리스도의 형제를 가리키는 말씀"이 분명한 것입니다. 그러므로 마태복음 25장 40절에서 "너희가 여기 내 형제 중에"라는 말씀을 해석할 때는 "그리스도의 형제 중에"라고 그렇게 해석을 해야만 맞는 것입니다.

그러므로 여러분은 또 말씀을 보십시오. 위에 해석을 입증할 수 있는 말씀이 있습니다. 그것은 히브리서 기자를 통해 선포하신 말씀입니다.

"주님은 천사들을 도우려고 오신 것이 아니라 '아브라함의 후손들을 도우려고 오셨습니다.' 그러므로 **주님은 모든 점에서 자기 형제들과 같이 되셔야 했습니다.**'"(히2:16-17; 현대인의 성경) 하고 선포하신 말쏨입니다. 이렇게 "주님은 모든 점에서 **'자기 형제들과 같이'** 되셔야 했습니다."라고 선포하신 말씀과 같이 마태복음 25장 40절에서 "여기 내 형제"는 "그리스도의 형제"를 가리키심이 분명한 것입니다.

말씀이 이러함으로 **"예수님은 '자기 많은 형제들 가운데 맏아들'이 되게 하셨습니다."**(롬8:29) 하고 주님은 사도 바울을 통해 말씀하시지 않았습니까?

이렇게 "주님은 모든 점에서 자기 형제들과 같이 되셔야 했습니다."(히2:17) 하고 말씀하셨고 "예수님은 자기 많은 형제들 가운데 맏아들이 되게 하셨습니다."(롬8:29) 하고 주님께서는 사도들을 통해 말씀하셨습니다. 말씀이 이러한데, 주님의 형제들인 "네 이웃"이 "네 궁핍한 형제"가, 어떻게 "세상 이웃"이 되고 "세상 어려운 이웃"이 되겠습니까?

성령님께서는 히브리서 기자를 통해 주님의 말씀을 그와 같이 전파하시고 있는데, 예수님을 믿지 않는 세상 사람들이 어떻게 주님의 형제들이 되겠습니까?

그리고 "우리가 하나님의 아들 예수 그리스도의 이름을 믿고"라고 말씀하셨는데, 이렇게 하나님의 아들 예수 그리스도의 이름을 믿지 않는 사람들이 어떻게 그리스도의 형제가 되겠습니까? 그리고 또 그리스도께서 **"내 형제 중에 '지극히 작은 자' 하나에게 한 것이 곧 '내게 한 것이니라.'"**(마25:40)라고 말씀하셨습니다. 그런데도 "'지극히 작은 자 곧 세상 어려운 사람' 하나에게 한 것도 내게 한 것이니라." 이렇게 해석하는 사람들도 있습니다. 예수님의 말씀대로라면 "지극히 작은 자"는 "주님의 궁핍한 형제"를 가리키는 말씀인데, 어떻게 세상 어려운 사람들에게 한 것이 "주님에게 한 것이 되겠습니까?"

그러므로 하나님의 말씀을 억지로 풀지 마십시오. 그분의 말씀을 잘못 해석하지 마십시오.

그렇게 하나님의 말씀을 억지로 풀거나 잘못 해석하게 되면 자신뿐만 아니라 자신을 추종하는 교인들마저도 스스로 멸망으로 치닫게 하는 일이 되는 것(벧후3:16)입니다. 그와 같이 스스로 멸망으로 치닫게 되는 것은, 하나님의 말씀을 잘못 해석함으로써, 자신과 교인들이 "하나님의 말씀에 불순종하게 하는 것이어서, 스스로 멸망을 불러들이게 되는 것이기 때문"(벧전2:8)입니다.

그러므로 만일 위와 같은 사람들이 여호와 하나님께서 말씀하신 "네 이웃"에 대한 말씀을 "세상 이웃"으로 바꾸어 억지로 해석하는 사람은, 위에서도 말씀드렸다시피 "그런 사람들은 그리스도 안에서 살 수 없는 사람들이 되는 것입니다." 그것은 왜냐하면 세상 사람들은 그리스도의 형제가 확실하게 아니기 때문입니다.

그런데도 "내 이웃이 누구입니까?" 하고 물어본 율법 학자에 대한 예수님의 말씀을 깨닫지 못하고, 강도 만난 자 즉 세상 어려운 이웃을 사마리아인과 같이, 세상 이웃도 포함하여 자신의 이웃으로 자신의 몸과 같이 사랑하라. 하셨다고 그렇게 가르치는 것입니다.

그와 같이 세상 어려운 이웃들을 사랑하라고 가르치면서도 형제

사랑은 등한시하는 것입니다. 그렇게 형제 사랑은 등한시하면서도 세상 이웃들에게는 그리스도의 사랑을 전해야 한다고 선교에 치중하는 것입니다. 만일 그와 같이 그리스도 안에서 살지 않는 사람이, 세상에 나가 전도를 한다면, 그들의 전도를 받은 사람까지도, 그리스도 안에서 살 수 없는 사람을 낳게 되는 것이 되는데도 그렇게 하는 것입니다. 그와 같이 그리스도 안에서 살지도 않으면서, 선교하든지 전도하든지 하여, 수많은 교인을 교회로 불러드렸을지라도, 그 사람들은 그리스도 안에서 살 수 없게 되는 것입니다. 오히려 그들과 같이 더 많은 사람을 하나님의 말씀에 불순종하게 할 뿐입니다.

이러하므로 여러분들은 하나님의 말씀을 하나님의 능력에 의존하여 바르게 깨닫고 깨달은(약1:21; 공동번역; "하나님께서 여러분의 마음속에 심으신 말씀을 공손히 받아들이십시오.") 그 말씀을 사실 그대로 해석하여 전하십시오.

하나님 여호와께서 말씀하신 "네 이웃"은 위에서도 말씀을 드렸지만, 바로 예수님의 이름을 믿는 믿음의 형제들을 가리키는 말씀인 것(요일3:20; **"우리가 하나님의 아들 예수그리스도를 믿고,"**라는 말씀처럼 말입니다)입니다. 그러므로 여호와 하나님께서 말씀하신 대로 자신의 형제인 "네 이웃을 자신의 몸처럼 사랑하는 그와 같은 사람"만이 그리스도 안에서 살 수 있는 것입니다. 그러므로 여러분들은 위에서도 힘껏 "네 이웃"에 대하여 말씀을 드렸으나, "네 이웃"의 대한 말씀을 그래도 잘 모르시겠다면, 여호와 하나님께서 "네 이웃을 네 몸처럼 사랑하라" 하고 선포하신 말씀이 누구보고 들으라고 선포하셨는지부터 깨달으십시오. "네 이웃"에 대한 말씀의 뜻을 확실히 알아야만, 하나님 여호와의 말씀대로 "나를 사랑하고 내 계명을 지키는 자"가 되어, 말씀과 같이 하나님을 사랑하고 하나님의 계명을 지킴으로써, 그리스도 안에 거할 수 있게 되는 것입니다.

그러므로 그리스도 안에서 사는 법을 주님의 지도하심을 따라 배우십시오.

주님은 아래와 같이 행하심으로써 하나님 아버지의 계명을 지키셨습니다.

"그리스도께서 세상에 오셨을 때 이렇게 말씀하셨습니다. '주께서 제사와 예물을 원하지 않으시며 불로 태워 바치는 번제와 죄를 씻는 속죄제도 기뻐하지 않으시고 나를 위해 한 몸을 예비하셨습니다.' 그때 내(예수님이)가 말하였습니다. '하나님이여, 보십시오. 나에 관해 율법 책에 기록되어 있는 대로 내(예수님이)가 주의 뜻을 행하러 왔습니다.'"(히10:5-7; 현대인의 성경) 하셨습니다. 이렇게 그리스도께서는 새 제도를 세우시기 위하여, 이 땅에 보내신 아버지께서 자기에게 명령하신 것을, 한 치의 어긋남이 없이, 그대로 아버지께 순종하셨습니다.

이렇게 예수님은 **"내가 아버지를 사랑한다는 것과 아버지께서 명령하신 것'**을, **'내가 그대로 행한다는 것'**을, 세상에 알리려는 것이다."(요14:31; 현대인의 성경, 새 번역 성경) 하고 말씀하신 것과 같이 말입니다. 이처럼 아버지께서 주님에게 분부하신 그대로, 예수님께서는 아버지의 모든 계명을 수행하여 지키심으로써, "내가 아버지의 계명을 지키고 그분의 사랑 안에 있는 것 같이," 그렇게 주님께서는 아버지의 사랑 안에서 사셨던 것입니다. 그러므로 제자들에게도 그와 같이, "너희도 내 계명을 지키면 내 사랑 안에서 살게 될 것이다."(요 15:10)라고 주님은 그렇게 말씀하셨던 것입니다.

이렇게 "너희도 내 계명을 지키면 내 사랑 안에 살게 될 것이다." 하고 주님께서 제자들에게 말씀하신 것처럼, 우리가 "내 계명" 곧 "그리스도의 계명을 지킴"으로써, 주님의 사랑 안에서 살게 되는 것입니다.

위와 같이 주님의 사랑 안에서 살게 되는, 그와 같은 그리스도의 계명은 어떤 계명을 말씀하신 것일까요? 주님은 제자들에게 "자기의 사랑 안에 살게 되는" 그리스도의 계명에 대하여 이렇게 말씀하셨습니다.

"아버지께서 나를 사랑하신 것처럼(요17:23; 공동번역; 또 아버지께서 나를 사랑하신 것처럼, 요17:24; 아버지께서 천지 창조 이전부터 '나를 사랑하셔서,' 행10:36; '모든 사람의 주가 되게 하셨습니다.') **나도 너희를 사랑하였으니**(요 17:22; 세상에 있는 자기 사람들을 끝까지 사랑하셔서, 말씀과 같이 사랑하였으니) **내 사랑 안에서 살아라."**(요15:9) 하셨습니다.

그리고 계속하여 주님께서 우리를 사랑하심에 대하여는 "내가 그들과 함께 있는 동안 '내게 주신 아버지의 이름으로' 나는 그들을 안전하게 보호하고 지켰습니다."(요17:12) 하셨습니다. 주님은 이렇게 제자들과 주님을 믿는 사람들을 안전하게 보호하고 끝까지 지키심으로써 "세상에 있는 자기 사람들을 사랑하시되 끝까지 사랑하셨습니다."(요 13:1) 하고 주님께서 자기 사람들을 극진히 사랑하심에 대하여 성경에 그와 같이 기록하고 있는 것입니다.

그리고 또한 그리스도의 최고의 사랑으로 우리를 위하여 십자가에서 목숨을 버리신 것(요일3:16)입니다. 이처럼 제자들을 사랑하신 주님은 "내가 너희를 사랑한 것처럼, 너희도 서로 사랑하여라." 하셨고, 바로 이어서 "이것이 내 계명이다."(요15:12) 하셨습니다. 이렇게 **"내가 너희를 사랑한 것처럼 너희도 서로 사랑하여라. 이것이 내 계명이다."** 하고 말입니다. 앞에 와 같이 주님께서 제자에게 "이것이 내 계명이다."하고 가르쳐 주신 이 계명이 바로 "그리스도의 계명"인 것입니다.

그렇습니다. "그리스도의 계명은" 바로 "내가 너희를 사랑한 것처럼 너희도 서로 사랑하여라." 하고 제자들에게 가르치신 말씀이셨습니다. 이렇게 **"그리스도께서 목숨을 다하여 우리를 사랑하신 것처럼"** 그리스도의 형제들도 예수님과 같이 목숨을 다하여 서로 사랑하는 것이었습니다."

그러므로 사도 요한은 우리에게 이렇게 말씀을 전하고 있는 것입니다.

"자기가 하나님 안에 산다고 말하는 사람은 그리스도께서 사신 것처럼 살아야 합니다."(요일2:6; 공동번역) 하고 말입니다. 그와 같이 주님께서 "내가 너희를 사랑한 것처럼," 다시 말씀을 드린다면 "예수님이 우리를 사랑하신 것처럼, 그리스도의 형제들이 서로 사랑하는 것"이 바로 "그리스도 안에서 사는 법이었습니다."

말씀이 이러함으로 우리는 진실로 형제를 예수님이 우리를 사랑하신 것처럼, 서로 사랑해야만 하는 것입니다. 그것은 왜냐하면, 예수님과 같이 사랑하는 사람이 그리스도 안에서 사는 사람이기 때문입니다. 그러나 만일 앞의 말씀과 같이 형제를 진실로 사랑하지 않고, 다시 말씀을 드린다면 "그리스도 안에서 살지 않으면서, 하나님을 사랑한다고 하는 사람"은 **"거짓말을 하는 사람"**인 것입니다. 그것은 "내 안에 살아라. 나도 너희 안에 살겠다." 말씀하셨고 "가지가 포도나무에 붙어 있지 않고서는 스스로 열매를 맺을 수 없듯이 너희도 내 안에 있지 않으면(너희도 그리스도의 계명을 지키지 않으면, 또는 내가 너희를 사랑한 것처럼, 너희도 서로 사랑하지 않으면) 열매를 맺지 못할 것이다."(요15:4) 하고 주님은 제자들에게 말씀하셨기 때문입니다.

은혜의 자리에서 저주의 자리로

그러니 보십시오. 이렇게 주님 안에 살지 않으면서, 다시 말해서 예수님이 우리를 사랑하신 것처럼 자기의 형제를 사랑하지 않으면서, 하나님을 사랑한다고 하는 사람은 "거짓말쟁이"라고 하셨습니다.

"하나님을 사랑한다고 하면서 자기 형제를 미워하는 사람(눈에 보이는 형제를 사랑하지 않는 사람)은 **'거짓말쟁이입니다.'"**(요일4:20; 공동번역) 형제를 사랑하지 않는 사람은 왜 "거짓말쟁이"라고 말씀하셨을까요?

그 말씀에 대하여 이렇게 말씀하셨습니다.

"눈에 보이는 형제를 사랑하지 못하는 사람이 보이지 않는 하나님을 사랑할 수 없습니다."(요일4:20; 현대인의 성경) 하고 말씀하셨기 때문입니다. 그렇습니다. 하나님을 사랑한다고 하면서 눈에 보이는 형제를 사랑하지 못하는 사람은 거짓말쟁인 것입니다. 그것은 왜냐하면 주님은 "내 안에 살아라. 나(요14:23; 하나님도 예수님도)도 너희 안에 살겠다."(요15:4) 하셨습니다.

그러므로 말씀과 같이 눈에 보이는 형제 안에는 그리스도께서 살고 계시기 때문에 눈에 보이는 형제를 사랑하지 못하는 사람은 눈에 보이지 않는 하나님을 사랑할 수 없게 되는 것입니다. 그러므로 이처럼 하나님을 사랑한다고 하면서 눈에 보이는 형제를 사랑하지 못하는 사람은 "거짓말쟁이가 맞는 것"입니다.

그래서 사도 요한을 통해 주님은 "하나님을 사랑한다고 하면서 형제를 미워하는 사람(형제를 사랑하지 않는 사람)은 '거짓말쟁이입니다.'" 하신 것입니다. 그리고 "하나님을 안다고 하면서 그분의 계명('내가 너희를 사랑한 것처럼 너희도 서로 사랑하라. 이것이 나의 계명이다.')을 지키지 않는 사람은 '거짓말쟁이'이며 '진리가 그 속에 있지 않습니다.'"(요일2:6; 현대인의 성경)라고도 하셨습니다. 그리고 또 여러분은 보십시오. 여호와 하나님께서도 같은 말씀을 하셨습니다.

"나를 미워하는 자'(나를 사랑하지 않는 자)의 **'죄'**(거짓말쟁이의 죄)를 갚되 아버지로부터 아들에게로 삼사 대까지 이르게 하거니와"(출20:5; 현대인의 성경) 하고 말입니다.

그러나 반대로 눈에 보이는 형제를 사랑하는 사람은 진실로 하나님을 사랑하는 사람인 것입니다. 그런 사람이 그리스도 안에 사는 사람이요, 주님을 따라 많은 열매를 맺는 사람인 것입니다. 그것은 "사람이 내 안에 살고 내가 그 사람 안에 살면 그는 많은 열매를 맺는다."(요15:5) 하고 말씀하셨기 때문입니다.

그러나 하나님을 안다고 하면서 그분의 계명을 지키지 않는 사람은 "거짓말쟁이이며 진리가 그 속에 있지 않습니다."(요일2:6)라고 하신 위의 말씀은 "거짓말쟁이 속에는 성령님이 계시지 않습니다." 하신 말씀입니다.

그것은 "하나님은 거짓말을 하시지 않는 분이시기 때문입니다."(딛1:2) 그리고 "온갖 훌륭한 은혜와 모든 완전한 선물은 위로부터 하늘의 빛들을 만드신 아버지로부터 내려오는 것이기 때문입니다."(약1:17; 공동번역) 그리고 또한 "하나님은 빛이시며 그분에게는 어둠이 전혀 없는 분이시기 때문이기도 합니다." 그러므로 어둠의 속에 사는 그런 거짓말쟁이 속에는 하나님이 계실 수가 없는 것입니다.

그러므로 하나님을 안다고 하면서 그분의 계명을 지키지 않는 사람은 "내가 너희를 사랑한 것처럼," 그리고 "예수님이 우리를 사랑하신 것처럼" 진실로 형제를 사랑하지 않는다는 것입니다. 그와 같이 눈에 보이는 형제를 사랑하지 않는다는 것은 "내가 너희를 사랑한 것 같이 너희도 서로 사랑하라. 이것이 내 계명이다." 말씀하신 "그리스도의 계명을 거역하는 것"에 해당하는 것이요, 하나님의 말씀이신 "진리를 거역하는 것"에 해당하는 것이요, 그리고 진리이신 "성령님을 거역하는 행위에 해당하는 것"입니다. 그것은 "아버지의 말씀은 진리이십니다."(요17:17) 하셨고 "성령님 자신이 진리이시기 때문입니다."(요일5:7; 현대인의 성경) 하고 말씀하셨기 때문입니다.

말씀이 이러하기에 형제를 사랑하지 않는 죄가, 성령님을 거역하는 행위와 같은 것에 해당하는 것입니다. 하나님의 말씀이 그러하기에 여호와 하나님께서 "나를 미워하는 자"(나를 사랑하지 않는 자)의 **"죄를 갚되"** 아버지로부터 아들에게로 삼사 대까지 이르게 한다고 말씀하시지 않았습니까?

그러므로 여러분은 마태복음 25장에 그리스도의 최후 심판을 보십시오.

마태복음 25장에서 거짓 형제들이, 형제의 궁핍함을 보고서도 마음 문을 닫고 그와 같이 어려움을 겪고 있는 그리스도의 형제를 도와주지 않았습니다. 그러므로 그들은 그와 같이 그리스도의 형제를 도와주지 않은(나(하나님을)를 사랑하지 않은 죄) **"죄"**로 그리스도의 심판을 받아, 마귀와 그의 사자들을 위해 준비한 영원한 불에 들어가라고 한다고 주님께서 말씀하시지 않았습니까?

그것은 왜 그렇습니까? 왜 궁핍한 형제를 도와주지 않았다고, 그리스도께서는 그와 같이 행한 거짓 형제들에게, 너희는 나를 떠나 영원한 불에 들어가라고 한다고 하셨습니까?

그 이유에 대하여 주님은 이렇게 말씀하셨습니다.

"'이 지극히 작은 자' 하나에게 하지 아니한 것이 곧 **'나'**에게 하지 않은 것이다."(마25:45) 하고 말씀하셨습니다. 그러므로 "이 지극히 작은 자"는 세상 어려운 이웃이 아니라 예수님을 사랑하는 사람이 맞는 것입니다. 그것은 왜냐하면 예수님을 사랑하는 사람은 그리스도의 계명을 지키기 때문입니다. 그런 사람을 아버지께서 사랑하실 뿐만 아니라, 아버지와 주님이 그 사람에게 가서 그와 함께 살 것이기 때문입니다. 아래의 말씀과 같이 말입니다.

"나를 사랑하는 사람은 내 말을 지킬 것이다. 그리고 내 아버지께서도 그를 사랑하실 것이며, 아버지와 내가 그에게 가서 그와 함께 살 것이다."(요14:23) 그러므로 형제 안에는 예수님도 하나님도 함께 계신 것입니다. 이러하시기에 형제를 사랑하지 않는 사람은 주님도 하나님도 사랑하지 못하는 자인 것입니다. 이러하심으로 "나를 미워하는 자(나(하나님을)를 사랑하지 않는 자)의 죄를 갚되"라고 말씀하신 것입니다.

이러한 말씀에 해당하기 때문에 "하나님을 안다고 하면서 그분의 계명을 지키지 않는 사람은 거짓말쟁이이며 진리가 그 속에 있지 않습니다."(요일2:6) 하고 말씀하신 것입니다. 앞의 말씀으로 보건대, 그렇게 "하나님의 계명을 지키지 않는 사람"은 하나님을 사랑하는 사람들이겠습니까? 아니면 하나님을 미워하는 사람들이겠습니까?

하나님의 계명은 그리스도의 계명과 같은 계명이지만, 모르는 사람들이 있을 것 같아서 다시 말씀드리겠습니다. 하나님의 계명은 이렇습니다.

"우리가 '명령'받은 대로, **하나님의 아들 예수 그리스도를 믿고, 서로 사랑하라는 것이, 하나님의 계명입니다.**"(요일3:23; 공동번역) 그렇습니다. 예수님께서 우리에게 "명령하신 대로" "하나님의 아들 예수 그리스도를 믿고," 그와 같이 그리스도의 형제가 된 사람끼리, 서로 사랑하라는 것이, "하나님의 계명"인 것입니다. 그리고 주님은 제자들에게 이렇게 "명령하셨습니다."

"서로 사랑하여라. 내가 너희에게 '명령한 것'이 바로 이것이다."(요 15:17; 현대인의 성경) 하고 말입니다. 잘 보셨나요?

"하나님의 아들 예수 그리스도를 믿고," 그리스도께서 명령하신 대로 서로 사랑하는 것이 하나님의 계명입니다. 그렇다면 하나님의 계명을 지키지 않는 사람은 하나님을 사랑하는 사람들이겠습니까? 아니면 하나님을 미워하는 사람들이겠습니까?

하나님 여호와께서는 이렇게 말씀하셨습니다.

"나 네 하나님은 질투하는 하나님인즉, **'나를 미워하는 자의 죄를 갚되,'** 아버지로부터 아들에게로 삼사 대까지 이르게 하거니와"(출 20:5) 하고 말입니다. 앞의 말씀에서 "나를 미워하는 자의 죄를 갚되"라는 말씀은 바로 "나를 사랑하지 않는 자의 죄를 갚되"라는 말씀을 가리키는 것입니다. 그것은 위의 말씀이 바로 이스라엘 백성들에게 선포하신 "하나님의 계명"이기 때문입니다.

그러므로 이어서 말씀을 선포하신 하나님 여호와의 말씀을 보십시오. 여호와께서는 이렇게 말씀하셨습니다.

"나 네 하나님은 질투하는 하나님인즉, '나를 미워하는 자의 죄를 갚되,' 아버지로부터 아들에게로 삼사 대까지 이르게 하거니와 **나**(하나님 여호와를)**를 사랑하고 내 계명**(요일3:24; 곧 하나님의 계명)**을 지키는 자**'에게는 천 대까지 은혜를 베푸느니라."(출20:5-6; 현대인의 성경) 하고 말입니다. 하나님의 계명이 이와 같으므로 "하나님의 계명을 지키지 않는 사람은" 하나님을 미워하는 사람인 것입니다. 그런 자들이 아비로부터 삼사 대에 이르기까지 자식들의, 자식들의, 자식들까지 거짓말쟁이고 진리를 저버리는 자가 되어, 하나님 여호와의 저주를 받게 되는 것(출20:5)입니다. 그러므로 여러분들은 아비로부터 삼사 대에 이르기까지, 거짓말쟁이로 살고 진리를 저버리며 사는 그러한 생활을 삶으로, 하나님의 저주를 받도록(마25:41; 저주를 받은 자들아,) 자식들에게 물려주지 마십시오.

그리고 또 주님께서는 "하나님의 계명을 지키지 않는 사람"에 대하여 아래와 같이 말씀하시지 않았습니까?

"나를 사랑하지 않는 사람은 내 말을 지키지 않는다."(요14:24) 이렇게 말입니다. 그리고 이어서 이렇게도 말씀하시지 않았습니까?

"너희 듣는 말은 내 말이 아니라 나를 보내신 아버지의 말씀이다." (요14:24) 하고 말입니다.

이렇게 주님께서 선포하신 말씀은 모두 하나님 여호와의 말씀이셨던 것입니다. 말씀이 이러하므로 "하나님의 계명을 지키지 않는 사람"은 "하나님을 사랑하지 않는 사람"이 되는 것이며, 하나님 여호와께서 자기 아들을 통해 말씀하신 "하나님의 말씀에 불순종하는 사람"이 되는 것입니다. 위의 말씀이 그렇다면 이렇게 "하나님의 계명을 지키지 않는 사람"은 참 그리스도인이겠습니까? 거짓 그리스도인이겠습니까?

주님은 사도 요한을 통해서 이렇게 말씀하셨습니다.

"하나님의 계명을 지키지 않으면서, 하나님을 알고 있다고 말하는 자는, 거짓말쟁이이고, 진리를 저버리는 자입니다."(요일2:4; 공동번역) 하고 이렇게 말입니다.

이렇게 많은 사람이 하나님을 안다고 하고, 그분을 사랑한다고 하면서, 하나님의 계명을 지키지 않는 사람들이 많은 것입니다. 그러면서도 자기들이 거짓말쟁이이며, 자신들이 하나님의 진리를 저버리는 자가 되는 줄도 모르고 있는 것입니다. 그렇게 그리스도 안에 살지 않는 사람들이 많은 것입니다.

그러므로 여러분들은 속지 마십시오. 그리고 깨어나십시오. 주님은 "그리스도 안에 살지 않는 사람"에 대하여 이렇게 말씀하시고 경고하셨습니다.

"누구든지 '내 안에 머물러 있지 않으면' 가지처럼 밖에 버려져 말라 버린다. 사람들은 그런 것을 주워다가 불에 태운다."(요15:6)라고 말입니다. 이렇게 형제를 사랑하지 않는 사람들은 그리스도의 계명을 실천하지 않는 사람인 것입니다. 이처럼 그리스도의 계명을 실천하지 않는 사람들은 그리스도 안에서 살지 않는 사람인 것입니다. 다시 말하자면 서로 사랑하던 그리스도의 새 계명(사랑)이 식어버리고 말라 버린 것입니다.

그런 것을 사람들은 주워다가 불에 태우는 것(요15:6)입니다.

그러므로 여러분들은 말씀을 들어보십시오. 이렇게 하나님을 믿는다고 하면서 "그리스도 안에서 살지 않는 이와 같은 사람들"이 주님의 사랑을 전한다고 세상에 나가 보십시오. 그러면 "자기와 닮은 거짓말쟁이, 곧 거짓 그리스도인들을 계속해서 만들어 내게 되는 것"입니다. 그리고 또한 그 거짓말쟁이는 또 다른 거짓말쟁이를, 또 다른 거짓말쟁이는 또 다른 거짓말쟁이를, 끝도 없이 계속 만들어 내는 것입니다. "서로 진정으로 뜨겁게 사랑하지 않는" "처음 사랑을 경험하지 못한" 사람들과 같이 말입니다. 바로 그와 같이 행하고 있는 서기관들과 바리새인들에게 주님께서는 진노하시지 않았습니까?

"외식하는 서기관들과 바리새인들이여, 너희는 교인 하나를 얻기 위하여 바다와 육지를 두루 다니다가 생기면 너희보다 배나 '**지옥 자식이 되게 하는 도다.**'"(마23:15) 하고 말입니다. 이렇게 지옥 자식을 대거 만들어 내는 것입니다. 이렇게 교회가 계속해서 지옥 자식을 만들어 내는 이유는, 세상 이웃을 사랑하라고 가르치면서도, 주님께서 "내가 너희를 사랑한 것처럼, 너희도 서로 사랑하라." 말씀하신 대로 정작 형제로서 진실로 서로 사랑하지 않기에 생겨나는 것입니다. 그렇게 주님의 참사랑을 경험하지 못함으로써 생겨나는 일인 것입니다.

그와 같이 오늘날 교회가 겉보기에는 단결하는 교회처럼 보여도, 주님의 사랑이 식어버려 악이 성행함으로(마24:10-12) 속으로는 분열되고 있는 것입니다. 서로 형제처럼 꾸준히 사랑하지 못하고 있는 것입니다. 그렇게 "하나님의 계명을 지키지 않는 사람들"이 점점 많아지는 것입니다.

그렇게 하여 하나님 여호와를 미워하는 자가 많아지는 것입니다. 그래서 하나님 여호와의 저주를 받게 되는 것입니다.

"나 여호와 너희 하나님은 질투하는 하나님이다. 그래서 내가 나를 미워하는 자를 벌하고 그의 죄에 대하여 그 자손의 삼사

대까지 저주를 내리겠다."(출20:5; 현대인의 성경) 하고 말씀하심과 같이 말입니다.

그러므로 만일 이렇게 주님의 사랑을 경험하지 못하고, 그리스도 안에 살지 않는 그와 같은 사람들을, 그리스도의 이름으로 엄히 다스려서 듣게 하거나, 그렇게 하는데도 고집이 세서 듣지 않는 사람들을 교회 밖으로 쫓아내지 않으면, 그런 사람들로 말미암아서, 교인들에게 누룩이 온통 퍼져서 지옥 자식이 되고 마는 것입니다.

그러면 왜 이런 좋지 않은 일들이 교회 안에서 일어나게 되는 것일까요?

그것은 의의 말씀을 경험하지 못한 목사들이, 무엇이 선한 일이고 무엇이 악한 일인지를 가리는 일(히5:12-13)에 서툴면서도, 성경 말씀을 자기 마음대로 해석하여, 자신의 더러운 이익을 채우기 위하여, 진실을 왜곡하며 가르치고 있기 때문입니다.

그와 같이 행하는 것을 주님께서 사도 바울을 통하여 이렇게 말씀하셨습니다.

"말씀에 복종하지 않고 터무니없는 말을 하며 남(신자들을)을 속이는 사람이 많이 있는데 **'유대교에서 넘어온 신자들 가운데 그런 자들'**이

많이 있습니다."(딛1:10)

"오늘날"은 특히 이웃을 주장하는 사람들 가운데 "말씀에 복종하지 않고 터무니없는 말을 하며 남을 속이는 그런 사람들이 많이 있는 것입니다." 그와 같은 사람들이 **"형제들의 이웃"**을(엡4:20-25; 현대인의 성경; "그러므로 여러분은 거짓을 버리고 각자 '자기 이웃'(네 이웃 곧 형제)에게 진실을 말하십시오. 우리는 모두 한 몸의 지체들입니다." 하셨고, 그리고 엡5:30; "우리는 그리스도의 몸의 지체들입니다." 하셨습니다) **"세상 이웃으로 바꾸어 해석"**하여 그리스도의 형제들이 예수님처럼 서로 사랑해야 하는데도 불구하고, 소홀하게 보아 넘기게 하는 것입니다. 그렇게 하여 성도들의 사랑이 식어(마24:12) 가지처럼 밖에 버려져 말라 버리게 하는 것입니다. 이렇게 무서운 일이 일어나도록 의의 말씀을 경험하지 못한 목사들이 그런 짓들을 하게 하는 것입니다. 그렇다면 만일 위와 같이 가지처럼 밖에 버려져 말라 버리게 된다면 어떻게 되겠습니까?

주님은 그와 같은 일에 대하여 이렇게 말씀하셨습니다.

"누구든지 내 안에 머물러 있지 않으면 가지처럼 밖에 버려져 말라 버린다. **'사람들은 그런 것을**(사랑이 말라 버린 것을) **주워다가 불에 던져 태운다.'**"(요15:6; 현대인의 성경) 하셨습니다. 그와 같이 밖에 버려져 말라 버리는 가지에 해당이 되는 사람에게는, 위에 주님의 말씀은 정말로 무서운 말씀이 되는 것입니다.

그것은 왜냐하면, 예수님께서 말씀하신 참 포도나무에서 떨어져 나간 가지에 대한 비유는 최후의 심판에 대한 비유의 말씀으로 말씀하신 것이기 때문입니다. 이렇게 주님께서 말씀하신 참 포도나무에서 떨어져 나간 가지에 대한 그 비유의 말씀은, 가라지 비유와 같은 말씀인 것입니다.

"세상 끝날에도 이렇게 할 것이다. 천사들(요15:6; 사람들은)이 와서 의로운 사람들 가운데서 악한 사람(사랑이 말라 버린 것을)을 가려내어 (주워다가) 불구덩이에 던져 넣을 것(불에 던져 태운다는 말씀처럼 불에 던져 넣게 되는 것입니다)이다. 그러면 그들이 거기서 통곡하며 이를 갈 것이다."(마13:41-42; 현대인의 성경) 이렇게 무서운 일이 참 포도나무에서 떨어져 나간 사람들에게서 벌어지게 되는 것입니다.

그리고 또한 그리스도 안에서 살지 않는, 그와 같은 무법한 목사들은, 세상에서 소외된 이웃을 돕는 것도, 주님에게 한 것이라고 잘못 해석하여 가르침으로써, "집들을 온통 뒤엎고 있는 것"(딛1:11)입니다. 그렇게 "멸망을 교인들 스스로 불러들이게 하는 것"(벧후3:16)입니다. 주님은 분명하게 이렇게 말씀하셨는데도 말입니다.

"그러면 임금은 분명히 말한다. '너희가 여기 있는 **형제들 중에** 가장 보잘것없는 사람 하나에게 **해 준 것**이 바로 **나에게 해 준 것**이다.' 하고 말할 것이다."(마25:40) 하셨고 "그러면 임금은 '똑똑히 들어라. 여기 있는 **형제들 중에** 가장 보잘것없는 사람 하나에게 **해 주지 않은 것**이 **나에게 해 주지 않은 것**이다.' 하고 말할 것이다."(마25:45; 공동번역) 하셨습니다.

이렇게 "말씀에 순종하여(요15:12; 내가 너희를 사랑한 것처럼 너희도 서로 사랑하여라) 형제들에게 선을 행하여 주님의 사랑을 나누어 주어 '하나님의 계명을 지키는 사람들'"과 "하나님의 말씀에 불순종하여 형제들이 죄를 범하게 하고 주님의 사랑을 나누어 주지 않으므로 '하나님의 계명을 지키지 않는 사람들'"에 대하여 말씀하신 것입니다. 그래서 여호와 하나님께서 이렇게 말씀하셨다고 하지 않았습니까?

"나, 주 너희 하나님은 질투하는 하나님이다. **나를 미워하는 사람'**에게는 '그 죗값으로 본인뿐만 아니라 삼사 대 자손에 이르기까지 벌을 내린다.' 그러나 **나를 사랑하고' '내 계명**(곧 하나님의 계명)**을 지키는 사람'**에게는 '수천 대 자손에 이르기까지 한결같은 사랑을 베푼다.'"(출20:5-6; 새 번역 성경) 하고 말입니다.

그러므로 여러분은 보십시오. 주님께서는 위와 같이 "그리스도의 형제 중에 가장 보잘것없는 형제 하나에게 해 준 사람은, 곧 주님 자신에게 한 사람이라고" 말씀하셨습니다. 그리고 "그리스도의 형제 중에 가장 보잘것없는 형제 하나에게 해 주지 않는 사람은, 곧 주님 자신에게 해 주지 않는 사람이라고" 그렇게 분명하게 말씀하셨습니다.

그와 같이 말씀하셨다는 위에 해석을 입증할 수 있는 말씀이 있습니다. 그 말씀은 바로 주님께서 하나님의 잃어버린 양에게로 12명의 제자를 전도를 보내시기 전에 제자들에게 명하신 말씀입니다. 그 말씀이 주님 자신에게 한 것과 주님 자신에게 하지 않은 것을 가려내어 주실 것입니다.

"너희를 영접하는 자는 나를 영접하는 것이요, 나를 영접하는 자는 나를 보내신 이를 영접하는 것이다."(마10:40) 하셨습니다. 그렇습니다. 주님의 제자들을 영접하는 사람은 바로 주님을 영접하는 사람인 것입니다. 그와 같이 제자들을 영접함으로 주님을 영접한 사람은 주님을 보내신 하나님을 영접한 것입니다.

말씀이 그렇다면 제자들을 영접하지 않은 사람은 주님을 영접하지 않은 사람인 것입니다. 그와 같이 제자들을 영접하지 않음으로 주님을 영접하지 않은 사람은 주님을 보내신 하나님을 영접하지 않은 것입니다.

그렇다면 마태복음 25장에서 "여기 있는 내 형제 중에 지극히 작은 자 하나에게 한 사람과 하지 않은 사람"에 대한 주님의 말씀이, 주님의 제자들에 관한 말씀이었다는 것이, 확연하게 드러난 것입니다. 어떤 이스라엘 사람들은 형제들을 영접하였고, 어떤 이스라엘 사람들은 형제들을 영접하지 않은 것입니다.

그리고 주님은 제자들에게 이렇게도 말씀하셨습니다. "너희는 다 형제니라."(마23:8) 하고 말입니다.

이렇게 주님의 제자들이 다 형제인 것처럼, 그리스도를 믿는 사람들은 다 같은 그리스도의 형제인 것입니다. 그러므로 **"그리스도의 형제를 영접하는 사람"**은 곧 그리스도를 영접하는 사람인 것입니다. 그리고 이렇게 형제를 영접함으로써 그리스도를 영접한 사람은, 그리스도를 보내신 하나님을 영접하는 것입니다. 이런 사람들이 하나님의 계명을 지키는 사람인 것(출20:6)입니다. 그리고 이런 사람들의 마음에 하나님을 사랑하는 마음이 있는 것(요일3:17)입니다. 이렇게 서로 사랑하는 사람들이(요일4:12) 하나님의 사랑 안에 있는 사람이며(요일4:16) 하나님의 아들을 그 마음 안에 모신 사람(요일5:12)인 것입니다. 그다음으로는 이런 아름다운 수식어가 아름답게 일하는 사람에게 계속 따라붙는 것입니다.

그러나 반대로 **"그리스도의 형제를 영접하지 않은 사람"**은, 그리스도를 영접하지 않는 사람인 것입니다. 이렇게 형제를 영접하지 않음으로써 그리스도를 영접하지 않은 사람은, 그리스도를 보내신 하나님을 영접하지 않은 것(눅10:16)입니다. 이런 사람들은 하나님의 계명을 지키지 않음으로 하나님을 미워하는 사람인 것(출20:5)입니다. 이런 사람들 마음에는 하나님을 사랑하는 마음이 없는 것(요일3:17)입니다. 이런 사람들은 하나님의 사랑 안에 거하지 않는 사람이며(요일4:8) 하나님의 아들을 그 마음 안에 모시지 못한 사람(요일5:12)인 것입니다. 그다음으로는 이런 아름답지 못한 수식어가 아름답지 못하게 일하는 사람에게 계속 따라붙는 것입니다.

형제 사랑에 대한 말씀이 이러하니 우리에게 있어서 형제 사랑하는 것이 얼마나 중요합니까?

그와 같은 말씀으로 하신 말씀으로써, 서로 같은 형제로서 자기 형제가 궁핍한 것을 보고, 그런 형제를 영접한 사람과, 서로 같은 형제라고 하면서도 자기 형제가 궁핍한 것을 보고도, 그런 형제를 영접하지 않은 사람을 가려내는 심판으로, 기록한 말씀이 바로 마태복음 25

장의 최후의 심판에 대한 말씀인 것입니다. 그러므로 "**마태복음 25장 그리스도의 최후 심판은 형제 사랑에 대한 완전한 결정체로서 그것을 심판하는 것**"입니다.

또 한 마태복음 25장 최후의 심판에 대한 말씀은 그리스도의 계명에 대한 말씀을 듣고 순종하여 실천한 사람과 불순종하여 실천하지 않는 사람을 하나님의 집에서 가려내는 그러한 심판인 것(벧전4:17)입니다.

말씀이 이러하므로 하나님의 말씀에 불순종하는 사람들"은 어디로 들어간다고 재판장이신 그리스도께서 말씀하셨습니까?

"이리하여 '그들은' '영원히 벌 받는 곳'으로 '쫓겨날 것'이며,"(마 25:46; 공동번역) 하고 이렇게 말씀하셨습니다. 참으로 하나님의 말씀에 불순종하는 사람들에게는 무서운 말씀이 되는 것입니다. 그러므로 우리가 마귀에게 마음을 빼앗겨서 정신을 잃어버리면, 주님에게서 쫓겨나(마25:41; 나를 떠나) 영원히 벌 받는 불 속으로 들어가게 되는 것입니다.

위와 같이 "**하나님의 말씀에 불순종하는 사람들은,**" "**주님에게서 떠나 영원히 벌 받는 곳으로 쫓겨나게 된다고,**" 그렇게 주님께서 두렵고도 무서운 말씀으로 선포하며 경고하고 계시는데도, 교인들은 그 말씀이 무슨 말씀인지를 모르기 때문에, 주님의 그 말씀에 귀 기울이지도 않고 있는 것입니다. 그것은 많은 거짓 예언자들이 일어나, 형제 사랑에 대한 하나님의 말씀을 잘못 해석하여, 형제 사랑은 등한시하게 하고, "세상 이웃을 더 사랑하도록 만들고 있기 때문입니다."

이렇게 마귀는 우는 사자와 같이 먹이를 찾아 돌아다니는 것입니다. 그럴수록 우리는 정신을 바짝 차리고 깨어 있어야 합니다. 믿음 위에 굳게 서서 마귀를 대적해야 합니다. (벧전5:8-9)

그러므로 그리스도께서 우리를 위하여 목숨을 버려 사랑하신 것처럼, 여러분들도 형제들을 위하여 목숨을 버려 사랑하십시오. 그렇지 않고서는 절대로 그리스도 안에서 살 수 없는 것입니다. 그러므로 예수님의 예언을 너무 가볍게 여기지 마십시오.

주님은 이러한 날이 오리라고 분명하게 말씀하셨습니다.

"많은 사람이 **'믿음에서 떠나 서로 배반하고 서로 미워하겠으며'**(형제를 미워하고 형제를 사랑하지 않으며) **'많은 거짓 예언자들이 일어나 많은 사람을 속일 것이다.'** 그리고 악이 점점 더하므로 **'많은 사람들의 사랑이 식을 것이다.'**"(마24:10-12) 하셨고 "내가 올 때는 세상이 노아 시대와 같은 것이다. 홍수 이전 사람들은 노아가 배에 들어가는 날까지 먹고 마시고 장가가고 시집가다가 홍수가 나서 그들을 다 멸할 때까지도 그런 일이 일어나리라고는 전혀 예상하지 못했다. **'마찬가지로 내가 올 때도 그럴 것이다.'**"(마24:37-39) 하셨습니다.

그렇습니다. 주의 날이 이르러 주님이 세상에 다시 오실 그때는, 교인들은 "서로 사랑하여라." 하고 명하신 하나님의 계명은 지키지 않으며, 그 대신에 많은 거짓 예언자들이 일어나, 더러운 이익을 취하려고 많은 사람을 속이는, 그와 같은 거짓된 목사들로 인하여, 교인들이 세상 이웃을 서로 사랑하라고 서로 속이는 거짓된 사람들이 들끓는, 그런 노아 시대와 같은 세상이 올 것이라고 주님은 말씀하신 것입니다.

"그(노아) 당시에 세상 사람들은 하나님 보시기에 아주 악하고 부패하여 세상은 온통 죄로 가득 차 있었습니다"(창6:11-12) 하셨습니다. "그래서 하나님이 노아에게 이렇게 말씀하셨습니다. '내가 온 인류를 없애기로 작정하였다. 그들의 죄가 땅에 가득하므로 내가 그들을 땅과 함께 멸망시킬 것이다.'"(창6:13) 하고 말입니다.

위의 말씀이 무화과나무의 비유와 같은 말씀인 것(막13:28-31; 무화과나무의 비유를 배우라. 그 가지가 연하여지고 잎사귀를 내면, 여름이 가까운 줄을 아나니, 이와 같이 너희가 이런 일이 나는 것(온통 죄로 가득 찬 것)을 보거든, 인자가 가까이 곧 문 앞에 이른 줄을 알라는 말씀과 같이, 교인들마저도 열매는 없고, 온통 죄의 잎사귀로 가득할 때, 노아 때와 같이 주님께서 오신다는 말씀입니다)입니다.

그러면 오늘날의 세상은 어떠할까요? 이러한 노아 시대와 마찬가지로 지금의 세상도 하나님 보시기에 아주 악하고 부패하여 온통 죄로 가득 차 있지 않을까요?

세상이 그러하다면 교회는 어떠할까요?

주님은 사도 요한을 통해 이렇게 말씀하셨습니다.

"하나님을 사랑한다고 하면서 형제를 미워하는 사람은 '**거짓말쟁이입니다.**'"(요일4:20) 하고 말입니다. 여기서 "형제를 미워하는 사람"이라는 말씀은 "형제를 사랑하지 않는 사람"이라는 것을 가리키는 말씀입니다. 그것은 왜냐하면 "형제를 미워하는 사람"이라는 뜻의 말씀으로 바로 이어서 전하고 있는 말씀이 "형제를 사랑하지 않는 사람"이라고 해석하여 주고 있기 때문입니다. 이렇게 말입니다.

"하나님을 사랑한다고 하면서 형제를 미워하는 사람은 거짓말쟁이입니다. 눈에 보이는 **'형제를 사랑하지 않는 사람'**이 보이지 않는 하나님을 사랑할 수 없습니다."(요일4:20) 하고 말입니다. 위에서도 "하나님의 계명을 지키지 않는 사람"은 "하나님을 미워하는 사람"(출20:5)이라고 말씀드리지 않았습니까? 그러므로 형제를 미워하는 사람이라는 말씀도, 출애굽기 20장 5절에 여호와의 계명과 서로 같은 계명의 말씀인 것입니다.

그것은 왜냐하면 "눈에 보이는 형제를 사랑하지 않는 사람은 보이지 않는 하나님을 사랑할 수 없습니다."(요일4:20) 하고 말씀하고 있기 때문입니다.

위의 말씀과 같이 교회도 진실로 형제처럼 서로 사랑하지 않는 그런 거짓말쟁이들을 그렇게 양성하고 있지 않을까요? 그러므로 우리가 위의 말씀과 같이 거짓말쟁이가 되지 않으려면, 우리는 형제를 어떻게 사랑해야 할까요?

주님은 형제 사랑에 대하여 이렇게 말씀하셨습니다.

"내가 너희를 사랑한 것처럼, 너희도 서로 사랑하여라."(요15:12) 하고 말입니다. 그 말씀은 "내가 너희를 위하여 목숨을 버려 사랑한 것처럼" 우리도 서로 형제 사랑하기를(요일3:16; 공동번역; "주님께서는 우리를 위해 당신의 목숨을 내놓으셨습니다. '이것으로 우리가 사랑이 무엇인지를 알게 되었습니다.' 그러므로 우리도 형제를 위해 목숨을 내놓아야 합니다.") 주님처럼 목숨을 버려 서로 사랑하라는 말씀입니다.

"내가 너희를 사랑한 것처럼" 말입니다. "이렇게" "주님께서 우리를 위해 목숨을 버리신 그 일로," 우리가 사랑이 무엇인지를 알게 된 것입니다. 그와 같이 "그렇게" "너희도 서로 사랑하여라" 하고, 명하신 그리스도의 말씀이, 이제는 무슨 말씀인지를 우리는 알게 된 것입니다.

그러므로 그 말씀은 "우리가 서로 형제를 사랑할 때, 어떻게 사랑하는 것인지를 그리스도께서는 아버지께 몸을 바치셔서 손수 알려 주신 것"입니다. 그리스도의 가르치심이 이러함으로 이제부터 우리도 그리스도의 말씀대로 형제를 위하여 목숨을 버려 사랑해야만 하는 것입니다. 말씀이 그렇다면 우리가 목숨을 버려 형제를 사랑하는 방법에는 무엇이 있을까요?

우리가 목숨을 버려 형제 사랑하는 방법을 주님은 사도 요한을 통해 이렇게 말씀하셨습니다.

"누구든지 세상의 재물을 가지고 있으면서 **'자기의 형제가 궁핍한 것'**을 보고도 마음의 문을 닫고 동정하지 않는다면 어떻게 그에게 하나님을 사랑하는 마음이 있다고 하겠습니까? 사랑하는 자들이여, 우리는 **'말로나 혀끝으로 사랑하지 말고' '행동으로 진실하게 사랑합시다.'"**(요일3:17-18; 공동번역) 이렇게 말입니다. 이렇게 행동으로 진실하게 서로 사랑하는 사람이 마태복음 25장에서처럼 하나님 아버지께 복을 받은 자(마25:34; "내 아버지께 복을 받은 자들이여, 나아와 창세로부터 너희를 위하여 예비 된 나라를 상속하라." 말씀과 같이)인 것입니다. 그리고 여러분은 또 보십시오.

위와 같이 사랑하는 사람에 대하여 이렇게도 말씀하셨습니다.

"우리는 이렇게 사랑함으로 우리가 진리에 속해 있다는 것을 알게 되고,' 또 하나님 앞에서 확신을 가질 수 있습니다."(요일3:19; 공동번역) 하고 말입니다. 현대인의 성경은 같은 구절을 이렇게 해석합니다.

"그러면 우리가 진리에 속한 것을 알게 되고 **하나님 앞에서도 마음을 편하게 가질 수 있습니다.'"**(요일3:19) 하고 말입니다. 이러한 사랑의 행위를 초대 교회가 실천하였던 것(행2:44-45; "믿는 사람들이 다 함께 지내며, 모든 것을 서로 나누어 쓰고, 재산과 물건을 팔아 각자의 필요에 따라 나누어 주었다."라는 말씀과 같이)입니다.

이러한 사랑의 행위가 처음부터 계속 이루어졌어야만 했던 것입니다. 선교지에서든지 세상 어디에서든지, 초대 교회 시대 외에는 지금까지 이런 사랑의 행위가 거의 없었기 때문에, 가난하고 궁핍한 형제를 보아도, 그 형제를 도와주고자 하는 마음이, 불같이 일어나지 않았던 것입니다. 그렇게 하여 "형제를 서로 사랑하지 않는 **'마귀의 자식들을 대거 양성'**하고 있었는지도 모르는 것"(요일3:10; "옳은 일을 하지 않거나' '자기 형제를 사랑하지 않는 자는 하나님에게서 난 자가 아닙니다.' 이와 같이 '하나님의 자녀와 악마의 자식은 분명히 구별됩니다.'")입니다. 바로 이런 사람들이, 마태복음 25장의 그리스도의 최후 심판에 등장하여 주님의 왼편에 서 있는, 이기주의자들로서 하나님 아버지의 저주를 받은 자들(마25:41; 저주를 받은 자들아,) 속에 속하게 되는 것입니다.

이렇게 **"은혜의 자리**(살후1:9; 주님 앞에서 쫓겨나)**에서 저주**(마25:41; 저주를 받은 자들아,)**의 자리로 옮겨지는 것"**입니다. 그것이 분명한 것은, 그들도 **"예수님**"을 보고 **"'주님'이라고 부르고 있기 때문"**인 것입니다. 이렇게 예수님을 보고 주님이라고 부를 수 있는 것은, "성령님의 도움을 받지 않고서는 아무나 예수님을 보고 '주님'이라고 말할 수 없다고" 말씀하고 있기 때문입니다.

"성령님의 도움이 없이는 **'아무도' '예수님을 주님'**이라고 말할 수 없습니다."(고전12:3; 현대인의 성경) 이렇게 말입니다. 그리고 공동번역은 같은 구절을 이렇게 해석합니다.

"또 성령의 인도를 받지 않고서는 **'아무도' '예수는 주님이시다.'** 하고 고백할 수 없습니다." 하고 말입니다. 그러므로 여러분이 "예수님을 주님이라고 부르는 것은 엄청난 복인 것"입니다. 그것은 그만큼 여러분이 성령님의 인도를 받고 있다는 말씀이 되기 때문입니다.

사랑이 없으면

그런데도 성령님을 따라 살지 않는 사람들이 있는 것입니다. 마태복음 25장에 나오는 이기주의자들처럼 말입니다. 그리고 성령의 도움을 받아 그렇게도 많은 능력을 행하는 마태복음 7장에 "주여 주여 하는 자들"처럼 말입니다. 그들은 주님의 이름으로 예언을 하고 주님의 이름으로 귀신을 내어 쫓고 주님의 이름으로 많은 권능을 행하지 않았습니까? 그런데 왜 주님은 그렇게 성령의 도움을 받아 주님의 이름으로 엄청난 능력을 행하였는데도 그들을 주님께서는 모른다고 하셨을까요?

그것은 그들이 불법을 행하는 자들이기 때문입니다. 아래의 말씀과 같이 말입니다.

"그 때에 내가 그들에게 분명히 말할 것이다. '나는 너희를 도무지 알지 못한다. 불법을 행하는 자들아, 내게서 물러가라.'"(마7:23) 하고 이렇게 말입니다. 이렇게 불법을 행하는 자들에게 하나님의 사랑이 머물러 있을까요?

그 대답을 주님은 사도 바울을 통해서 이렇게 말씀하셨습니다.

"내가 '인간의 여러 언어를 말하고 천사의 말까지 한다고 하더라도' **'사랑이 없으면'** 소리 나는 울리는 징과 요란한 꽹과리와 다를 것이 없습니다.

내가 '하나님의 말씀을 받아 전할 수 있다 하더라도' '온갖 신비를 환히 꿰뚫어 보고 모든 지식을 가졌다 하더라도' '산을 옮길만한 완전한 믿음을 가졌다 할지라도' **'사랑이 없으면'** 나는 아무것도 아닙니다.

내가 '비록 모든 재산을 남에게 나누어 준다고 하더라도' 또 '내가 남을 위하여 불 속에 뛰어든다고 하더라도' **'사랑이 없으면'** 그것이 나에게 아무 유익이 되지 않습니다."(고전13:1-3; 현대인의 성경, 공동번역) 하고 말입니다. 그렇습니다.

내가 사람의 모든 방언과 천사의 말까지 하더라도, 하나님의 말씀을 받아 전한다고 하더라도, 온갖 신비를 환히 꿰뚫어 보더라도, 모든 지식을 가졌다 하더라도, 산을 옮길만한 믿음을 가졌다 하더라도, 비록 모든 재산을 남에게 나누어 준다고 하더라도, 또 남을 위하여 불 속에 뛰어든다고 하더라도 **"하나님의 사랑이 없으면,"** 나는 울리는 징과 꽹과리와 다를 것이 없는 사람이며, 나는 아무것도 아닌 사람이고, 나에게는 아무런 유익이 되지 않는 것입니다.

불법을 행하는 자들은 위와 같이 그렇게 엄청난 능력(은혜의 선물)을, 성령님의 도움을 받아 행하였음에도 불구하고, 그들에게는 "하나님의 사랑이 없기에" 불의를 기뻐(고전13:6; 인터넷; 터무니없는 억대 연봉 받는 것을 기뻐하고)하고, 이기적이며(고전13:5; 자기의 이익을 구하며), 무례하게 행동(고전13:5; 무례히 행치 아니하며 반대로, 무례히 행하며; kbs 뉴스; "5억이 많다고 하면 복 못 받아," 하고 교인들을 호통을 쳤다는 그런 행동을 망설임 없이 하는 것)을 하는 것입니다.

이렇게 자신의 마음에 성령님을 모셔놓고, 다른 못된 마귀의 말을 듣는다는 것은, 자기에게 성령을 보내신 자기의 아버지와 그분의 아들을, 그만큼 **"모욕하는 행위가 되는 것"**입니다.

그러므로 이제부터 우리는 "마귀에게 져서, 그의 종"(벧후2:19; **"누구든지 진 자는 이긴 자의 종이 됨이니라."** 말씀처럼)이 되지 말고, "하나님에게 져서 하나님의 종이 되십시오."

형제는 그리스도의 몸의 지체입니다

그리고 이러한 사랑의 행위를 지금부터라도 **"회복"**하고, 우리의 아이들이 어릴 때부터, 그리스도 형제들을 서로 사랑하는 그런 사랑의 행위를 실천하도록, 가르치십시오. 그렇게 그리스도 안에서 사는 법을 가르쳐서, 마태복음 25장에 거짓 형제들처럼, "사랑이 없어서" 우리의 가난한 형제들의 앞을 무심코 지나치지 아니하고, "사랑이 있어서" 관심을 가지고 자유롭게 그런 형제들에게, 그리스도의 사랑을 행할 수 있도록 가르쳐야만 하는 것입니다.

그와 같이 주님께서 명령하신 대로(요15:14) 형제를 서로 사랑하는 것이(요15:17) 주님을 위하여 목숨을 버리는 일인 것(요15:13; "친구를 위하여 목숨을 버린다면 이보다 더 큰 사랑은 없다.")입니다. 바로 그와 같은 말씀을 주님은 이렇게 하셨습니다.

"자기 목숨을 얻으려는 사람은 잃을 것이며 나(예수님 곧, 요일3:16; 형제)를 위하여 자기 목숨을 잃는 자는 얻을 것이다."(마10:39; 공동번역) 하고 말입니다. 이렇게 자기의 이익만을 구하는 이기주의 자신과 세상 이웃이 아니라 이타적인 마음으로 주님과 형제를 위하여 목숨을 잃는 자는 얻을 것이라고 말씀하신 것입니다.

그러므로 이제부터는 형제를 업신여기지 마십시오. 형제를 미워하지 마십시오. 오히려 형제를 뜨겁게 서로 사랑하십시오. **형제는 그리스도의 몸의 지체입니다.**(엡5:30; "우리는 그리스도의 몸의 지체들입니다." 말씀과 같이 말입니다.)

그러므로 여러분은 잘 보십시오. 사울이 형제들을 핍박할 때 그리스도께서 사울 앞에 나타나서서 그를 어떻게 책망하셨습니까? 주님은 사울을 이렇게 책망하셨습니다.

"사울아, 사울아, 네가 왜 나를 핍박하느냐?"(행9:4) 하고 말입니다. 이러한 음성이 들려왔을 때 사울은 어떻게 주님에게 물어보았습니까? 사울은 이렇게 물어보았습니다.

"당신은 누구십니까?"(행9:5) 하고 말입니다. 사울이 그렇게 물어볼 때 주님은 어떻게 대답하셨습니까? 주님은 사울에게 이렇게 대답하셨습니다.

"나는 네가 핍박하는 예수이다."(행9:5) 하고 말입니다. 이렇게 주님께서 사울에게 "나는 네가 핍박하는 예수이다." 하고 말씀하신 것처럼 **형제를 핍박하는 것은, 곧 주님을 핍박하는 것**이 되는 것입니다.

그래서 주님께서는 제자들이 전하는 복음의 말씀을 듣지 않고 오히려 배척하는 사람들에게 이렇게 말하라고 일러두지 않았습니까?

"너희를 배척하는 사람은 나를 배척하는 사람이며, 나를 배척하는 사람은 나를 보내신 분을 배척하는 것이다."(눅10:16; 공동번역) 하고 말입니다.

주님의 말씀처럼 형제에 대하여 성경에 기록되어 있듯이 주님은 교회의 머리이시며(엡1:22) 우리는 모두 한 몸의 지체들(엡4:25)이요, 그리스도의 몸의 지체들인 것(엡5:30)입니다. 그러기에 성경에 **"우리는 그리스도의 몸의 지체들입니다."**(엡5:30; 현대인의 성경) 하고 말씀하시지 않았습니까? 그만큼 그리스도의 형제들은 그리스도의 몸의 지체로써 그만큼이나 존귀한 사람들인 것입니다.

그러므로 지금부터는 형제들을 소홀히 대하지 마십시오. 여러분들은 모두 주님의 존귀한 자녀들입니다. 형제를 업신여기지 마십시오. 형제를 업신여기면 그리고 핍박하면, 사울처럼 주님을 업신여기는 사람이 되는 것이며 핍박하는 사람이 되는 것입니다. 그러므로 형제를 미워하지 마십시오. "형제를 미워하면 사울처럼 주님을 미워하는 사람이 되는 것"입니다.

그러므로 여러분은 또 보십시오. 형제 중요성에 대하여 이렇게도 말씀하셨습니다.

"내가 너희에게 말하노니 까닭 없이 **'자기 형제에게 성을 내는 사람'**은 누구나 **'재판'**을 받아야 하며, **'자기 형제를 가리켜 바보라고 욕하**

는 사람'은 '중앙 법정'(공회)에 넘겨질 것이다. 또 '자기 형제더러 미친
놈(미련한 놈)이라고 하는 사람'은 '불붙는 지옥'에 던져질 것이다."(마
5:22; 공동번역) 하고 말입니다.

그런고로 형제를 미워하지 마십시오.

오히려 "여러분은 서로 형제처럼 꾸준히 사랑하십시오."(히13:1; 현대
인의 성경)라고 히브리서 기자를 통하여 말씀하신 말씀과 같이, 우리가
주님을 사랑하듯이, 진실로 서로 형제를 "자기의 형제처럼" 꾸준히
사랑하는, 그런 교회가 되어야만 하는 것입니다.

하나님께서는 그리스도의 형제들이 자신의 형제처럼, 서로 사랑하
라고 성경을 통하여 말씀을 전하고 계십니다. 그런데요, 하나님께서
우리에게 서로 사랑하라고 그렇게 명령하심과 같이 오늘날 그리스도
인들은 그리스도의 명령을 받들어 서로 사랑하고 있을까요?

형제를 영접(사랑)하는 것이, 주님을 영접(사랑)하는 것이라고 주님
께서는 말씀하셨는데 말입니다. 그리고 주님을 영접(사랑)하는 사람
은 주님을 보내신 아버지를 영접(사랑)하는 것이라고 말씀하셨는데
말입니다. 주님의 말씀이 이러한데요, 교회는 주님의 말씀(요15:12)대
로 실천하며 살고 있을까요?

주님은 사도 요한을 통해 "하나님을 사랑한다고 하면서 눈에 보이
는 형제를 사랑하지 않는 사람은 거짓말쟁이"라고 하셨는데요. 그리
고 "하나님을 안다고 하면서 그분의 계명을 지키지 않는 사람은 거짓
말쟁이이며 진리가 그 속에 있지 않습니다."(요일2:4; 현대인의 성경)라고

도 하셨습니다. 교회를 다니는 사람들은 누구나 하나님을 안다는 사람들이 아닙니까? 그런데요, 그런 교인들 가운데는 "하나님의 계명을 지키는 사람"이 얼마나 있을까요?

그렇게 주님은 "하나님을 안다고 하면서도 그분의 계명을 지키지 않는 사람은 "거짓말쟁이"이며 "진리가 그 속에 있지 않습니다."(요일 2:4) 하고 말씀하셨는데 말입니다. 이렇게 주님의 말씀이 가리키고 있듯이 "거짓말쟁이이며 진리를 저버리는 그와 같은 사람들"이 하나님을 안다고 하는 교인들 가운데 있다는 말씀입니다.

그러므로 말씀을 가르치는 사람들은, 성령님의 도움을 받아 그분의 능력으로 잘 해석하여 가르쳐야 하고, 말씀을 배우는 사람들은, 잘 배우고 그것을 분별할 줄을 알아야만 하는 것(빌1:10)입니다. 그것은 가르치는 사람이 잘못 가르치고 배우는 사람이 잘못 배우면, 가르치는 자나 배우는 자가 함께, 하나님의 저주를 받아 영원한 불구덩이 속으로 들어갈 수도 있기 때문입니다.

우리 주 예수 그리스도의 택함을 받아, 경건한 사도 생활(고전4:9-13)을 하는 사도 바울은, 고린도 교인들의 "그리스도인의 생활 원칙"에 대하여, 자기의 사랑하는 자녀처럼 교훈하려고, 이런 편지를 썼습니다. 그의 편지 거의 끝부분입니다.

"그러므로 내가 여러분에게 권합니다. 나를 본받으십시오."(고전 4:16)라고 하였고 그 교훈은 "**내가 모든 교회에서 가르치고 또 실천하고 있는 그리스도인의 생활 원칙**'(딤전1:5; 현대인의 성경; '성도들이 깨끗한 마음과 선한 양심과 거짓 없는 믿음에서 나오는 사랑으로 생활하게 하라는 것입니다.' 이러한 교훈을)을 그(디모데)가 여러분에게 일깨워 줄 것입니다."(고전 4:17; 공동번역) 하는 교훈이었습니다.

이처럼 사도 바울은, 자신이 모든 교회에서 가르치고 또 실천하고 있는, "그리스도인의 생활 원칙"에 대하여, 고린도 교인들을 권면하며 가르치라고, 그가 사랑하는 아들 디모데에게 지시한 것입니다. 그와 같이 고린도 교인들에게 그리스도 안에서 생활하라고 말입니다.

사도 바울은 그렇게 "굶주리고 목마르고 헐벗고 매 맞으며 집 없이 떠돌아다니고 있다고 하였습니다. 그리고 손발이 부르트도록 노동을 하고, 욕하는 사람들을 축복해 주고, 받는 박해를 참아 내고, 비방을 받을 때는 좋은 말로 대답해 주었다고 하였습니다. 그 당시에 사도 바울은 지금도 이 세상의 쓰레기처럼 인간의 찌꺼기처럼 살고 있다고"(고전4:11-13; 공동번역) 말입니다. 그리고 사도 바울은 이렇게도 말하고 있습니다.

"나는 그 누구의 은이나 금이나 의복을 탐내지 않았습니다.' 여러분도 알다시피 나와 일행이 필요한 것을 손수 벌어서 썼습니다."(행 20:33-34; 현대인의 성경) 하고 말입니다.

그런데요, 사도 바울과 같은 그러한 경건한 생활은, 아예 꿈도 꾸지도 못한 채, 많은 뉴스거리로 놋쇠로 만든 꽹과리처럼 요란하게 장식하고 있는 대형교회 목사들을 보십시오. 그러한 목사들을 보면 오늘날 교회가 어떠한지 여러분은 알 수 있을 것입니다.

여러분은 사도 바울의 생활과 저들의 생활을 생각해 보십시오. 사도 바울의 생활은 저들의 생활에 비하면, 같은 하나님의 종이라는 신분치고는, 그저 비참할 뿐입니다.

저들은 연봉으로 수억씩이나 받아 챙기고 있습니다. 그것을 소유하려고 저들은 하나님 앞에 서서, 그것도 당당하게 그분의 책을 펼쳐서 말씀을 선포합니다. 자신들의 더러운 이익을 위하여 그렇게 하나님의 말씀을 팔아 장사하는 것(고후2:17)입니다. 심지어는 KBS 뉴스에 의하면 어느 교회는 "5억이 많다고 하면 복 못 받아, 하고 교인들을 호통을 쳤다는 것"입니다.

그러므로 하나님께서는 선지자 예레미야를 통해 오늘날 하나님의 말씀을 팔아(고후2:17) 이익을 얻으려는 장사꾼들에게 이렇게 말씀하시지 않았습니까?

"나의 이름으로 불리는 이 집이 너희 눈에는 도둑의 소굴로 보이느냐?"(렘7:11; 공동번역) 하고 말입니다. 이렇게 교회 안에도 자기의 이익을 구하는 자들로 판을 치고, 거짓과 불법이 뒤엉킨 듯이 어지럽게 춤을 추고 있는 것입니다. 오늘날 세상도 노아 시대와 같이 예수님께서 예언하신 대로 거짓 예언자들이 일어나 불법이 성행하는 가운데 그와 같이 말씀하신 주님의 예언이 "그대로" 이루어지고 있는 것입니다.

이렇게 점점 위와 같이 불법이 성행하므로 마지막 때에 일어날 일에 대하여 주님께서는 히브리서 기자를 통해 아래와 같이 기록하시지 않았습니까?

"그때에는 그분의 음성이 땅을 뒤흔들었지만, 이번에는 '나는 **한 번 더** 내 음성으로 세상을 뒤흔들겠다. 이번에는 땅뿐만 아니라 하늘까지도 뒤흔들겠다.' 하고 다짐하셨습니다. 이 '**한 번 더**'라는 말씀은 흔들리는 피조물들을(현대인의 성경; 창조된 것들을) 흔들어서 모두 없애 버린다는 것을 뜻하며, 따라서 흔들리지 않는 것은, 그대로 남아 있게 하겠다는 뜻입니다."(히12:26-27; 공동번역, 현대인의 성경) 하고 말입니다.

위의 말씀은 하늘과 땅과 바다도 완전히 없애 버리신다는 뜻입니다. 지금의 지구가 흔적도 없이 완전히 사라져 없어진다는 것입니다.

"또 나는 새 하늘과 새 땅을 보았습니다. **전에 있던 하늘과 땅은 사라지고 바다도 없어졌습니다.**"(계21:1)라는 말씀과 같이 지금의 이 땅과 하늘과 바다가 완전히 없어지는 것입니다. 아니 하나님께서 완전히 없애 버리시는 것입니다.

노아 때에 물로 땅을 심판할 때와 완전히 다른 것입니다.

주님이 오시고 심판의 날이 시작되는 날, "그날에는 하늘이 큰 소리를 내며 사라지고 천체는 불에 타서 녹아 버릴 것이며 땅과 거기 있는 모든 것이, 타서 없어질 것입니다."(벧후3:10; 현대인의 성경) 하셨습니다. 이렇게 이제는 지구 자체를 불로 완전히 녹이고 태워 없애 버리시는 심판을 하나님은 하시는 것입니다.

"사실 하나님은 태워 버리시는 불이십니다."(히12:29) 말씀하셨습니다. 그러니 인간이 지구를 탈출하여 간다고 한들, 육체의 몸으로 어디에 가서 얼마나 살 수 있겠습니까? 그리고 하나님의 눈을 피하여 행성 어디에 숨어서 살겠습니까? 끝없이 펼쳐진 광활한 우주와 그 안에 있는 모든 것을 하나님께서 창조하신 것인데 말입니다. 그것뿐이겠습니까?

시편 기자는 이렇게 말했습니다.

"내가 하늘에 올라가도 주는 거기 계시며, 내가 음부에 가서 누워도 주는 거기 계십니다."(시139:8) 하였고 "내가 만일 '흑암이 나를 덮고 나를 두른 빛이 밤이 되리라' 할지라도 주에게는 흑암이 어둡지 않을 것이며 밤도 대낮처럼 밝을 것입니다. 주에게는 흑암과 빛이 마찬가지이기 때문입니다."(시139:11-12) 하고 말입니다.

이와 같으신 하나님의 눈을 피하여 살 수 없다면, 회개하고 하나님의 말씀을 따라 사십시오. 그것이 사는 길이요, 구원받는 길입니다. 그러므로 주님의 말씀을 들으십시오.

"선한 일을 한 사람은 부활하여 생명을 얻고, 악한 일을 한 사람은 부활하여 심판을 받게 될 것이다."(요5:29; 현대인의 성경) 하셨습니다. 그리고 "사람이 한번 죽는 것은 사람에게 정하신 것이요, 죽은 후에는 심판이 있습니다."(히9:27) 하셨습니다. 이렇게 분명하게 사람이 죽은 후에는 심판이 있다고 말씀하셨습니다. 그러므로 영원히 사는 길을 택하고, 영원히 죽는 길을 택하지 마십시오.

여러분들이 사는 길은 "하나님 앞에서 티와 흠이 없이 살면서, 평안

한 마음(요1:19 현대인의 성경; '하나님 앞에서도 마음을 편안하게 가질 수 있을 것입니다.')으로 그분을 뵙도록 노력하는 것"(벧후3:14)입니다. 그리고 그리스도의 몸이요, 지체로서 서로 진실로 사랑하는 것입니다.

"모든 일에 앞서 서로 뜨겁게(진정으로) 사랑하십시오. 사랑은 허다한 죄를 덮어 줍니다."(벧전4:8; 새 번역 성경, 공동번역) 하셨습니다.

그렇습니다. 이렇게 우리가 서로 뜨겁게 사랑하는 것입니다. 주님은 이와 같은 사랑을 계속하기를 바라시는 것입니다. "이러한 사랑이 **'남을 위하는 사랑'**같이 느껴질지는 모르지만" "결국은 **'자신을 위하여 사랑하는 일'**인 것입니다."

그것은 왜냐하면, "주님을 많이 사랑하는 사람"은 자신이 세상을 살아가면서 지은 자신의 많은 죄를 마리아(요12:3; "그때 마리아가 아주 값진 나아드(현대인의 성경; 감송향) 향유 약 300그램을 가지고 와서 예수님의 발에 붓고 자기 머리카락으로 닦아 드리자 온 집안이 향유 냄새로 가득 찼다."라는 말씀과 같이, 향유를 예수님의 발에 부은 마리아처럼)처럼 용서받기 때문입니다. 그래서 예수님께서 자기를 초대하여 부른 바리새인에게 이렇게 말씀하시지 않았습니까?

"'이 여자는 그 많은 죄를 용서받았다.' 그것은 '그가 많이 사랑하였기 때문이다.' '용서받는 것이, 적은 사람은 적게 사랑한다.'"(눅7:47; 새 번역 성경)라고 말입니다. 이렇게 자신의 허다한 죄를 용서받는, 이러한 사랑을, 우리가 계속하기를 주님은 원하시는 것입니다.

그런데 이렇게 자신의 허다한 죄를 용서받는 이러한 사랑을 잃어

버리는 사람들이 있는 것입니다. 계시록에 나오는 에베소 교회처럼 말입니다.

"그러나 너를 책망할 일이 한 가지 있다. 너는 너의 첫사랑을 버리고 말았다. 그러므로 너는 어디서 잘못되었는가를 생각하고 회개하여 처음에 행한 일을 하여라. 만일 네가 회개하지 않으면 내가 가서 네 촛대를 그 자리에서 옮겨 버리겠다."(계2:4-5; 현대인의 성경)

이렇게 에베소 교회와 같이 첫사랑을 잃어버리는 사람들이 있는 것입니다. 아니 첫사랑을 잃어버렸다기보다도 아예, 첫사랑의 경험이 없는 사람들이 있는 것입니다. 이렇게 첫사랑의 경험이 없는 사람들이 교회 안에 많이 있어서 이러한 사람들이 서로 가르친다고 교인들을 가르치다 보니까, 처음에 지녔던 사랑이 무엇인지도 모르는 교인들이 많은 것입니다.

그리스도와의 첫사랑은 "하나님의 계명을 지키는 일"인데도 말입니다. 교회의 생활이 이렇게 첫사랑의 경험이 없이 흘러옴으로써, 그러한 교인들이 교회에 가서 교회 생활을 한다고는 하지만, 뜨겁게 사랑해본 적이 없는, 경험 부족한 교회 생활을 반복하게 되는 것입니다.

그렇게 주일이면 말씀과 기도와 찬양하며, 주일 헌금, 십일조, 구제 헌금, 감사 헌금, 장학 헌금, 절기 헌금, 등을 하고, 여러 가지로 봉사하고, 교제하고, 전도하고, 이웃을 섬기라고 가르치는 등 그렇게 교회 생활하는 것입니다. 물론 앞과 같이 행하면서 첫사랑을 하듯이 뜨거운 사랑을 행하는 교회도 혹시 있을 수도 있겠지만 말입니다. 그러나 대부분은 그렇게 교회 생활하는 것이 주일날 하루의 일과를 마치는 것으로 생각하는 것입니다.

그래서 주일을 그렇게 지킨다고 하면서, 그날의 예배를 마치고 나면, 주일을 다 지키는 것으로 알고 있는 사람들이 대부분인 것입니다.

안식일의 주인

그러나 사실은 주일이든지 안식일이든지 "그날을 지키는 것이 아닙니다."

그것은 주일이든지 안식일이든지 "그날 자체가" 주인공이 아니라, 주인공은 바로 안식일의 주인이신 예수님이시며, 또한 그분을 믿는 여러분들이 주인공이기 때문입니다. 그것은 왜냐하면 **"안식일은 사람을 위해 있는 것이지 사람이 안식일을 위해 있는 것이 아니다."**(막 2:27; 현대인의 성경)라고 말씀하셨고, 그리고 "나는 안식일의 주인이다."(눅6:5) 하고 이렇게 말씀하셨기 때문입니다. 그와 같이 안식일의 주인이 바로 우리 주 예수님이심으로, 예수님의 제자가 된 사람들은, 배가 고파 밀 이삭을 잘라 먹던 주님의 제자들과 같이, 안식일에 허기를 채울 수가 있는 것입니다.

그러나 "사람이 안식일을 위해 있는 것처럼, 그와 같이 안식일을 지키는 사람"은 그날을 유대인들처럼 우상시하는 것입니다. 예수님은 그렇게 지키시지 않으셨습니다.

그러므로 여러분들은 안식일을 지키시는 주님을 잘 보십시오. 주님은 안식일에 오른손이 오그라든 자(눅6:8-10)를 고쳐 주셨습니다. 이렇게 주님은 안식일에 사탄에게 매인 사람들을 풀어 다니게 하시고, 고쳐 주시고, 쫓아내어 주셔서 사탄으로부터 해방하여, 하나님의 백성들에게 사탄으로부터 자유를 찾아 주셨습니다. 이처럼 "안식일은" "사람을 위해 있는 것이지, 사람이 안식일을 위해 있는 것이 아닙니다." 그러므로 예수님은 안식일에 할 일에 대하여 바리새인들에게 이렇게 말씀하시지 않았습니까?

"내가 너희에게 묻노니 안식일에 선을 행하는 것과 악을 행하는 것, 생명을 구하는 것과 생명을 죽이는 것, 어느 것이 옳으냐?"라고 말입니다.

그러므로 우리는 주일이든지 안식일이든지, 그날에는 주님과 같이 그리스도의 모든 형제 가운데서, 굶주린 형제에게 굶주림에서 벗어나게 하는 자유를, 압제당하는 형제에게 모든 권력에서 벗어나게 하는 자유를, 헐벗은 형제에게 헐벗음에서 벗어나게 하는 자유를, 고통당하는 형제에게 아픔과 괴로움에서 벗어나게 하는 자유를, 병든 형제에게 병에서 벗어나게 하는 자유를, 억울하게 묶인 형제에게 억울함을 풀어 주어 원통하고 답답함에서 벗어나게 하는 자유를, 가난한 형제에게 가난에서 벗어나게 하는 자유를, 나그네가 된 형제에게 나그네 생활에서 벗어나게 하는 자유를, 이렇게 안식일이든지 주일이든지 형제들의 모든 멍에를 꺾어 주어 자유를 선포하는 날이 되어야만 하는 것입니다.

위와 같이 안식일이든지 주일이든지, 그날은, 형제들이 어떠한 환경에 매여 있더라도, 매여 있는 그 환경으로부터 풀어서, 자유를 선포하는 날이어야 하고, 선한 일을 행하며, 생명을 구하는 그러한 날이어야만 하는 것입니다.

이렇게 즐겁고 기쁜 날에, 그리스도를 통해서 형제들에게 선을 행하고, 서로 나누어 주는 것을, 하나님께서는 기뻐하시는 것입니다.

그러므로 성경에 "여러분은 서로 형제처럼 꾸준히 사랑하고"(히13:1) 이렇게 말씀하셨고 "선을 행하는 일과 서로 나누어 주는 것을 잊지 마십시오. **'이런 제사는 하나님이 기뻐하십니다.'**"(히13:16; 현대인의 성경)라고 말씀하셨습니다. 그렇습니다.

위와 같이 예배하는 것이 하나님이 기뻐하시는 제사요, 영적인 진실한 예배를 드리는 사람이요, 하나님은 그렇게 자기에게 영적으로 참되게 예배하는 사람들을 찾으시는 것(요4:23)입니다.

그러므로 위와 같이 제사 드리는 우리의 그러한 사랑의 행위를 보고, 많은 사람이 칭찬하는 것이며, 우리와 같은 형제가 되고 싶어서 오는 것입니다. 이렇게 하나님께서는 구원받을 그들을 보내 주시는 것(행2:47)입니다.

이렇게 영적인 진실한 예배를 하는 일로써, 선교의 기본적인 틀이 마련되어 있어야만 하는 것입니다. 그래야 세상을 그리스도의 사랑으로 변화시킬 수 있는 것입니다.

그러므로 여러분은 서로 사랑하십시오. 진실로 서로 사랑함으로 그리스도 안에서 사십시오.

그와 같이 서로 사랑하여 열매를 맺는 사람들이, 주님의 제자인 것이며, 그렇게 진정으로 서로 사랑하는 것을 보고, 많은 사람이 우리가 주님의 제자라는 것을 알게 되는 것(요13:35)입니다. 이렇게 우리가 서로 형제처럼 사랑함으로써, 주님의 제자라는 것을, 많은 사람이 보고 알게 됨으로써, 그것으로 하나님께서는 영광을 받으시는 것(요15:8)입니다.

그러므로 여러분들은 주님처럼(요15:12) 서로 사랑하십시오. 그와 같이 사는 사람들이 첫사랑을 회복한 사람인 것이요, 하나님의 계명을 지키는 사람인 것입니다. 그리고 그만큼 삶 속에서 자신이 지은, 자신의 죄를 그만큼 용서받은 사람이 되는 것입니다. 그리고 그리스도 안에서 사는 사람이 되는 것입니다. 그리고 또 하나님 아버지께서 예수님을 사랑하신 것처럼, 우리도 사랑하셨다는 것을 세상에 알리는 사람이 되는 것(요17:23)입니다.

그러므로 여러분은 주님을 본받으십시오. 우리 주님은 "내가 너희를 사랑한 것처럼 너희도 서로 사랑하여라. 이것이 내 계명이다." 말씀하시고 말씀하신 그대로 행하셨습니다. 예수님은 이렇게 우리를 위해 자기 스스로 자신의 목숨을 버리시면서까지(요10:18; 이 생명을 내게서 빼앗아 갈자는 없지만 "내가 스스로 버린다." 말씀과 같이), 우리를 그렇게 극진히 사랑하셨습니다.

그러므로 그렇게까지 우리를 위해 고귀한 생명을 내어주신 주님에 대하여, 사도 요한은 이렇게 말씀을 전하고 있는 것입니다.

"예수님이 우리를 위해 스스로 목숨을 버리신 일로 우리는 사랑이 무엇인 줄을 알았습니다."(요일3:16) 이렇게 예수님은 우리를 위하여 자신의 목숨을 스스로 버리신 일로 사랑이 무엇인가를 우리에게 가르쳐 주신 주님이십니다. 하고 말입니다. 그와 같이 "내가 너희를 사랑한 것처럼" 너희도 서로 사랑하라는 뜻의 말씀을 깨달았다는 말씀입니다.

그렇습니다. 우리는 이제야 이렇게 지고지순한 예수님의 사랑이 무엇인가를 알게 된 것입니다. 형제들을 어떻게 사랑해야 할지를 알게 된 것입니다. 그와 같이 주님의 그 사랑을 깨달은 사도 요한은 "그러므로 우리도 형제를 위하여 목숨을 버리는 것이 마땅합니다."(요일3:16) 하고 오늘날 우리에게 주님의 사도로서 그리스도의 형제들이라면 우리도 형제를 위하여 목숨을 버리는 것이 마땅하다고 강력하게 권면하고 있는 것입니다.

위 말씀과 같이 이렇게 예수님이 우리를 위해 스스로 목숨을 버리신 일(요12:27; 우리를 위해 자기 십자가를 지신 일,)로 우리가 주님의 사랑을 알았다면, 우리도 "예수님처럼" 형제를 위하여 스스로 목숨을 버려 서로 사랑하는 것(요12:27-28; 주님처럼 아버지의 일을 이루어 드리는 일, 이 소리가 난 것은 '나를 위해서가 아니라' '너희를 위해서이다.' 말씀처럼, 마16:24-26; 형제를 위해 자기 십자가를 지는 것, 곧 요일3:17; 자신의 소유로 가난한 형제들을 돕는 일 등등)이 마땅하다고 사도 요한은 우리에게 주님의 이름으로 강력하게 권면하며 선포하고 있는 것입니다.

이렇게 형제들이 형제들을 위하여 자기 목숨을 버려 사랑하는 일(요일3:17-18; 말로만 하지 말고 행동으로 진실하게 사랑하는 것)이, 주님께서 "내가 너희를 사랑한 것처럼 너희도 서로 사랑하라. 이것이 내 계명이다" 하고 말씀하신 "그리스도의 계명"을 지키는 일인 것입니다. 이렇게 그리스도의 계명을 지키는 사람(형제를 사랑하는 사람)이, 그리스도 안에서 사는 사람인 것이요, 주님께서 그 사람 안에 사시는 것입니다. 그리고 그 사람은 주님으로 말미암아 많은 열매를 맺게 되는 것입니다.

그리스도의 제자라는 것을 보여 주면

그래서 주님께서 제자들에게 아래와 같이 말씀하시지 않았습니까? **"너희가 열매를 맺어 '내**(주님의) **제자라는 것'을 보여 주면, 내 아버지께서 영광을 받으신다고"**(요15:8) 말입니다. 그렇다면 말씀과 같이 우리가 열매를 맺어 주님의 제자라는 것을 보여 주려면, 주님을 믿는 우리가 어떻게 열매를 맺어야, 주님의 제자라는 것을 사람들에게 보여 줌으로써, 하나님께서 영광을 받으시게 되는 것일까요?

그 말씀을 주님께서는 이렇게 제자들에게 말씀하셨습니다.

"이제 나는 너희에게 새 계명을 준다. 서로 사랑하여라. 내가 너희를 사랑한 것 같이 너희도 서로 사랑하여라. **'너희가 서로 사랑하면'** 모든 사람이 그것을 '보고' **'너희가 내 제자인 줄을 알게 될 것이다.'"**(요13:34-35) 하고 이렇게 말씀하셨습니다. 그렇습니다.

우리가 주님의 제자라는 것을 사람들에게 보여 주는 방법은 "주님이 우리를 사랑한 것 같이 우리도 서로 사랑하는 것이었습니다." 이런 사람들이 주님의 제자인 것입니다.

그러므로 위 주님의 말씀과 같이 우리가 서로 사랑을 나눔으로, 초대 교회처럼 한 마음 한뜻이 되어, 서로 진정으로 사랑하는 것(행2:44-47)입니다. 그러므로 많은 사람이 그와 같이 초대 교회 주님의 제자들이 자기의 형제처럼 서로 사랑하는 그런 광경을 보고, 참으로 그들이 주님의 제자인 줄을 알게 되었을 뿐 아니라, 모든 사람이 그와 같이 서로 사랑하는 그들을 우러러보게 된 것(행2:47; 이것을 보고 모든 사람이 그들을 우러러보게 되었다.라는 말씀과 같이)처럼, 우리를 우러러보게 되는 것입니다.

이렇게 우리가 주님의 제자라는 것을 세상에 보여 줌으로써, 그와 같이 행하는, 주님의 제자들을 우러러보는 그들을 통해, 그 모습을 보신 하나님께서 영광을 받으시게 되는 것(요15:8)입니다. 하나님께서 그런 제자들에게 제자의 수를 날마다 채워 주심으로(행2:41; 3,000명 4:4; 5,000명), 열매를 맺게 되는 것입니다. 이렇게 주님의 제자는 주님의 말씀대로 "형제끼리 이 세상 떠나는 그 날까지 행함과 진실함으로 꾸준히 서로 사랑하며 사는 것"입니다. 우리가 서로 형제처럼 사랑하며 사는 일이 의의 열매를 맺는 일인 것(시112편)입니다. 우리는 그렇게 주님의 제자라는 것을 확실하게 하나님께 보여 드려야만 되는 것입니다.

그렇습니다. 이렇게 형제들이 행동으로 서로 친형제처럼 진실하게 사랑함으로써, 많은 열매를 맺어 참으로 주님의 제자라는 것을 보여줌으로써, 하나님 아버지께서 영광을 받으시는 것입니다. 그래서 예수님께서 이렇게 말씀하시지 않았습니까?

"너희가 내 말대로 살면'(요13:34-35; 너희가 서로 사랑하면) **참으로 내 제자가 되어 진리를 알게 될 것이며, 그 진리가 너희를 자유롭게 할 것이다."**(요8:31)라고 말입니다. 이와 같은 사람들은 자신이 진리에 속해 있다는 것(요일3:19)을 알뿐만 아니라, 진리가 그렇게 행동으로 진실하게 사랑하는 사람들을, 죄의 속박으로부터 풀어(눅7:47; "저의 많은 죄가 사하여졌도다. 이는 저의 사랑이 많음이라.") 자유롭게 함으로써, 진정한 자유를 얻어 자유롭게 되는 것(요8:31)입니다.

그런데 형제들이 알아야 할 것이 있습니다. 어떤 사람은 많은 재산을 소유하고 있으면서, 형제를 잠깐 도와주었다고, 그 형제를 사랑했노라고 하는 사람도 있습니다. 그렇게 생각하는 사람은 진정한 믿음에서 나오는 사랑이 아닌 것입니다. 그것은 왜냐하면, 주님께서는 사도 요한을 통해서 형제 사랑하기를 "우리도 예수님처럼 형제를 위해 목숨을 버리는 것이 마땅합니다."(요일3:16) 하셨습니다. 이렇게 형제를 위해 자기 십자가를 질만큼, 사랑하라고 말씀하셨기 때문입니다. 우리는 그와 같이 꾸준히 친형제처럼, 형제를 서로 사랑해야만 하는 것입니다.

그러므로 여러분은 보십시오. 세상 사람들도 무슨 재난의 큰일이 생길 때마다, 그곳에 가서 봉사도 하고 나누고 도움을 주어 자신들의 사랑을 표현합니다. 또 그보다 더 많은 것으로도 더 많이 엄청난 돈을 내놓아 사랑을 표현하는 사람들도 있습니다.

이렇게 믿지 않는 그들도 불우한 이웃을 도와줍시다. 하고 캠페인도 하고, 사랑의 온도계를 체크해 가면서, 불우한 이웃을 도와주고 있습니다. 만일 우리가 이렇게 세상 사람들과 똑같이 사랑한다면, 어떻게 그리스도의 사랑이 세상에 비추어지겠습니까? 인간의 최고의 사랑을 말하라고 하면, 당연히 어머니의 사랑을 말합니다. 왜들 그렇게 말합니까?

그것은 모든 어머니의 사랑은, 하나님의 사랑을 닮아서, 자신의 자녀 사랑함이 언제나 변함이 없기 때문입니다. 이렇게 우리가 하나님의 자녀라면, 하나님을 닮아 변함없이 꾸준히 형제를 사랑해야 하는데도 불구하고, "그렇게 잠깐 도와주는 그것이 그리스도의 사랑이라면," 세상 사람들이 자신의 마음에서 우러러 나오는 그것으로 사랑하는 것이나, 우리가 그리스도를 믿어서, 그 믿음에서 그렇게 우러러 나오는 사랑이나 무엇이 다르겠습니까?

세상 사람들이 우리가 그와 같이 또는 오늘날과 같이 사랑하는 것을 보고 "과연, 예수님의 제자들은 다르구나! 역시나, 예수님의 제자들이야!" 하고 감탄하고 있습니까? 보는 사람들이 여러분을 우러러보고 있습니까?

주님께서는 **"내가 너희를 사랑한 것처럼,' 너희도 서로 사랑하여라.**

'너희가 서로 사랑하면' '모든 사람이 그것을 보고' '너희가 내 제자라는 것을 알게 될 것이다.'"(요13:34-35; 현대인의 성경) 하고 그렇게 가르치셨는데 말입니다. 여러분들이 지금 하나님 앞에서 무슨 열매를 맺어 여러분이 예수님의 제자라는 것을 보여 주고 있나요?

그만큼 오늘날 교회가 "주님의 제자 된 길에서 벗어나서, 다른 길을 가고 있는 것"입니다.

우리가 주님의 제자라면, "내가 너희를 사랑한 것처럼" 다시 말해서 "예수님이 우리를 사랑하신 것처럼" 우리도 예수님처럼, 그렇게 형제를 위하여 목숨을 기꺼이 내어놓는, 그런 사랑을 서로 해야만 하는 것입니다. 그러므로 주님은 사도 요한을 통하여 이렇게 말씀하시지 않았습니까?

"하나님 안에 있다고 하는 사람은 자기도 그리스도께서 사신 것과 같이 마땅히 그렇게 살아가야 합니다."(요일2:6; 새 번역 성경) 하고 말입니다.

형제 여러분, 말씀이 이러하니 우리도 예수님처럼 그렇게 형제를 위하여 목숨을 버려 서로 사랑합시다. 그와 같이 서로 사랑하는 것이 그리스도의 제자요, 그리스도의 사랑을 회복한 사람인 것입니다.

주님의 친구

우리가 주님의 친구가 되는 일도 위에서 드린 말씀과 별반 다르지 않습니다. 그러므로 여러분은 주님의 말씀을 들어보십시오. 주님께서는 우리가 주님의 친구가 되는 것에 대하여 이렇게 말씀하셨습니다.

"친구를 위해 자기 목숨을 버린다면 이보다 더 큰 사랑은 없다. 내가 명령하는 것을 너희가 실천하면 너희는 바로 내 친구이다."(요 15:14) 이렇게 말입니다. 우리가 주님께서 "명령하신 것을 실천하면 우리가 바로 주님의 친구"라고 하셨습니다. 아브라함(약2:23)처럼 말입니다.

이와 같이 주님께서 명령하신 것을 실천하는 친구는 "주님을 위해 자기의 목숨을 버리는 사람"이라고 그렇게 말입니다. "자기의 친구인 주님을 위하여, 자신의 목숨을 버리는 사람의 사랑"보다, 더 큰 사랑은 없다고 말입니다. 그 말씀은 바로 아래의 말씀과 같은 말씀입니다.

"내가 이 사람들을 위하여 아버지께 이 몸을 바치는 것은, '이 사람들도 참으로 아버지께 몸'을 바치게 하려는 것입니다."(요17:19; 공동번역) 그렇습니다. 주님은 우리를 사랑함으로 우리를 위하여 아버지께 몸을 바치셨습니다. 그러므로 우리도 우리의 친구이신 "주님을 위하여 아버지께 몸을 바쳐야만 하는 것"입니다. 그렇게 자기 친구, 곧 주님을 위하여 자신의 목숨을 내어놓는 사랑보다 더 큰 사랑은 없다고 말씀하신 것입니다. 그렇다면 과연 자기 친구인 주님을 위하여 자신의 목숨을 내어놓는 그 큰 사랑은 어떻게 사랑해야만 가능한 것일까요?

주님께서는 제자들에게 이렇게 말씀하셨습니다.

"내가 명령하는 것을 실천하면 너희는 바로 **내 친구이다.**"(요15:14) 말씀하셨고 **"서로 사랑하여라' '내가 너희에게 명령한 것'이 '바로 이것'이다.**"(요15:17; 현대인의 성경)라고 말씀하셨습니다. 그렇습니다. 앞에서도 말씀드린 바와 같습니다. 우리가 "주님의 친구가 되는 방법"은 주님께서 우리에게 명령하신 말씀을 실천하는 것이었습니다. 그리고 "주님의 그 명령"은 "우리가 서로 사랑하는 것이었습니다." 이렇게 형제끼리 서로 사랑하는 사람이 주님의 친구가 되는 것이었습니다.

그리고 또 주님의 친구가 되는 방법은 이렇게 하는 것이었습니다. "그리스도께서 우리를 위하여 자기 목숨을 버리셨습니다. 이것으로 우리가 사랑을 알게 되었습니다. 그러므로 우리도 **'형제를 위하여 목**

숨을 버리는 것'이 마땅합니다."(요일3:16; 새 번역 성경) 하셨고 "자기 목숨을 얻으려는 사람은 잃을 것이며 **나를 위하여 자기 목숨을 잃는 사람은 얻을 것이다.**"(마10:39) 하고 말씀하신 것입니다.

우리가 위의 말씀과 같이 주님께서 우리를 위하여 목숨을 버리신 것처럼, "나(예수님)를 위하여 자기 목숨을 잃는 사람"이라는 그 말씀은, 곧 "주님의 친구인, 형제를 위하여 목숨을 버려 사랑하는 사람"이, 바로 하나님 아버지께 참으로 몸을 바치는 사람들이라는 말씀입니다. 이러한 사랑을 주님께서는 우리에게 요구하시는 것입니다. 그런 사람이 바로 주님의 친구라고 말입니다.

그러므로 여러분은 잘 보십시오.

"주님은 우리를 위하여 몸을 아버지께 바치시려고, 하나님의 뜻을 실천하고, 하나님의 일을 완성(요4:34)하기 위해서 하늘에서 내려오셨다고 말씀하셨습니다."(요6:38) 그리고 그와 같이 "아버지 나를 구원하여 이 때를 피하게 해 주소서. 그러나 나는 이 일 때문에, 이 때에 왔습니다."(요12:27) 하셨고 "하나님이여, 보십시오. 나에 관해 율법 책에 기록되어 있는 대로 '내가 주의 뜻을 행하러 왔습니다.'"(히10:7; 현대인의 성경) 하고 아버지께 주님은 이 땅에 오신 목적에 대하여 그렇게 말씀하셨고 기도하셨습니다.

주님께서는 위와 같이 "내가 주의 뜻을 행하러 왔습니다." 말씀하신 대로 아버지의 뜻을 행하시기 위하여, 자기가 그리스도라는 것을 제자들에게 알려 주시고, 그와 같이 자신이 그리스도라는 것을 제자들에게 알려 주시고 나서, 아무에게도 말하지 말라고 단단히 주의를 시키셨으나(마16:20), 때가 이르자 주님은 아버지께서 분부하신 "하나님의 일"을 주님의 사랑하는 제자들에게 아래와 같이 밝히신 것입니다.

"그때부터 예수께서는 제자들에게, 자신이 반드시 예루살렘에 올라가 장로들과 대제사장들과 율법 학자들에게 많은 고난을 받고, 그들의 손에 죽었다가 3일 만에 다시 살아나야 할 것을 알려 주셨습니다."(마16:21; 현대인의 성경, 공동번역) 하셨습니다.

이렇게 주님은 우리를 위하여 아버지께 몸을 바치실 것에 대하여 말씀하신 것입니다. 그런데요, 여러분은 위와 같이 말씀하신 주님의 말씀을 들은, 주님의 제자 베드로가 어떻게 행동하는지를 잘 보십시오. 그러자 베드로는 예수님을 붙들고 "주님, 안됩니다. 이런 일이 결코 있어서는 안 됩니다." 하고 주님을 말렸습니다. 이렇게 말입니다.

"주님, 주님께서 죽으면 안 됩니다. 이런 일이 결코, 주님에게 일어나서는 안 됩니다." 하고 이렇게 말입니다. 이렇게 주님을 말리며, 주님에게 주님의 수제자 베드로가 위와 같이 간청하는 말을, 주님을 알지 못하는 사람들이 들으면, 베드로가 무척이나 주님을 위하는 것처럼, 그들에게 들리게 될는지는 모르겠습니다.

그러나 그것은 사탄이 베드로를 통해 예수님께서 "하나님의 일"을 하지 못하도록 방해하는 것입니다. 그러므로 여러분은 잘 보십시오. 주님께서는 베드로를 향해 이렇게 말씀하셨습니다. "그러나 예수님은 베드로를 돌아보시고 '사탄아, 물러가거라. 너는 나를 넘어지게 하는 자로다. 네가 하나님의 일을 생각지 아니하고 사람의 일만을 생각하는구나!'"(마16:21-23; 공동번역, 현대인의 성경) 하고 말입니다.

이렇게 사탄은 하나님의 일인 척하면서, 사람의 일로 교묘하게 꾸미는 일을 하는 것입니다. 그런 자들이 사탄에게 미혹된 자이며, 사탄에게 사로잡혀서 사탄의 종노릇을 하는 자들이, 하나님의 일인 척 그렇게 말하는 것입니다. 그러나 주님 앞에서는 아무리 주님의 수제 자라고 하여도, 통하지 않는 것입니다. 그러므로 하나님의 일을 한다는 여러분들도, 여러분이 하는 일뿐 아니라, 교회 안에서 선포되고 있는 말씀이, "하나님의 일"인지 "사람의 일"인지를 확실하게 "분별"하시기를 바랍니다.

그렇게 "하나님의 일"은 생각하지 아니하고 "사람의 일"만 생각하는 제자들에게 주님은 계속 말씀을 이어 가셨습니다.

"나를 따르려는 사람들은 누구든지 자기를 버리고 제 십자가를 지고 나를 따라야 한다."(마16:24) 하고 말입니다. 위 말씀에서 "나를 따르려는 사람들은 누구든지 자기를 버리고"라는 말씀 중에서 "자기를 버리고"라는 말씀은 "정욕과 욕망과 함께 자기의 육체를 십자가에 못 박은 사람들입니다."(갈5:24; 새 번역 성경)라는 말씀과 같이 "공중권 세 잡은 자를 따라 그에게 순종하며 자신의 욕망대로 살았던 그 옛사람"(엡2:1-3)을 십자가에 못 박아 버렸다는(갈5:24) 말씀입니다.

다시 말해서 "주님을 따르려는 사람들은 누구든지 옛날의 생활 방식 곧 거짓된 욕망으로 부패해가는 옛사람을 벗어버리고"(엡4:22) 이제부터는 주님처럼, 자기를 보내신 분(요7:18)의 뜻을 따라 실천하고, 그분의 일을 이루기 위하여(요6:38, 그리고 요17:19; 공동번역; "내가 이 사람들을 위하여 이 몸을 아버지께 바치는 것은 이 사람들도 참으로 아버지께 자기 몸을 바치게 하려는 것입니다." 요12:27; "나는 이 일 때문에 이 때에 왔습니다." 말씀과 같이) 자기의 몸을 바칠 각오로, 자기의 십자가를 지고 주님을 따라오라는 말씀인 것(마16:24)입니다.

자기 십자가는 자기의 희생정신을 뜻하는 것입니다. 또 한 자기의 희생정신은 "나(예수님)를 위하여 자기 목숨을 잃는 사람"(마10:39)이며, 형제들을 위한 희생정신을 뜻합니다. 그것은 우리가 주님의 희생정신을 따르는 것이기 때문(요일3:16)입니다. 바로 그와 같은 의로운 행동을 하는 사람이 "하나님의 일"을 하는 사람인 것입니다.

그리고 주님은 바로 이어서 "사람의 일과 하나님의 일"에 대하여 이렇게도 말씀하셨습니다.

"사람이 온 세상을 얻고도 제 목숨을 잃으면 무슨 이득이 있겠느냐? 또 사람이 제 목숨을 무엇과 바꿀 수 있겠느냐?"(마16:26)라고 말입니다. 그렇습니다.

온 세상을 얻을 만큼 "사람의 일"에 성공한다고 한들, 제 목숨을 잃으면 무슨 이득이 있겠느냐는 말씀입니다. 그리고 그 무엇으로도 바꿀 수 없는, 그와 같이 가장 소중한 자기의 목숨을, 세상 무엇과 바꾸겠느냐는 말씀입니다. 그러므로 여러분은 잘 생각해 보시기를 바랍니다.

그와 같이 "썩어 없어질 '사람의 일'로 성공하여, 자기의 생명을 지키려고 하는 사람은, 그 생명을 잃을 것"이지만, 그렇지 않고 "나를 위해(요일3:16; 주님을 위하여 곧 형제를 위하여) 자기 목숨을 버리는 사람은, 얻을 것"(마10:39, 16:25)이라고 말씀하셨습니다.

여기 "나를 위해 자기 목숨을 버리는 사람은 얻을 것"이라는 말씀에서 "나를 위해(주님을 위하여)"가 가리키는 말씀은, 바로 "주님의 명령을 실천하는 그분의 친구들인, 형제들을 가리키는 말씀인 것"입니다. 그것은 왜냐하면 "너희를 영접하는 자는 나를 영접하는 것이요 나를 영접하는 자는 나를 보내신 하나님을 영접하는 것이다."(마10:40)라고 말씀하심으로써, 형제를 영접하는 그것이 곧 주님 자신을 영접하는 것이 된다고, 예수님께서 그렇게 말씀하셨기 때문입니다.

그리고 또한 주님은 우리 눈에 보이지 않는 분이시므로, "눈에 보이는 형제를 사랑하지 못하는 사람이 보이지 않는 하나님을 사랑할 수 없습니다."(요일4:20) 하고, 사도 요한을 통해 말씀하셨기 때문입니다.

그러므로 주님께서는 하나님을 사랑한다는 사람들에게 이렇게 말씀하시지 않았습니까?

"하나님을 사랑하는 사람들은 형제도 사랑해야 합니다."(요일4:21)라고 말입니다. 그래서 사도 요한은 "하나님을 사랑하는 사람은 자기 형제도 사랑해야 한다는 이 계명을 우리는 그리스도에게서 받았습니다."(요일4:21) 하고 말씀을 전하고 있는 것입니다. 그렇게 눈에 보이는 형제를 사랑하지 않는 사람은 절대로 보이지 않는 하나님을 사랑할 수 없다고 말입니다. 그리고 그와 같이 하나님을 사랑한다고 하면서 눈에 보이는 형제를 사랑하지 않는 사람은 "거짓말쟁이"(요일4:20)라고 말입니다.

그러므로 여러분은 하나님 앞에서 "거짓말쟁이"가 되지 마십시오. 정말로 여러분이 하나님을 사랑한다면 눈에 보이는 형제를 사랑하십시오.

그리하여 위에서 말씀드린 바와 같이 **"서로 사랑하여라. 내가 너희에게 명령하는 것이, 바로 이것이다."** 이렇게 주님께서 말씀하신 대로 형제들이 서로 사랑하게 됨으로써, 그렇게 주님의 명령을 실천하는 이러한 사람들이 바로 "주님의 친구가 되는 것입니다."

"내가 명령하는 것을 너희가 실천하면 너희는 바로 내 친구이다." (요15:14; 현대인의 성경) 말씀처럼 말입니다.

이렇게 "형제를 사랑하는 사람"이 "하나님을 사랑하는 사람이고" "영생의 열매를 맺는 사람"이며, "첫사랑을 회복한 사람"이고 "주님의 제자가 되는 것"이며, "주님의 명령을 지키는 사람"이고, "주님의 친구가 되는 사람"이며, "그리스도 안에서 사는 사람인 것"입니다.

"이 모든 일이 여러분들이 형제를 서로 사랑함으로써 일어나는 일들인 것입니다." 그러니 하나님의 사랑이 얼마나 위대합니까?

그리스도와 하나가 됨으로써

이렇게 제자들에게 "내가 너희를 사랑한 것처럼 너희도 서로 사랑하라."(요15:12) 하고 말씀하신 주님의 말씀은 하나님의 모든 일이 그분의 사랑 안에서 일어나는 일이라고 말씀하고 있는 것입니다. 이렇게 여러분이 서로 사랑하므로, 하나님께서는 그리스도 안에서 한마음을 품게 하시고, 서로 완전히 하나가 되게 하시는 것입니다.

그래서 주님은 사도 바울을 통하여 이렇게 말씀하시지 않았습니까?

"그리스도의 인성 안에는 '하나님의 완전한 신성'이 깃들어 있습니다. 여러분도 **'그리스도와 하나가 됨으로써 완전에 이르게 됩니다.**"(골2:9-10; 공동번역) 하고 말입니다. 이 말씀이, 주님께서 사도 바울에게 내려 주신 복음의, 최종 결론의 부분에 속한 것입니다. 그러므로 사도 바울은 자신이 받은 사명에 대하여 이렇게 전하고 있지 않습니까?

"우리가 그리스도를 전파하며, 온갖 지혜로 모든 것을 권면하고 가르치는 것은, **'그들을 그리스도 안에서 완전한 사람으로 하나님께 바치기 위한 것입니다.'**"(골1:28; 현대인의 성경) 이렇게 말입니다.

주님께서는 이미 사도 바울과 같은 말씀으로 아버지께 이렇게 기도하시지 않았습니까?

"이 사람들이 진리를 위하여 몸을 바치는 사람들이 되게 하여 주옵소서"(요17:17; 공동번역) 하고 기도하셨고 "내가 이 사람들을 위하여 이 몸을 아버지께 바치는 것은 **'이 사람들도 참으로 아버지께 몸을 바치게 하려는 것입니다.'**"(요17:19; 공동번역) 하셨습니다.

그렇습니다. "우리를 그리스도 안에서 완전한 사람으로 하나님께 바치기 위한 것"입니다. 그래서 주님은 사도 요한을 통해 이렇게 기록하시지 않았습니까?

"이 세상에서 우리가 그리스도처럼 살게 되었으니 **'사랑이 우리 안에서 완성된 것'**이 분명합니다."(요일4:17; 공동번역)라고 말입니다. 그리고 또 주님은 우리에게 사도 바울을 통해서도 이렇게도 말씀하시지 않았습니까?

"사랑을 실천하십시오. **'사랑은 모든 것을, 하나로 묶어 완전하게 합니다.'**"(골3:14; 공동번역)라고 말입니다. 말씀이 이러하니 우리가 형제를 서로 사랑한다는 것이, 우리에게 얼마나, 얼마나 중요한 일입니까?

우리가 형제를 사랑하는 일은 "그들을 그리스도 안에서 완전한 사람으로 하나님께 바치기 위한 것입니다."(골1:28; 현대인의 성경)라는 말씀과 같이 그렇게 우리를 그리스도 안에서 하나로 묶어 완전한 사람으로 의의 종으로 하나님께 바치는 일인 것입니다. 그와 같이 주님께서는 "우리를 그리스도 안에서 완전히 하나가 되게 하려는 것"(요17:23)입니다. **"그리스도 안에서 말입니다."**

형제 사랑이 우리에게 이렇게나 중요한 것입니다.

나를 사랑하고 내 계명을 지키는 자에게는
(하나님의 사랑에서 끊을 수 없는 사람들)

그러므로 여러분에게 묻겠습니다. "여러분은 하나님을 사랑하십니까?" "여러분은 주님을 사랑하십니까?" 만일 여러분들이 정말로 하나님과 예수님을 사랑한다면, "내가 너희를 사랑한 것처럼, 너희도 서로 사랑하여라. 이것이 내 계명이다" 말씀하신 그리스도의 계명을 지키십시오.

그와 같이 그리스도의 계명을 지키는 사람이 주님을 사랑하는 사람이라고 주님은 주님의 제자들에게 말씀하셨습니다.

"내 계명을 간직하여 지키는 사람은 나를 사랑하는 사람이다."(요 14:21) 이렇게 말입니다. 그렇게 그리스도의 계명을 지킴으로써 "주님을 사랑하는 사람은 주님의 아버지에게서 사랑을 받을 것이며 주님도 그를 사랑하여 그에게 주님 자신을 나타낼 것이다."(요14:21)라고 말씀하셨습니다. 그리고 이렇게도 말씀하셨습니다.

"나를 사랑하는 사람은 내 말을 지킬 것이다. 그리고 내 아버지께서도 그를 사랑하실 것이며 아버지와 내가 그에게 가서 그와 함께 살 것이다."(요14:23) 하고 말입니다. 이렇게 그리스도의 계명을 지키는 사람이 아들과 하나님 아버지 안에서 사는 사람(요일2:24)이며, 아버지와 아들을 모신 사람(요일5:11-12)인 것입니다.

이런 사람들은 "그리스도 안에 있는 하나님의 사랑에서 끊을 수 없는 사람이 되는 것"(롬8:39)입니다. 그것은 왜냐하면 주님께서는 위에 사람들과 같이, 그리스도의 계명을 지키는 사람에 대하여 이렇게 말씀하셨기 때문입니다.

"내가 아버지 계명을 지키고 그분의 사랑 안에 있는 것 같이 **너희도 내 계명을 지키면 내 사랑 안에서 살게 될 것이다.**"(요15:10) 하고 말입니다. 그렇습니다. 이렇게 그리스도의 계명을 지킴으로써 그리스도의 사랑 안에서 사는 사람들을, 하나님의 아들이 지켜 주시기 때문에(요일5:18), 어떠한 피조물이라도, 우리 주 예수 그리스도를 통하여 나타날 하나님의 사랑에서 끊을 수 없게 되는 것(롬8:39; 공동번역)입니다. 그만큼 굳건한 믿음이 그 사람에게 있는 것입니다.

그래서 하나님의 자녀들은 우리 주 예수 그리스도를 믿는 굳건한 믿음이 있기에 누구나 세상을 이길 수 있다고 말씀하지 않았습니까?

"하나님의 자녀들은 누구나 세상을 이길 수 있기 때문입니다. 세상을 이긴 것은 바로 우리의 믿음입니다."(요일5:4) 이렇게 말입니다. 이렇게 우리가 예수 그리스도를 믿는 굳건한 믿음이 있기에, 그 어떤 시련도 감히 우리를 그리스도의 사랑에서 떼어 놓을 수 없는 것입니다. 그래서 주님은 우리가 겪는 온갖 시련에 대하여 사도 바울을 통해서 아래와 같이 말씀하시지 않았습니까?

"환난입니까? 역경입니까? 박해입니까? 굶주림입니까? 헐벗음입니까? 혹 위험이나 칼입니까?"(롬8:35; 공동번역) 하고 말입니다.

"우리가 주를 위하여 온종일 죽임을 당하였으며 도살할 양으로 여김을 받았나이다.' 하고 성경에 기록된 바와 같이"(롬8:36; 킹 제임스 성경) 우리가 주를 위하여 온갖 시련을 겪는다고 말입니다. 그러나 다음 구절로 우리에게 어떤 말씀을 주셨습니까? 주님은 우리에게 이런 말씀을 주셨습니다.

"그러나 우리는 우리를 사랑하시는 그분의 도움으로(요일5:18) 이 모든 시련을 이겨내고도 남습니다."(롬8:37; 공동번역) 하고 말입니다. 그렇습니다.

"하나님의 아들이 우리를 지켜 주시기 때문에, 악한 마귀도 우리를 건드리지도 못하는 것"(요일5:18)입니다. 그렇습니다. 우리는 사도 바울과 같이, 하나님의 아들이 온갖 시련으로부터 우리를 지켜 주시는 것을 확신하는 것입니다. 그렇게 우리는 우리를 사랑하시는 하나님의 아들이신 그분의 도움으로 그 모든 시련을 이겨 내고도 남는다는 것을 말입니다. 그래서 그 어떤 피조물도 우리 주 예수 그리스도를 통하여 나타날 하나님의 사랑에서 우리를 떼어 놓을 수 없다고 말씀하시지 않았습니까?

　"나는 확신합니다. 죽음도, 생명도, 천사들도, 권세의 천신들도, 현재의 것도, 미래의 것도, 능력의 천신들도, 높음도, 깊음도, 그 밖에 어떤 피조물도 **'우리 주 예수 그리스도를 통하여 나타날 하나님의 사랑에서 우리를 떼어 놓을 수 없습니다.'**"(롬8:38-39; 공동번역) 이렇게 말입니다. "이 모든 일이 '하나님을 사랑하고 그분의 계명을 지키는 사람들'에게 주님께서는 나타내시는 것"입니다. 그러므로 여러분은 보십시오.

　"**하나님을 사랑하는 사람들**' 곧 **'하나님의 뜻대로 부르심을 받은 사람들**'에게는 모든 일이 서로 협력해서 선을 이룬다는 것을 우리는 압니다."(롬8:28; 새 번역 성경)라고 말씀하시지 않았습니까? 그렇습니다.

　"하나님을 사랑하는 사람들" 곧 "하나님의 뜻대로 부르심을 받은 사람들"에게는 모든 일이 서로 협력해서 선을 이루게 되는 것입니다. 이렇게 "**하나님을 사랑하는 사람들**"이 곧 "하나님의 뜻대로 부르심을 받은 사람들"이며, 그들이 서로 사랑함으로써 "선을 이루게 되는 것"입니다. 말씀과 같이 선을 이룬다는 것은 "그러므로 사랑한다는 것은 율법을 완성하는 일입니다."(롬13:10; 공동번역) 하고 말씀하신 대로 그리스도의 형제들이 서로 사랑하는 것을 주님은 말씀하시는 것입니다.

　그와 같이 "하나님을 사랑하는 사람들은 율법을 완성하는 일을 함으로써 선을 이루어 내게 된다는 것"입니다. 한마디로 사랑이 우리라는 울타리 안에서 완성된다는 말씀입니다. 그러므로 앞과 같이 "하나님을 사랑하는 사람들은, 하나님의 계획대로 부르심을 받은 사람들로서, 율법을 완성하는 일을 하는 사람들"이라는 뜻의 말씀이 되는 것입니다. 그러므로 위와 같이 그렇게 "하나님을 사랑하는 사람들"은 "하나님의 뜻(현대인의 성경; 계획대로)대로 부르심을 받은 사람들"이라는 말씀이 확실한 것입니다.

그렇게 하나님을 사랑하는 사람들은, 하나님의 사랑 안에 사는 사람들로서 그들의 사랑이 완성되어, 심판 날을 떳떳하게 맞이하게 되는 것(요일4:17)입니다. 그런 사람들이 바로 "하나님을 사랑하는 사람들"인 것입니다. 그리고 "그런 사람들이 마태복음 25장에 그리스도의 최후 심에서 하나님 아버지의 복을 받은 사람들인 것"(마25:34)입니다.

그리고 또 그렇게 하나님을 사랑하는 사람들을 보고, 주님은 어떤 피조물도 우리 주 예수 그리스도 안에 있는, 하나님의 사랑에서 끊을 수 없다고(롬8:39) 사도 바울을 통해 그렇게 말씀하신 것입니다.

그러나 반대로 **"주님을 사랑하지 않는 사람은"** 주님의 말씀을 지키지 않는다고 다음과 같이 하셨습니다. "그러나 나를 사랑하지 않는 사람은 내 말을 지키지 않는다."(요14:24) 이렇게 말입니다. 그리고 이렇게도 말씀하셨습니다.

"너희 듣는 말은 내 말이 아니라 나를 보내신 아버지의 말씀이니라."(요14:24) 이렇게 주님께서는 여태껏 계속하여, 제자들과 주님을 따르는 사람들에게, 예수님 자신이 전하신 하늘나라에 관한 말씀은 주님 자신의 말이 아니라, 주님 자신을 이 땅에 보내신 아버지의 말씀이라고 하셨습니다. 그렇다면 위에 서두에서도 말씀을 드렸지만, 그리스도의 계명은 곧 하나님의 계명이심을 말씀하시는 것입니다. 그래서 주님은 사도 요한을 통해서 이렇게 말씀하시지 않았습니까?

"우리가 예수 그리스도의 이름을 믿고 그리스도께서 명령하신 대로 서로 사랑하라는 것이 하나님의 계명입니다.' 하나님의 계명을 지키는 사람은 하나님 안에서 살고 하나님께서도 그 사람 안에 계십니다."(요일3:23-24) 하고 말입니다.

"서로 사랑하여라. 내가 너희에게 명령하는 것이 바로 이것이다."(요15:17) 하고 이렇게 그리스도께서 서로 사랑하라고 명령하신 말씀이 바로 "하나님의 계명"이셨다는 것입니다. 그렇습니다.

여호와 하나님께서는 시내 산에서 일찍이 이스라엘 백성들에게 "여호와 하나님의 계명"을 주셨습니다. 이렇게 말입니다.

"나를 사랑하고 내(하나님의 계명) **계명을 지키는 자**'에게는 그 자손의 수천 대까지 사랑을 베풀 것이다."(출20:6; 현대인의 성경) 하고 말입니다. 그래서 다니엘도 여호와 하나님께 이렇게 기도하지 않았습니까?

"크시고 두려워할 주 하나님, **'주를 사랑하고 주의 계명을 지키는 자**'를 위하여 언약을 지키시고 그에게 인자(사랑을)를 베푸시는 자시여,"(단9:4) 하고 말입니다. 같은 구절을 현대인의 성경은 이렇게 해석합니다.

"여호와여 주는 크시고 두려워할 하나님이십니다. **'주께서는 주를**

사랑하고 주의 명령에 순종하는 자'에게 항상 주의 약속을 지키시며 한결같은 사랑을 베푸시는 분이십니다."(단9:4) 하고 말입니다. 그렇습니다. 이렇게 하나님께서는 "**나를 사랑하고 내 계명을 지키는 자**'에게는 그 자손의 수천 대까지 사랑을 베풀 것이다."(출20:6) 하고 약속하신 것입니다.

여호와 하나님의 말씀이 그러하시다면 우리는 어떻게 하나님을 사랑할 수 있을까요?

그 대답을 주님은 사도요한을 통해서 이렇게 말씀하셨습니다.

"하나님의 계명을 지키는 것이 곧 하나님을 사랑하는 일입니다."(요일5:3; 공동번역) 하고 말입니다. 그렇습니다. 하나님을 사랑하는 것은 곧 그분의 계명을 지키는 일인 것입니다. 이렇게 우리가 하나님의 계명을 지킴으로써 우리는 여호와 하나님을 사랑하는 사람이 되는 것입니다. 이러한 사람들이 "나를 사랑하고 내 계명을 지키는 자'에게는 '그 자손의 수천 대까지 사랑을 베풀 것이다.'"(출20:6; 현대인의 성경) 하고 약속하신 여호와 하나님의 약속을 받아내는 사람들이 되는 것입니다.

그러므로 사랑하는 형제 여러분, 이렇게 "영원성에 해당하는 하나님의 계명"을 여러분들은 지키지 않으시렵니까?

그러므로 형제 여러분에게 다시 한번 더 묻겠습니다. 이렇게 영원성에 해당하는 하나님의 계명은 과연 무엇이었을까요? 우리는 그 대답을 바로 위에서도 몇 번 말씀을 드렸습니다. 그러나 다시 말씀을 드린다면 하나님의 계명은 이렇습니다.

"하나님의 계명은 이것이니 곧 아들 예수 그리스도의 이름을 믿고 그리스도께서 우리에게 명하신 대로 서로 사랑하라는 것입니다."(요일3:23; 새 번역 성경) 그렇습니다. 예수 그리스도의 이름을 믿는 사람들끼리 그리스도께서 명령하신 대로(요15:17; "서로 사랑하여라. 내가 너희에게 명령한 것이 바로 이것이다."라는 말씀과 같이) 서로 사랑하라는 것입니다. **"이렇게 서로 사랑하라는 것이 곧 하나님의 계명인 것"**입니다. 위의 말씀과 같이 이렇게 눈에 보이는 형제를 사랑하는 것이 곧 하나님을 사랑하는 일인 것입니다.

그래서 주님은 사도 요한을 통해서 이렇게 말씀하시지 않았습니까?

"눈에 보이는 형제를 사랑하지 못하는 사람이 보이지 않는 하나님을 사랑할 수는 없습니다. 하나님을 사랑하는 사람은 형제도 사랑해야 합니다."(요일4:20-21; 현대인의 성경)라고 말입니다. 그렇습니다. 이렇게 세상 어려운 이웃이 아니라 눈에 보이는 형제를 사랑하는 사람이 곧 "하나님을 사랑하는 사람인 것"이요, "하나님의 계명을 지키는 사람인 것"입니다. 이런 사람들이 그 자손의 수천 대까지 하나님께서 은혜 베푸심을 받는 사람들이 되는 것입니다. "영원히 하나님의 사랑 안에서 사는 사람들이 되는 것"입니다. 그러니 감히 누가 이렇게 하나님의 사랑 안에서 사는 사람들을 그분의 사랑에서 끊을 수 있겠습니까?

바로 이렇게 하나님의 사랑 안에 사는 사람들이 "그리스도 안에서 사는 사람인 것"입니다.

말씀이 이러한데도 하나님을 사랑하지 않는 사람들이 많은 것입니다. 하나님을 사랑한다고 **"거짓말을 하는 사람들"**이 많은 것입니다. 그만큼 형제를 사랑하지 않는 사람들이 많은 것입니다. 그렇게 하나님을 사랑한다고 하면서 눈에 보이는 형제를 사랑하지 않는 **"거짓말쟁이들'**이 교회 안에 많이 존재하고 있는 것"입니다. 그렇게 하나님의 계명을 지키지도 않고 그리스도 안에 있지도 않으면서도 그들은 자기들을 우리 주 예수 그리스도 안에 있는 하나님의 사랑에서 끊을 수 없다고 주장하는 것(롬8:39)입니다. 그와 같이 교회 안에 하나님을 사랑한다고 하면서도 형제를 사랑하지 않는 거짓말을 하는 거짓말쟁이들이 많은 것입니다.

"하나님을 사랑한다고 하면서 형제를 미워하는 사람은 거짓말쟁이입니다."(요일4:20) 말씀처럼 말입니다. 그렇습니다.

"'우리가 예수 그리스도의 이름을 믿고' '그리스도께서 명령하신 대로 서로 사랑하라는 것'이 '하나님의 계명입니다.'"(요일3:23; 공동번역) 하고 말씀하셨습니다. 앞의 말씀대로라면, 그리스도께서 자기를 믿고 따르는 제자들에게 명령하신 대로, 형제끼리 서로 사랑을 해야 맞는 것입니다. 그런데도 형제를 형제처럼 사랑하지 않는 것입니다. 오히려 세상 어려운 이웃을 사랑하라고 거꾸로 가르치는 것입니다.

주님께서는 "우리가 예수 그리스도의 이름을 믿고"라고 분명하게 말씀하셨고 그와 같이 우리 주 예수 그리스도의 이름을 믿는 사람들은 "그리스도께서 명령하신 대로 서로 사랑하는 것이 바로 하나님의 계명을 지키는 것입니다."(요일3:23; 현대인의 성경) 이렇게 알아듣게 말씀하셨는데도 말입니다. 그렇게 하나님의 계명을 어기는 것입니다.

그러므로 주님을 믿는다는 사람들이 그렇게 하나님을 미워하는 것입니다. 그렇게 하나님을 미워하면서도 하나님을 사랑한다고 그들은 거짓말을 하는 것입니다.

그와 같이 거짓말을 하는 거짓말쟁이들이 교회 안에 수두룩한 것입니다. 그런 거짓말쟁이들을 양성하고 있는 것입니다. 하나님의 계명에 의하면 형제를 사랑하지 않는 사람은 하나님을 사랑하지 않는 사람이라고 분명하게 말씀하고 있는데도 말입니다.

그와 같이하여 형제를 사랑하지 않으므로 형제를 미워하는 사람과 마찬가지로 하나님을 사랑하지 않으므로 하나님을 미워하는 자가 되는 것입니다. 그러므로 하나님을 미워하는 사람은 벌을 받게 되고 그 죄로 하나님의 저주를 받게 되는 것(마25:41; 저주를 받은 자들아,)입니다. 그것도 그 자손의 삼사 대까지 말입니다.

"나 여호와 너희 하나님은 질투하는 하나님이다. 그래서 **나를 미워하는 자**'를 '**벌**'하고 그의 죄에 대하여 그 자손 삼사 대까지 '**저주**'를 내리겠다."(출20:5; 현대인의 성경) 이렇게 말입니다. 이렇게 하나님을 사랑하지 않는 "저주의 자식들을 대거 양성하고 있는 것"입니다.

그것은 왜냐하면 "**옳은 일을 하지 않거나 자기 형제를 사랑하지 않는 자**'는 하나님에게서 난 자가 아닙니다. 이와 같이 '**하나님의 자녀**

와 악마의 자식은 분명히 구별됩니다."(요일3:10; 공동번역) 하고 그렇게 말씀하고 있기 때문입니다.

그러므로 하나님의 저주를 받도록 인도하는 마귀의 종노릇을 하는 목사들을 조심하십시오. 그리고 진실로 여러분을 사랑하지 않는 그런 그리스도의 사도로 가장한 목사들을 여러분은 더욱 조심하십시오. 그리고 또한 그와 같이 의의 목사로 가장한 목사들에게 절대로 속지 마십시오. 진실로 여러분을 사랑하지 않는 목사는 위의 말씀과 같이 그리스도에게 속한 목사가 아닙니다. 그러므로 "옳은 일을 하지 않거나 형제를 사랑하지 않는 사람들"은 "악마의 자식"이라고 하지 않았습니까?

"진실한 목사"는 "예수 그리스도가 주님이 되시고 우리는 그리스도를 위해서 일하는 여러분의 종이라는 것을 선포하고 있습니다."(고후 4:5) 하고 말하며 최선을 다하여 섬김을 실천하고 있는 사도 바울과 같이 일하는 목사입니다. 그러므로 예수 그리스도가 주님이 되시고, 그리스도를 위해서 일하는 사람으로서, 그리스도를 위해서 여러분의 종으로 자신을 내세우는 목사가 진실한 목사인 것입니다.

그러므로 여러분이 "예수님"을 "주님"이라고 부른다면, 행동으로 진실하게 서로 사랑(요일3:18)하십시오. 그렇게 주님의 명령대로 서로 사랑하는 사람이 "하나님을 사랑하는 사람"이요. "하나님의 계명을 지키는 사람"입니다. 이렇게 하나님을 사랑하고 하나님의 계명을 지키는 자에게는 그 자손의 천 대까지 은혜를 베푸신다고 개역 성경은 해석하지 않았습니까?

"**나를 사랑하고 내 계명을 지키는 자**'에게는 '천 대까지 은혜를 베
푸느니라.'"(출20:6) 하고 말입니다. 이런 사람들이 "내 아버지께 복을
받은 자들이여,"(마25:34) 말씀하심과 같이 하나님 아버지의 복을 받아
영원한 복락을 누리며 그분의 놀라운 빛 가운데서 살게 되는 사람이
되는 것입니다.

이렇게 하나님은 "여러분을 어둠에서 불러내어 놀라운 빛 가운데
로 들어가게 하신 것입니다."(벧전2:9) 그러므로 우리는 이와 같이 우
리를 어둠에서 불러내어 놀라운 빛 가운데로 들어가게 하신 하나님
을 찬양해야만 하는 것입니다.

이렇게 주님은 제자들을 어둠에서 불러내어서 그들에게 말씀하시
기를 "내 안에 살아라. 나도 너희 안에 살겠다."(요15:4) 하셨고 "내가
아버지의 계명을 지키고 그분의 사랑 안에 있는 것 같이 너희도 내 계
명을 지키면 내 사랑 안에서 살게 될 것이다."(요15:10) 하셨으며 "내
가 너희를 사랑한 것처럼 너희도 서로 사랑하여라. 이것이 내 계명이
다."(요15:12) 말씀하셨고 "서로 사랑하여라. 내가 너희에게 명령한 것
이 이것이다."(요15:17) 하고 말씀하셨습니다.

그리고 "나는 아버지의 명령이 영원한 생명임을 안다. 내가 하는 말
은 아버지께서 나에게 말하라고 일러 주신 그대로이다."(요12:50) 하셨
고 "나를 사랑하는 사람은 내 말을 지킬 것이다. 그리고 내 아버지께
서도 그를 사랑하실 것이며 아버지와 내가 그에게 가서 그와 함께 살

것이다."(요14:23) 하셨고 "그러나 나를 사랑하지 않는 사람은 내 말을 지키지 않는다. 너희 듣는 말은 내 말이 아니라 나를 보내신 아버지의 말씀이다."(요14:24) 하고 그렇게 말씀하셨습니다. 그렇습니다.

이렇게 주님의 명령대로 형제를 서로 사랑하는 사람들에게, 아버지와 아들이 가서 그와 함께 사시는 것(요14:23)입니다. 이런 사람들이 주님을 사랑하는 사람인 것(요14:23)입니다. 이런 사람들이 예수님이 하나님의 아들이라고 인정하는 사람인 것(요일4:2, 15)입니다. 이런 사람들이 하나님 안에 사는 사람인 것(요일4:16)입니다. 이런 사람들이 영원한 생명을 가진 사람인 것입(요일5:13;현대인의 성경)니다. 아래에 여호와 하나님의 말씀처럼 말입니다.

"나를 사랑하고 내 계명을 지키는 자에게는 천 대(영원히)까지 은혜를 베푸느니라."(출20:6) 이렇게 말입니다. 그리고 위와 같이 명령하신 하나님의 말씀을 주님께서 아버지에게서 받아 그대로 우리에게 전하여 주신 것입니다. 그래서 주님께서 아래와 같이 말씀하시지 않았습니까?

"너희 듣는 말은 내 말이 아니라 나를 보내신 아버지의 말이다."(요14:24) 하고 말입니다. 그러므로 여러분이 그리스도의 계명을 지킨다면, 그것이 바로 하나님의 계명을 지키는 일인 것입니다. 이렇게 하나님을 사랑하고 하나님의 계명을 지키는 자에게는 아버지께서 천 대까지 은혜를 베푸시는 것입니다.

그러나 주님을 사랑하지 않는 사람은 그리스도의 계명을 지키지 않는 것입니다.

"그러나 나를 사랑하지 않는 사람은 내 말을 지키지 않는다."(요 14:24) 하고 말씀하신 것처럼 말입니다. 이런 사람들은 주님 편에 서지 않는 사람으로서 반대하는 사람이며, 주님과 함께 모아들이지 않고 흩뜨려 헤치는 사람인 것(눅11:23)입니다. 그리고 이런 사람들은 유대인들과 바리새인들처럼, 주님을 사랑하지 않는 것입니다. 이러한 사람들이 주님을 미워하는 사람인 것입니다. 이렇게 주님을 미워하는 사람이 바로 하나님을 미워하는 사람인 것입니다. 그것은 위의 말씀과 마찬가지로 주님께서 여태껏 제자들과 유대인들에게 하신 말씀은 하나님 아버지의 말씀이라고 하셨기 때문입니다.

"너희 듣는 말은 내 말이 아니라 나를 보내신 아버지의 말이다."(요 14:24) 하고 이렇게 말입니다. 그러므로 "나를 사랑하지 않는 사람은 내 말을 지키지 않는다는 주님의 말씀은" 그리스도의 계명을 지키지 않는 사람들로서, 주님을 사랑하지 않는 사람(마25:46, 요14:24)을 가리키는 말씀인 것입니다. 이렇게 주님을 사랑하지 않는 사람들이 바로 하나님을 사랑하지 않는 사람인 것입니다. 이렇게 하나님을 사랑하지 않는 사람들이 하나님을 미워하는 사람인 것(출20:5)입니다.

그러므로 아버지와 아들이 그런 사람들에게 가서 사시지 못함으로써, 그런 사람들에게는 영원한 생명이 없는 것입니다. 그런 사람들이 예수님을 하나님의 아들이라고 인정하지 않는 사람인 것(요일4:3)이며, 거짓말하는 사람들로서 그리스도의 원수(요일2:22; 현대인의 성경)이고, 우리의 유일한 주인이신 예수 그리스도를 딱 잡아떼는 사람인 것(유1:4)입니다. 그런 사람들이 저주를 받게 되는 것(마25:41)입니다. 하나님 여호와의 말씀과 같이 말입니다.

"내가 나를 미워하는 자를 벌하고 그의 죄에 대하여 그 자손 삼사 대까지 저주를 내리겠다."(출20:5)라는 말씀처럼 말입니다.

이렇게 주님께서 계속하여 제자들과 유대인들에게, 하늘나라의 복음을 선포하신 주님의 말씀은, 주님 자신의 말씀이 아니라 아버지의 말씀이라고 하셨습니다. 그러하셨는데도 불구하고, 오늘날 교인들도 유대인들과 같이 하나님을 사랑한다고 하면서도, 하나님의 계명을 지키지 않는 사람들이 많은 것입니다.

이렇게 위에서부터 지금까지 주님께서 제자들과 유대인들에게 들려주신 말씀을, 오늘날 교회에 조명하여 본다면, 하나님을 사랑하는 사람들이 많을까요? 아니면 하나님을 사랑하지 않는 사람들이 많을까요?

그리고 주님을 믿는다고 하는 사람들 가운데, 그리스도 안에 머물러 있는 사람이 많을까요? 아니면 그리스도 밖에 가지처럼 버려져 있는 사람이 많을까요?

주님은 그 해답으로 이렇게 말씀하셨습니다. **"누구든지 '내 안에 머물러 있지 않으면' 가지처럼 '밖에 버려져 말라 버린다.' 사람들은 그런 것을 주워다가 불에 던져 태운다."**(요15:6) 이렇게 말입니다.

이렇게 "우리가 주님 안에 머물러 있지 않으면," 다시 말해서 "우리가 서로 사랑하지 않으면" 말씀과 같이 "가지처럼 밖에 버려져(마 24:12; 현대인의 성경; '악이 점점 더함으로 많은 사람들의 사랑이 식을 것이다.' 하고 말씀하신 것처럼) **'사랑'**이 말라 버리게 되는 것입니다." 그러면 세상 끝날에 주님께서 보내신 "천사들이(요15:6; 사람들은) 와서 사랑이 말라 버린 그런 가지들을 모두 추려 내어(그런 것을 주워다가) 불에 던져 태우게 되는 것"(마13:40-41)입니다. 왜 하나님의 자녀들이라면서 그들의 사랑이 말라버리는 것일까요? 그와 같은 일에 대하여 주님은 이렇게 말씀하셨습니다.

"거짓 예언자들이 많이 일어나서 많은 사람을 홀릴 것이다. 그리고 불법이 성하여, 많은 사람의 사랑이 식을 것이다."(마24:11-12; 새 번역 성경) 하고 말입니다.

이러함으로 예수 그리스도의 종이며 야고보의 동생인 사도 유다도, 아담의 7대손 에녹의 예언을 빌어 와 전하기를 "주님께서 거룩한 천사들을 무수히 거느리고 오셔서 모든 사람을 심판하실 때에(마 13:41-42, 49-50) 모든 불경건한 자들이 저지른 **'불경건한 행위와 불경건한 죄인들'**이 **'주님께 대하여 함부로 지껄인 무례한 말'**(마12:36-37; 내가 너희에게 말한다. 사람은 '함부로 지껄인 터무니없는 모든 말'에 대해서 **'심판 날'**에 낱낱이 해명을 해야 한다. 네가 한 말에 따라서 네가 무죄가 되기도 하고 유죄가 되기도 할 것이다. 말씀과 같이)을 남김없이 다스려 그들을 **'단죄'**하실 것입니다."(유1:14-15; 공동번역, 현대인의 성경) 하셨습니다.

그러므로 여러분들은 잘 보십시오. 위에서 **"그리스도 안에서 사는**

방법"(요15:10; "'내가 **아버지 계명**을 지키고 **그분의 사랑 안**에 있는 것 같이,' '너희
도 **내 계명**을 지키면 **내 사랑 안**에서 살게 될 것이다." 요15:12; "'내가 너희를 사랑
한 것처럼,' '너희도 서로 사랑하라.' **'이것이 나의 계명이다.'**")에 대하여 지금까
지 열거하여 말씀을 드렸습니다.

그러나 만일 여러분들이 정말로 "누구든지 내 안에 머물러 있지 않
으면 가지처럼 밖에 버려져 말라 버린다."(요15:6)라고 하신 말씀 중
에서 "누구든지 내 안에 머물러 있지 않으면" 다시 말해서 "누구든지
내 사랑 안에서 머물러 있지 않으면" 밖에 버려져 말라 버린다. 하셨
습니다. 그와 같이 "그리스도의 사랑 안에서 머물러 있는 방법"으로
써 "내가 너희를 사랑한 것처럼, 너희도 서로 사랑하라." 하셨습니다.
그러므로 지금에 이르기까지 주님께서 제자들에게 가르쳐 주신 대
로 "하나님의 아들 예수 그리스도의 이름을 믿고"(요일3:23) "형제끼리
서로 사랑하지 않는다면," **주님께서 지금까지 말씀하신 말씀에 대한
어떤 말씀을 거역하게 되는지를** 여러분 모두에게 다시 한번 총정리
하여 확실하게 보여 드리겠습니다.

첫 번째 말씀을 드리겠습니다. 주님은 제자들에게 이렇게 말씀하
셨습니다. "이제 나는 너희에게 '새 계명'을 준다. **'서로 사랑하여라.'**
'내가 너희를 사랑한 것처럼, 너희도 서로 사랑하여라.'"(요13:34) 하셨
습니다. 말씀이 이러한데 우리가 주님께서 말씀하신 말씀의 반대 방
향으로 행하여 "형제끼리 서로 사랑하지 않는다면" "주님의 새 계명
에 대한 그리스도의 말씀을 거역하는 것"(요13:34)이 되는 것입니다.

두 번째로 "친구를 위해 목숨을 버린다면 이보다 더 큰 사랑은 없다. '내가 명령하는 것'을 너희가 실천하면 너희는 바로 '내 친구이다.'"(요15:13) 하셨고 "서로 사랑하여라. '내가 명령하는 것'이 바로 이것이다."(요15:17) 하셨습니다. 말씀이 이러한데 우리가 주님께서 명령하신 방향으로 행하지 아니하고, 불순종하여 "형제끼리 서로 사랑하지 않는다면" "주님의 친구가 될 수 있는 말씀에 대한 주님의 명령을 거역하는 것"(요15:17)이 됩니다.

세 번째로 "내가 '아버지의 계명'을 지키고 그분의 사랑 안에 있는 것 같이 너희도 '내 계명'을 지키면 내 사랑 안에서 살 것이다."(요15:10) 하셨고 "내가 너희를 사랑한 것처럼 너희도 서로 사랑하여라. 이것이 '나의 계명'이다."(요15:12) 하셨습니다. 말씀이 이러한데 우리가 주님께서 위와 같이 말씀하신 말씀의 방향으로 행하지 아니하고, 불순종하여 "형제끼리 서로 사랑하지 않는다면" "그리스도의 사랑 안에서 머물러 있게 되는 그리스도의 계명(요15:10) 곧 하나님의 계명을 거역하는 것"(요일3:23)이 되는 것입니다.

그것은 왜냐하면 "내 계명을 간직하여 지키는 사람은 나를 사랑하는 사람이다."(요14:21) 말씀하심과 같이 주님의 계명을 지키는 사람은 주님을 사랑하는 사람이기 때문입니다. 그러나 앞의 말씀과 "반대로" "나를 사랑하지 않는 사람'은 내 말을 지키지 않는다."(요14:24) 하셨습니다. 그렇습니다. 주님을 사랑하지 않는 사람은 주님의 말씀을 지키지 않는 것입니다. 이렇게 주님의 계명을 지키지 않는 사람은

"내가 너희를 사랑한 것처럼 너희도 서로 사랑하라." 하고 주님께서 말씀하신 그리스도의 계명 곧 하나님께서 그리스도를 통해 말씀하신 (요14:24; "너희 듣는 말은 내 말이 아니라 나를 보내신 아버지의 말이니라.") 하나님의 계명(요일3:23)을 거역하는 것이 되는 것입니다.

위와 같이 만일 여러분이 정말로, 형제끼리 서로 사랑하라는 그리스도의 계명을 지키지 않는다면, 그리스도의 계명 곧 하나님의 계명을 완전히 거역하는 것이 되는 것입니다. 이처럼 여러분이 그리스도의 계명을 지키지 않는다면, "내가 너희를 사랑한 것처럼 너희도 서로 사랑하라" 하고 주님께서 명령하신 말씀에 불순종하여 "형제끼리 사랑하지 못함으로써," "그리스도의 사랑 안에 거하지 못하는 사람"이 되는 것입니다. 그리하여 "그리스도에게서 떨어져 나감으로써" 가지처럼 사랑이 메말라 "참 포도나무에서 가지가 잘려나가게 되는 사람"(요15:2; "내게 붙어 있으면서도 열매를 맺지 못하는 가지는, 아버지께서 다 잘라 버리시고" 예; 살아 있는 나무에서, 간혹가다가 가지가 마른 가지가 되어, 땅에 떨어져 있는 것을 보셨을 것입니다. 그와 같이 아버지께서 잘라 버리시는 것)이 되는 것입니다.

네 번째로 "너희가 열매를 맺어 '내 제자라는 것'을 보여 주면 내 아버지께서 영광을 받으신다."(요15:8) 하고 말씀하셨습니다. 그리고 주님께서는 우리가 "주님의 제자라는 것을 보여 주는 방법"에 대하여는 이렇게 말씀하셨습니다.

"서로 사랑하여라. 내가 너희를 사랑한 것처럼, 너희도 서로 사랑하여라. 너희가 서로 사랑하면 모든 사람이 그것을 보고 '너희가 내 제자라는 것을 알게 될 것'이다."(요13:34-35) 하셨습니다. 이렇게 "그리스도인들이 서로 사랑함으로써" "모든 사람이 그것을 보고" "우리가 주님의 제자라는 것을 아는 것"입니다. 그러한 우리를 우러러보고 그들이 하나님께 영광을 돌리게 됨으로써 하나님께서 영광을 받게 되시게 되는 것입니다. 그런데 우리가 주님께서 위와 같이 말씀하신 말씀에 순종하지 아니하고 불순종하여 "형제끼리 서로 사랑하지 않는다면" 우리는 주님께서 주님의 제자들에게 말씀하신 "그리스도의 제자라는 것을 보여 주는 방법에 대한 말씀을 거역하는 것"이 되는 것입니다.

다섯 번째로는 **"나를 사랑하는 사람은 내 말을 지킬 것이다.'** 그리고 내 아버지께서도 그를 사랑하실 것이며 아버지와 내가 그에게 가서 그와 함께 살 것이다. 그러나 **나를 사랑하지 않는 사람은 내 말을 지키지 않는다.'** '너희 듣는 말'은 '내 말이 아니라 나를 보내신 아버지의 말이다.'"(요14:24) 하고 이렇게 주님께서는 여태껏 "내가 너희에게 말하는 것'은 **'내 마음대로 하는 말이 아니라 내 안에 계시는 아버지께서 몸소 하시는 것이다.'"**(요14:10; 현대인의 성경, 공동번역) 하셨습니다.

그러므로 말씀과 같이 그리스도 안에서 하나님 아버지께서 분부하신 그대로 그분의 말씀을 전하신 그리스도의 새 계명, 그리스도의 명령, 하나님의 계명, 주님의 제자도 등등을 "서로 사랑하지 않음으로써," 지키지 않는다면 어떻게 되겠습니까?

만일 위와 같이 말씀을 전하신 하나님의 말씀에 불순종한다면, 주님께서 지금까지 하나님 아버지의 뜻을 실천하고, 그분의 일을 완성하라고 보내신 그대로, 아버지를 대신하여 전하신 "하나님 아버지의 모든 말씀과 하나님의 계명 그리고 그리스도의 모든 말씀을 하나도 남김없이 **'우리는 다 거역하는 것'**"이 되는 것입니다. 이렇게 하나님의 말씀에 불순종하기 때문에 산 돌에 걸려 넘어지는 것이며, 또한 그와 같이 넘어지는 것이 하나님의 말씀에 불순종하는 자들의 운명이 되는 것(벧전2:8)입니다.

그것은 왜냐하면 "나를 미워하는 자의 죄를 갚되 그 자손의 삼사 대까지 저주를 내리겠다."(출20:5) 말씀하셨으며 "주께서 자기 백성을 심판하실 것이다."(히10:30) 하고 하나님 여호와께서 말씀하셨기 때문입니다.

그리고 "저주를 받은 자들아, 나를 떠나 마귀와 그의 사자들을 위하여 준비된 영원한 불에 들어가라."(마25:41) 하고 이렇게 주님께서 자기 백성을 심판하여, 그리스도에게서 떠나 마귀와 그의 사자들을 위하여 준비된 영원한 불에 들어가라고 하신다고, 재판장이신 그리스도께서 말씀하셨기 때문입니다. 말씀이 이러하니 우리는 하나님의 말씀에 불순종하지 맙시다.

성령님의 도움 없이는
"아무도" 예수님을 "주님"이라고

그리고 여러분은 예수님을 주님이라고 부르고 있기 때문입니다. "예수님을 주님"이라고 부르는 사람들은 "성령님이 자신 안에 계신다는 것"(고전12:3; "성령의 인도를 받지 않고서는 아무도 "예수는 주님이시다." 하고 고백할 수 없습니다라는 말씀과 같이)입니다. 그리고 이렇게도 말씀하셨습니다.

"여러분은 다시 두려워해야 할 종의 영을 받은 것이 아니라 하나님의 아들이 되게 하는 성령을 받았습니다. 그래서 **'우리는 성령님을 통해 하나님**'을 **'나의 아버지!'**라고 부릅니다."(롬8:15) 하셨습니다. 그리고 또 "여러분이 아들이기 때문에 **하나님은 성령을 우리 마음 가운데 보내셔서' '나의 아버지'**라고 부르게 하셨습니다."(갈4:6)

이렇게 여러분이 "예수님"을 "주님"이라고 부르는 것과 "하나님"을

"나의 아버지"라고 부르는 것은, **"자신이 그렇게 부르고 싶어서 부르게 되는 것이 아니라,"** 하나님께서 성령을 우리 마음 가운데 보내셔서, 성령님을 통해 "예수님"을 "주님"이라고 부르게 된 것이며, "하나님"을 "나의 아버지"라고 부르게 된 것입니다. 이렇게 예수님을 "주님"이라고 부르고 하나님을 "나의 아버지"라고 부르게 하신 것을 여러분은 "보통 은혜"라고 생각하십니까? 아니면 "특별한 은혜"라고 생각하십니까? 그렇습니다.

모든 그리스도인에게 주시는 하나님 아버지의 **특별한 은혜**인 것입니다. 이렇게 여러분이 하나님의 자녀이기 때문에, 하나님은 성령을 우리 마음 가운데 보내셔서, "예수님"을 **주님**이라고 부르게 하셨다는 말씀입니다. 그리고 하나님을 **나의 아버지**라고 부르게 하셨다는 말씀이 그리스도의 말씀입니다.

그렇다면 여러분은 하늘나라의 시민으로서 성령님의 통치하심에 완전히 순종해야만 하는 것입니다. 그러나 만일 여러분이 하늘나라의 시민으로서 성령님의 통치하심에 따르지 않고, 그분의 통치하심에 불순종한다면, 그렇게 특별한 은혜를 받은 여러분이, 여러분 안에 계신 성령님을, 여러분이 스스로 "모욕하는 최악의 악독한 행위"를 저지르게 되는 것입니다. 그래서 성경에 이렇게 말씀하시지 않았습니까?

"너희가 **'육신대로 살면'** 반드시 죽을 것이로되 **'영으로서 몸의 행실을 죽이면'** 살리니"(롬8:13) 하고 말입니다. 현대인의 성경은 같은 구절을 이렇게 해석합니다.

"만일 여러분이 **'육신을 따라 살면'** 죽을 것이지만 **'성령님을 통해 육적인 악한 행위를 죽이면'** 살 것입니다."(롬8:13)라고 말입니다.

그렇게 성령님을 멸시하는 악한 행동들이, 바로 자기 안에서 활동하시는 성령님의 활동을, 자신이 마음대로 제한하는 악한 행위가 됨으로써, "성령을 훼방하게 되는 그와 같은 성령 훼방 죄에 해당하는 일이 되는 것"입니다. 그러기에, 마태복음 25장에서처럼 이 세상에서도 그리고 오는 세상에서도 하나님 아버지의 용서하심을 받지 못하고, 심판을 받아 영원한 불에 들어가게 되는 것입니다. 그러므로 여러분은 마태복음 25장 그리스도의 최후 심판에 대한 말씀을 잘 보십시오.

말씀이 이러하기에 마태복음 25장에 그리스도 최후의 심판에서도, 재판장 왼쪽에 있는 자들이 주여, 주여, 하는 자들과 마찬가지로, "예수님을 보고 주님, 주님,"하고 부른다고 말씀하시지 않았습니까?

"주님,' 언제 우리가 **'주님'**이 굶주리신 것이나, 목마르신 것이나, 나그네 되신 것이나, 헐벗으신 것이나, 병든 것이나, 옥에 갇히신 것을 보고 공양치 아니하더이까?"(마25:44) 하고 이렇게 말입니다. 이렇게 그들은 살아생전에, 그들 안에 성령님을 모시고 있었으면서도, "의로운 일이나 형제를 사랑하는 일'을 하지 않았던 것"(요일3:10)입니다.

"은혜를 저버린 사람"의 타락상 구도와 "은혜를 간직한 사람"의 구도

벧후1:9; "이런 것(벧후1:5-7)을 갖추지 못한 사람"은, "앞 못 보는 소경"이며, "자기의 옛 죄"가 "깨끗해진 것"을 "잊어버린 사람"입니다.

"자기의 옛 죄"가	"깨끗해진 것"을	"잊어버린 사람"입니다.

벧후2:22; "개"가 "토한 것"을 "다시 먹고," "돼지"가 "몸을 씻고"도 "다시 진탕에 뒹군다."

"개"가	(죄를) "토한 것"을	"다시 먹고," ("다시" "죄"로 돌아가고)
"돼지"가	(죄의) "몸을 씻고"	"다시 진탕에 뒹군다." ("다시" "죄"에 뒹군다)

마12:43-45; "악한 귀신"이 "내가 나온 집으로 되돌아가야겠다." 하고 돌아와서 보니, "그 집은 비어 있고, 말끔히 치워져서 잘 정돈되어 있었다." 그래서 그는 가서, "자기보다 '더 악한 귀신 일곱'을 데리고 와서 그 집에 들어가 거기에 자리를 잡고 살았다." 그래서 그 사람의 "나중 형편"이 "처음보다 더 비참하게 되었다."

"악한 귀신"이 "내가 나온 집으로 되돌아가야겠다." 하고 돌아와서 보니,

> 그 집은 비어 있고, 말끔히 치워져서 잘 정돈되어 있었다.
> (자기의 "옛 죄"가 깨끗해진 것)

> 그래서 그는 가서, "자기보다 '더 악한 귀신 일곱'을 데리고 와서 그 집에 들어가 거기에 자리를 잡고 살았다." (벧후2:19; "다시" "정복자의 종이 된 사람들")

이렇게 믿지 않는 "악한 마음을 품고" "자기 확신을 잃어서," "하나님의 은혜"를 "헛되이 받으며," "그분의 은혜"를 "저버리는 행위를 하는 '가라지'와 같은 사람들"이 있습니다.

히10:22; "우리가" 이미 마음에 "피 뿌림"을 받아 "악한 양심"이 "깨끗해졌고," 우리 "몸"도 맑은 물로 씻었으니, 이제부터는 "진실한 마음과 확고한 믿음"으로 "하나님께로 나아갑시다."

"우리"가	이미 마음에 "피 뿌림"을 받아 "악한 양심"이	"깨끗해졌고"

"우리" "몸"도 "맑은 물"(말씀)로 "씻었으니,"

이제부터는 "진실한 마음과 확고한 믿음"으로 "하나님께로 나아갑시다."

히9:13-14; "짐승의 '피'로도 그 '육체'를 깨끗하게 하고 거룩하게" 했는데, 하물며 "영원하신 성령님을 통해, '흠 없는 자기 자신'을 하나님께 드린 '그리스도'의 '피'가," "죽음에 이르게 하는 행위"에서," "어찌 여러분의 '양심을 깨끗하게' 하여 '살아계신 하나님'을 섬기게 하지 못하겠습니까?"

그와 같이 행동하는 것은 위의 타락상 구도처럼 바로 자신이 "성령님의 활동을 제한하고, 악한 것을 쫓아 죄의 종으로 다시 돌아가, 정복자의 종이 되어 행하는 최악의 죄를 짓게 되는 것"(벧후2:19)입니다. "그와 같은 행동은 자신을 구원하신 **성령님을 모욕하는 행위**'가 되는 것이며, **'하나님의 아들을 짓밟는 그런 최악의 악한 행위**'가 되는 것"(히10:26-29)입니다.

"성령님은 그런 사람에게서 떠나고, 대신에 옛 귀신이 자기보다 더 악한 일곱 귀신을 데리고 들어가 살게 되는 것"(마12:43-45, 눅11:24-26)입니다. "개가 자기가 토한 것을 다시 먹는 것"(벧후:22)입니다. "돼지가 씻었다가 다시 진창에 뒹구는 것이 되는 것"(벧후2:22)입니다.

그와 같은 사람들은 그리스도 안에 살지 않고 그리스도에게서 떠나, 계속 자기 배를 위하여 더러운 이익을 취하며, 그와 같이 죄짓는 일상생활을 하며 사는 것입니다. 그런 생활을 계속 반복적으로 하여 짓는 죄들이, "은혜의 성령님을 모욕하는 행위" 곧 "성령 훼방 죄"(성령을 욕되게 하는 행위)에 속하기 때문에, 이 세상에서도 오는 세상에서도 용서받지 못하는 것(마12:32)입니다. 그래서 주님께서는 마태복음 25장에 "그러한 거짓 형제들을 재판장 왼쪽에 세워 놓고 심판을 하실 것"이라고 말씀하셨고, "그들에게 **나**(주님을)**를 떠나**' 마귀와 그 사자들을 위하여 준비한 영원한 불에 들어가라고"(마25:41) 그와 같이 명령하신다고 말씀하셨습니다.

그러므로 여러분들은 그런 거짓 형제들의 죄목들을 보십시오.

어떤 형제들이든지 서로 사랑하지 않으면, 보거나 듣고도 무심코 지나칠 만한 것들입니다. 그들이 짓는 죄들이 악독하여 무슨 살인한 죄라든가 무슨 주권을 멸시한 죄라든가 무슨 우상을 숭배한 죄라든가 하는 등 실제로 그렇게 행하는 그러한 죄들이 아니라, 여러분들이 보거나 듣거나 하는 데에서 오는 것으로서, 여러분 마음과 감정에 호소하는 것들이라는 것입니다.

그러므로 여러분은 그리스도의 말씀을 들어 보시겠습니다.

"내가 주릴 때에 너희가 먹을 것을 주지 아니하였고, 목마를 때에 마시게 하지 아니하였고, 나그네 되었을 때 영접하지 아니하였고, 헐 벗었을 때 옷 입히지 아니하였고, 병들었을 때와 옥에 갇혔을 때 돌아 보지 아니하였느니라."(마25:42-43) 하셨습니다. 이것을 죄목으로 나열 하면 "내가 주릴 때 먹을 것을 주지 않은 죄," "내가 목마를 때에 마시 게 하지 않은 죄," "내가 나그네 되었을 때 영접하지 아니한 죄," "내가 헐벗었을 때 옷 입히지 않은 죄," "내가 병들었을 때와 옥에 갇혔을 때 돌아보지 아니한 죄" 등입니다.

그런데 여러분, 이러한 죄들로 인하여 심판을 받아, 유황이 영원히 타는 불에 들어가라고 하는 심판을 받는다는 것이, 어째 좀 어딘가 모 르게 낯 설어 보이지는 않나요? 살인죄와 같이 죄가 죄 같아 보여야 하는데, 누가 보더라도 죄인데도 죄같이 생각하지 않아서 말입니다.

교회가 크면 클수록 이러한 일들은 늘 있어 온 일들이 아니었나요? 알고도 지나치고 모르고서도 지나치는 일들이 일상적인 생활 가운데

늘 있어 온 일이지 않았나요? 그런데요, 여러분, 그것이 사탄이 교묘하게 파놓은 함정이라는 것입니다. 그것을 모르기 때문에 누구나 쉽게 그런 죄 속에 빠지게 되는 것입니다.

그와 같이 짓는 죄가 죄 같아 보이지 않고, 죄인데도 죄같이 생각하지 않기 때문에, 많은 사람이 거기에 쉽게 빠져들도록 마귀가 그렇게 파놓은 것입니다. 그렇게 "하나님의 계명을 지키지 못하도록 하는 것"입니다. 그 함정에 오늘날 교회가 그곳에 이르러 미끄러지듯이 빠져들어 가고 있는 것입니다.

마귀는 하나님의 말씀을 하와보다도 더 잘 알고 있었습니다. 그러기에 에덴동산 중앙에 있는 선악과는 하와가 손만 뻗으면 언제든지 따서 먹을 수 있기에, 마귀는 하와가 죄를 지을 수 있는 가장 쉬운 방법을, 하와가 택할 수 있도록 유혹한 것입니다.

"네(아담, 네가)가 동산에 있는 과일을 마음대로 먹을 수 있으나 단 한 가지 선악을 알게 하는 과일만은 먹지 말아라. 그것을 먹으면 네(아담, 네가)가 반드시 죽을 것이다."(창2:16-17) 하고 아담에게 명령하신 하나님의 계명을 어기도록 말입니다. 그러므로 뱀이 하와를 유혹하는 것을 보십시오.

뱀은 하와에게 이렇게 말했습니다.

"하나님이 너희에게 그렇게 말씀하신 것은, 너희가 '그것을 먹으면,' 눈이 밝아져서 하나님과 같이 되어, 선악을 분별하게 될 것을 하나님이 아셨기 때문이다."(창3:5) 하고 말입니다.

그렇게 하와와 같이 오늘날 사람들도 하나님의 계명을 어기도록 하는 것입니다. 그래서 하와처럼 가장 쉽게 범할 수 있는 죄가, **"형제 간에 서로 무관심한 사람이 되어, 성경의 핵심이 되는 크고 첫째 되는 계명과 그와 같은 둘째 되는 하나님의 계명을 어겨 죄를 짓도록 하는 것"**입니다.

그와 같이 "하와가 뱀의 간사한 거짓말에 속아 넘어가 선악을 알게 하는 과일을 쉽게 따서 먹은 것(고후11:3)처럼, 오늘날 사람들도 사탄의 일꾼들의 간사한 거짓말에 속아 넘어가, 하나님의 계명을 쉽게 어기도록 하는 그런 다른 예수, 다른 영, 다른 복음들(고후11:4)을 택하게 하는 것"입니다. 그렇게 그리스도인들의 마음을 부패하게 하여, 그리스도에 대한 진실과 순결을 저버리게 하는 것(고후11:2)입니다. 그와 같이하여 적당한 관계만 유지하도록 하면서 말입니다.

그렇게 마음이 부패해짐으로써 서로 사랑하는 것도, 세상 이웃을 사랑하는 것이나 별반 다름없이 적당하게 하는 것입니다. 최소한 자기의 손실을 막고, 최대한 자신의 이익은 도모하면서 말입니다. 그래서 자기만 잘 먹고 잘살고 건강하게 살게 해달라는 그런 무병장수를 기대하는 기복신앙이 만연한 것입니다.

이렇게 빛을 받은 후에 그리스도 안에서 살지 않고, 사탄에게 마음을 빼앗겨 다시 자신을 사탄에게 바쳐서 죄의 생활을 하는 것입니다. 그렇게 그리스도 안에서 살지 않는 생활이, 무서운 죄가 되는데도, 많은 교인은 그런 생활이, 왜 죄가 되는 줄도 모르고 있는 것입니다.

이러하기에 가난한 형제가 고통에 시달릴 것을 알면서도, 가난한 형제 앞을 무심히 지나가는 것입니다. 굶주린 형제, 목마른 형제, 나그네가 된 형제, 헐벗은 형제, 병든 형제, 옥에 갇힌 형제 앞을 아무렇지도 않게 마태복음 25장에 거짓 형제들처럼 그렇게 지나쳐 가는 것입니다. 서로에게 오고 가는 그리스도의 사랑이 필요한데도, 그렇게 하지 않고, 오히려 그 사랑을 세상 이웃에게 하는 것입니다. 그렇게 그리스도인들이 "하나님의 의를 세우려고 일하는 것"이 아니라, "자기 의를 세우려고 힘써서 하나님의 의에 복종하지 않는 것"(롬10:3)입니다.

예수님께서는 이렇게 말씀하셨는데 말입니다.

"그러면 임금은 '똑똑히 들어라. 여기 있는 형제들 가운데서, 가장 보잘것없는 사람 하나에게 해 주지 않는 것이, 곧 나에게 해 주지 않는 것이다.' 하고 말할 것이다."(마25:45; 공동번역) 이렇게 말입니다. 그렇게 하나님의 의를 실천하지 않음으로써, 그와 같이하여 서로 사랑하지 않는 사람들이 자신들이 받을 그리스도의 심판을 스스로 불러드리고 있는 것입니다.

말로는 자신들은 다 의롭다고 하지만, 의롭게 사는 사람은 많지 않은 것입니다.

하나님의 의는 이렇게 "하나님이 의로우신 분이라는 것을 안다면 의롭게 사는 사람들이 모두 하나님의 자녀들이라는 것을 잊지 마십시오."(요일2:29; 현대인의 성경)라고 말씀하고 있는데도 말입니다.

그러므로 오늘날 위의 말씀에 비추어 보면 공동체 교회 안에서나 교회 밖에서나 형제들이 서로 자신의 친형제처럼 지내는 사람들이 얼마나 있을까요?

오늘날 여러분들이 보고 있는 그러한 모습이 오늘날의 교회의 모습인 것입니다.

그러므로 그와 같이 하나님의 계명을 지키지 않는 사람은 "하나님을 사랑하는 사람들"에 속할까요? 아니면 "하나님을 미워하는 사람들"에 속할까요?

주님께서는 "나를 사랑하는 사람은 내 말을 지킬 것이다."(요14:23) 하셨고 "나를 사랑하지 않는 사람은 내 말을 지키지 않는다."(요14:24) 하셨습니다. 그렇습니다.

"나를 사랑하지 않는 사람은 내 말을 지키지 않는다." 하셨으므로 말씀과 같이 이렇게 하나님의 말씀을 지키지 않는 사람은 "하나님을 사랑하지 않는 사람들"로서 "하나님을 미워하는 사람들"에 속하게 되는 것입니다.

그러므로 "하나님을 미워하는 사람들"이라는 것은 성경에서 "하나님을 사랑한다고 하면서 '형제를 미워하는 사람(형제를 사랑하지 않는 사람)은 거짓말쟁이입니다.'"(요일4:20) 하고 말씀하신 말씀과 서로 같은 말씀이기 때문에 하나님을 미워하는 사람들이란 하나님을 사랑하지 않는 사람들임을 우리는 알 수 있는 것입니다. 그리고 또한 **"미움"**은 마귀에게서 나오는 것이기 때문입니다.

그러므로 만일 그와 같이 하나님을 미워하는 사람(하나님을 사랑하지 않는 사람)에 속하게 되면 하나님께서는 하나님 자신을 미워하는 사람들에게 어떻게 하신다고 하셨을까요?

하나님께서는 이렇게 하신다고 위에서도 말씀을 드렸습니다.

"너는 그 앞에 절하며 그것들(출20:4; 공동번역; 어떤 것이든지 그 모양을 본 따 새긴 우상을)을 섬기지 못한다. 이는 나 여호와, 너희 하나님은 질투하는 하나님이다. **'나를 미워하는 자'**(나를 사랑하지 않는 자)의 **'죄'**를 갚되, **'아비의 죄를 그 후손 삼사 대까지 갚는다.'**"(출20:5) 하셨습니다.

여호와 하나님의 말씀이 그렇다면 하나님께서는 왜 이렇게 "하나님을 미워하는 자'에게는 '아비의 죄'를 '그 후손 삼사 대까지 갚는 것'" 일까요?

그것은 이러한 죄를 짓고 있기 때문입니다.

"그분을 거역하는 것'은 **'마술의 죄'**(새 번역 성경; 점을 치는 죄)와 같고, **'견고한 고집'**(견고한 고집; 나무위키; 자기의 의견을 바꾸거나 고치지 않고 굳게 버팀은)은 **'우상 숭배'**와 다를 바 없기 때문이오."(삼상15:23; 현대인의 성경)라고 하셨기 때문입니다.

그러므로 "나를 사랑하지 않는 사람은 내 말을 지키지 않는다."라는 그 말씀은, 하나님을 사랑하지 않음으로써 하나님의 계명을 지키지 않는 것이요, 그분의 말씀을 거역하는 것임을 말씀하신 것입니다.

그리고 "견고한 고집 때문에 회개하지 않는 것은," "우상 숭배와 다름없는 죄를 짓는 사람"이라는 말씀입니다. 그러하기에 그와 같은 죄를 짓는 사람들에게 하나님께서는 죄를 갚되 아비로부터 아들에게로 삼사 대에 이르기까지 저주를 내리시겠다고 하신 것입니다.

그래서 "하나님을 사랑하지 않는 사람"에 대하여 "'나를 미워하는 자'(나를 사랑하지 않는 자)의 '죄'를 갚되, '아비의 죄를 그 후손 삼사 대까지 갚는다.'"(출2:5-6) 하고 여호와 하나님께서는 그와 같이 "은혜를 저버리는 자들"에게 말씀하시고 있는 것입니다. 이렇게 "나를 사랑하지 않는 사람은 내 말을 지키지 않는다."(요14:24) 하고 하나님 여호와께서는 주님 안에서 손수 "같은 말씀으로 그와 같이 선포하신 것"입니다.

그러므로 하나님의 말씀에 순종하지 않는 사람들은 모두 하나님을 사랑하지 않는 하나님을 미워하는 자들에 속한 사람들이라는 말씀이 되는 것입니다.

그러나 그렇게 하나님의 말씀에 불순종하여 거역하는 사람들과는 반대로 "하나님을 사랑하고 그분의 계명을 지키는 사람"에게는 하나님 여호와께서 어떻게 하신다고 하셨을까요? 하나님을 사랑하고 그분의 계명을 지키는 사람에게는 하나님 여호와께서는 이렇게 하신다고 여러 번 말씀을 드렸습니다.

"그러나 **나를 사랑하고 내 계명을 지키는 사람**'에게는 '**그 후손 수천 대에 이르기까지 한결같은 사랑을 베푼다.**'"(출20:6; 현대인의 성경, 공동번역) 하셨습니다.

하나님께서는 이렇게 "**자기를 사랑하는 사람들**'에게 '**약속하신 나라를 그들이 소유하게 하시는 것**'"(약2:5; 현대인의 성경)입니다.

말씀이 이러하므로 여러분들은 "주님의 말씀을 거역하다"라는 단어를 너무 가볍게 생각해서는 안 되는 것입니다. 그렇게 그리스도의 말씀을 거역한다는 것은, 바로 하나님의 말씀을 지키지 않고 거역한다는 것이 되기 때문입니다.

그와 같은 말씀에 대하여는 주님께서 **"너희가 듣는 말은 내 말이 아니라 나를 보내신 아버지의 말씀이다."**(요14:24; 현대인의 성경) 하고 이렇게 너희가 듣는 말은 내 말이 아니라 아버지의 말씀이라고 주님은 분명하게 제자들에게 말씀하셨기 때문입니다. 그러므로 주님께서 전하신 계명과 모든 말씀은 주님 자신의 말씀이 아니라 주님의 아버지께서 분부하신 그리스도의 아버지의 말씀이신 것(요12:50)입니다.

그러므로 "그리스도의 말씀을 거역한다는 것"은 바로 "하나님의 말씀을 거역하는 것"이 되는 것이며 "하나님의 말씀을 거역한다는 것"은 곧 아버지의 말씀인 "진리를 거역하는 것"이 되는 것입니다.

그것은 왜냐하면 주님께서는 제자들을 위해 기도하실 때에, **"그들을 진리로 거룩하게 하소서. 아버지의 말씀은 진리입니다."**(요17:17)라고 기도하셨기 때문입니다. 그러므로 "그리스도의 말씀을 거역한다는 것"은 바로 아버지의 말씀이신 "진리를 거역하는 것"이 되는 것입니다.

그리고 또한 "그리스도의 말씀을 거역한다는 것"은 바로 "성령님을 거역하는 것"이 되는 것입니다. 그것은 왜냐하면, 주님께서는 제자들에게 성령님을 보내 주실 것을 약속하시고 그들에게 말씀하시기를

"그분은 곧 진리의 성령이시다."(요14:17) 하고 이렇게 말씀하셨기 때문입니다. 그리고 주님의 제자 사도 요한을 통해서는 주님은 **"성령님 자신이 진리이시기 때문입니다."**(요일5:7)라고 이렇게도 말씀하셨기 때문입니다.

그러므로 "그리스도의 말씀을 거역한다는 것"에 대하여 지금까지 여러분에게 드린 말씀을 정리해 본다면 이런 말씀의 결과가 나오는 것입니다.

우리가 만일 "내가 너희를 사랑한 것처럼, 너희도 서로 사랑하여라." 하고 주님께서 명령하신 말씀을 지키지 않는다면, 다시 말해서 "예수님이 우리를 사랑하신 것처럼, 서로 사랑하지 않는다면," **하나님의 말씀을 거역하는 것이 되는 것**"이고, "아버지의 말씀은 진리입니다." 말씀하셨음으로 **진리를 거역하는 것이 되는 것**"이며, "그분은 곧 진리의 성령이시다." 말씀하셨음으로 **진리의 성령님을 거역하는 것이 되는 것**"이고, 마찬가지로 "성령님 자신이 진리이시기 때문입니다." 말씀하셨음으로 최종적으로는 **성령님을 거역하는 것이 되는 것**"입니다.

하나님의 말씀이 이러한데도 여러분은 "형제 사랑하는 일"을 등한히 여기시겠습니까?

그러므로 사랑하는 형제 여러분, 우리는 "형제 사랑하는 일"을 등한히 여겨서는 안 되는 것입니다. 그와 같이 행동하는 것은 사탄이 기뻐서 날뛰게 하는 행동이 되는 것입니다.

그런고로 이제부터라도 여러분은 형제를 행동으로 진실하게 서로 사랑하십시오. 그와 같이 행동으로 진실로 서로 사랑하여 사탄의 기쁨을 차단하십시오.

그리고 여러분이 알아야 할 것은 형제를 영접하는 것이, 주님을 영접하는 것이며 주님을 영접하는 것이, 곧 하나님을 영접하는 것이라는 말씀입니다. 그러므로 여러분은 하나님의 아들을 믿는 형제들을 사랑하십시오. 그런 사람이 바로 하나님을 사랑하는 사람(요일5:1-3)입니다.

여호와 하나님은 이렇게 **"자기를 사랑하는 사람들'**에게 약속해 주신 영광의 그 나라를 차지하게 해 주시는 것"(약2:5)입니다. 그러므로 세상 이웃을 자신의 몸처럼 사랑하라는 말에 더는 속지 말고, 이제부터는 형제끼리 먼저 서로 사랑하십시오. 그와 같이 서로 사랑하라고 명령하신 그리스도의 명령(요15:17)대로 생활하는 것이 바로 **"그리스도 안에서 사는 법"**입니다.

그런 후에 세상에 나가 모든 민족을 제자로 삼아 아버지와 아들과 성령의 이름으로 세례를 주고 주님께서 우리에게 명령한 모든 것(출20:6; 하나님의 계명, 요13:34-35; 새 계명 등등)을 가르쳐 지키게 해야만 하는 것입니다. 그런 사람들이 정상적인 그리스도인인 것이요, 그리스도의 제자요, 형제들로서 열매 맺는 참 포도나무의 가지인 것입니다. 그렇게 사랑으로 온 세상을 정복하기를 원하시는 것입니다. 그러한 자녀들을 낳아 번성하여 온 세상을 가득 채우기를 원하시는 것입니다. 온 세상 사람들의 비유로서 바다의 고기와 공중의 새와 육지의 모든 생물을 성령님께서 지배하시기를 원하시는 것입니다.

그러나 그리스도 안에서 살지도 않으면서 세상에 나가 선교한다는 것은, 자신들보다 더 악한 지옥 자식(마23:15)을 대거 만들어 내는 일을 하는 것입니다.

그러므로 여러분은 서로 사랑함으로 그리스도의 사랑 안에서 사십시오. 그렇게 그리스도 안에 살면서 세상에 나가 선교하십시오. 그러면 세상이 그리스도인들로 말미암아 생육하고 번성하여 땅에 충만하게 되고 땅(심령 땅)이 정복되어 온 세상이 변화됨으로써 그리스도의 나라가 모든 사람에게 임하게 되는 것입니다. 그러므로 위와 같이 하여 여러분의 피땀 흘린 선교로 열매를 맺는다면, 여러분의 영혼의 목자이시며 감독 되신 이에게로 돌아온 그들을 통해, 하나님 아버지께서 영광을 받으실 것입니다.

그리스도 안에서 사는 여러분 모두에게 하나님의 사랑과 그리스도의 은혜와 성령님의 교통하심이 항상 함께하시기를 우리 주 예수 그리스도의 이름으로 기도합니다. 아멘.

하나님을 아는 사람,
하나님을 모르는 사람

오늘날 많은 교인이 하나님을 사랑한다고 하면서 하나님을 사랑할
줄을 모르는 사람들이 있습니다. 주님은 사도 요한을 통해서 이렇게
말씀하셨는데 말입니다.

　"예수께서 그리스도이심을 믿는 사람은 누구나 하나님의 자녀입
니다. 하나님 아버지를 사랑하는 사람은 누구나 그분의 자녀들도 사
랑합니다. 우리가 **'하나님을 사랑하고 또 하나님의 계명을 지키면'**(출
20:6; '나를 사랑하고 내 계명을 지키는 자'에게는 천 대까지 은혜를 베푸느니라) 우
리가 하나님의 자녀들을 사랑하고 있다는 것을 알 수 있습니다. **'하나
님의 계명을 지키는 것이, 곧 하나님을 사랑하는 일입니다.'"**(요일5:1-
3) 하고 말입니다. 또 이렇게도 말씀하셨습니다.

　"하나님을 사랑한다고 하면서 자기의 형제를 미워하는 사람은 **'거**

짓말쟁이입니다.' 눈에 보이는 형제를 사랑하지 않는 자가 어떻게 보이지 않는 하나님을 사랑할 수 있겠습니까? **'하나님을 사랑하는 사람은 자기 형제도 사랑해야 한다는 이 계명'**(요15:12)을 **'우리는 그리스도에게서 받았습니다.'"**(요일4:20-21; 공동번역) 하고 말입니다.

이렇게 눈에 보이는 형제를 사랑하는 것이 곧 하나님을 사랑하는 일인 것입니다. 그리고 눈에 보이는 형제를 사랑하는 것이 곧 하나님의 계명을 지키는 일인 것입니다. 그러므로 주님은 사도 요한을 통해서 이렇게 "하나님의 계명을 지키는 것이, 곧 하나님을 사랑하는 일입니다."(요일5:3) 하고 말씀하시지 않았습니까?

그러므로 만일 하나님을 사랑한다고 하면서 눈에 보이는 형제를 사랑하지 않는 사람은 "거짓말쟁이"이며 "하나님을 모르는 사람"이 맞는 것입니다.

말씀이 이러함으로 여러분은 잘 보십시오. 주님께서도 "하나님이 자기들의 아버지라고 부르는 유대인들"에게 아래와 같이 대답하시지 않았습니까?

"나를 영광스럽게 하시는 분은 바로 '너희가 너희 하나님이라고 부르는 내 아버지이시다.' '너희는 그분을 모르지만' '나는 알고 있다.' 만일 **'내가 그분**(하나님)**을 모른다고 하면' '나도 너희처럼 거짓말쟁이가 되고 말 것'**이다."(요8:54; 현대인의 성경)라고 말입니다. 그렇습니다.

만일 주님도 하나님을 모른다고 하면 율법 학자들과 바리새파 사람들처럼 거짓말쟁이가 되는 것입니다. 그 말씀은 말보다도 행동으로 부인하는 것을 말씀하시는 것입니다.

그러므로 여러분은 보십시오. 위와 같은 말씀을 주님은 사도 요한을 통해서 이렇게도 말씀하셨습니다.

"사랑하는 여러분 우리는 서로 사랑합시다. 사랑은 하나님에게서 왔습니다. '사랑하는 사람은 하나님에게서 나서 하나님을 알지만' **사랑하지 않는 사람은 하나님을 모릅니다.'"**(요일4:7-8; 현대인의 성경, 공동번역)라고 말입니다.

이렇게 "형제를 사랑하지 않는 사람"은 "하나님을 믿지 않는 사람"이며 "거짓말쟁이"이고 "하나님을 모르는 사람"이며 "예수님이 그리스도라는 것을, 부인하는 사람"이 되는 것입니다.

그와 같은 사람들은 사도들을 통한 주님의 말씀과 같이 "입으로는 하나님을 안다고 하지만 행위로 부인하는 자들"(딛2:16)이며, "우리의 유일한 주인이신 **'예수 그리스도를 모른다고 딱 잡아떼는 사람'"**(유1:4; 현대인의 성경)인 것입니다.

개역 성경은 유다서의 같은 말씀을 이렇게 해석하고 있습니다.

"저희는 옛적부터 이 판결을 받기로 '미리 기록된 자'니 '경건치 아니하여' '우리 하나님의 은혜를 도리어 색욕 거리로 바꾸고' 홀로 하나이신 주재 곧 **'우리 주 예수 그리스도를 부인하는 자'**니라."(유1:4)라고 말입니다.

형제 사랑이 이렇게도 생명의 나라로 인도할 만큼 중요하건만, 형제 사랑을 소홀하게 보아 넘기는 사람들이 너무나도 많은 것입니다.

"나를 사랑하는 사람은 내 말을 지킬 것이다."(요14:23) 말씀하셨는데도 주님의 말씀을 지키지 않는 사람들이 많은 것입니다. 그렇게 하나님을 사랑하지 않는 사람들이 많은 것입니다. 그러므로 주님은 그와 같이 자기를 사랑하지 않는 사람에 대하여 이렇게 말씀하시지 않았습니까?

"나를 사랑하지 않는 사람은 내 말을 지키지 않는다."(요14:24)라고 말입니다. 결국은 오늘날과 같이 이렇게 주님의 말씀을 지키지 않는 사람들은 "주님을 사랑한다고 하는 그들의 말"은 "순 거짓말이라는 것"이 들통이 나는 것입니다. 그리고 주님은 이렇게도 말씀하셨습니다.

"너희가 듣는 말은 내 말이 아니라 나를 보내신 아버지의 말씀이니라."(요14:24; 현대인의 성경)라고 말입니다. 위와 같이 말씀하신 주님의 말씀대로라면, 하나님의 말씀에 순종하지 않는 사람들은, "하나님을 사랑한다는 그 말"도 "순 거짓말이라는 것이, 그대로 탄로 나는 것"입니다.

그렇다면 예수님 당시 제자들은 어떠했을까요?

주님은 이렇게 아버지께 기도하셨습니다. "그들은 아버지의 말씀에 순종하였습니다."(요17:6) 하고 말입니다. 그런데 지금 우리는 어떠한가요?

여러분은 지금 하나님의 말씀에 순종하고 있다고 생각하시나요? 아니면 불순종하고 있다고 생각하시나요?

하나님의 말씀이 이러한데도 불구하고, 수많은 성경 구절들을 인용하여, 그 구절들에다가 세상 이웃을 끼워 넣고, 하나님께서 그렇게 말씀하신 양, 가르치는 것입니다. 그렇게 하여 형제 사랑을 등한시하게 하여, 하나님의 말씀에 불순종하도록 가르치는 것입니다. 그렇게 우리를 온통 형제를 미워하는 거짓말쟁이로 만들고 있는 것입니다. 거짓은 진리에서 나오는 것이 아니건만(요일2:21) 그렇게 여러분을 사랑하지 않는 하나님을 모르는 거짓 목사들이, 신자들의 집들을 온통 무너뜨리고 있는 것입니다.

이렇게 하나님을 모르는 사람들이 많은 것입니다.

주님은 사랑하는 제자 사도 요한을 통해 이렇게 말씀하셨습니다.

"형제를 사랑하지 않는 사람은 하나님을 모릅니다."(요일4:8) 하고 말입니다.

그렇습니다. "형제를 사랑하지 않는 사람은 하나님을 모르는 사람"인 것입니다. "거짓말쟁이"인 것(요8:54)입니다. 그렇다면 왜 형제를 사랑하지 않는 사람은 하나님을 모르는 사람일까요?

그것은 "하나님은 사랑이시기 때문입니다."(요일4:8)

그렇습니다. 하나님은 사랑이시기 때문에, 하나님의 자녀라면 하나님을 닮아 하나님의 본성을 그가 지니고 있기 때문입니다. 다시 말씀을 드린다면 주님께서는 사도 베드로를 통해 "하나님의 본성을 나누어 받게 되었습니다."(벧후1:4; 공동번역) 하고 말씀하셨습니다. 말씀과 같이 하나님의 자녀라면 하나님의 본성을 나누어 받았기 때문입니다. 그분의 본성은 "믿음의 덕을, 덕에 지식을, 지식에 절제를, 절제에 인내를, 인내에 경건을, 경건에 형제 우애를, 형제 우애에 사랑을 더하십시오."(벧후 1:5-7; 개역 성경, 현대인의 성경) 하는 말씀입니다.

이런 것들을 갖춘 사람들이 "하나님의 아들을 아는 사람인 것"입니다. 그러므로 주님의 말씀을 보십시오. 주님은 사도 베드로를 통해 이렇게 말씀하시지 않았습니까?

"여러분이 '이런 것들을 풍성하게 갖추면' 여러분은 부지런히 **'주 예수 그리스도를 알려고 할 것'**이며, 마침내 **'그를 잘 알게 될 것입니다.'**"라고 말입니다. 이렇게 주님을 아는 사람은 하나님도 알게 되는 것입니다.

"만일 너희가 나를 알았다면 내 아버지도 알았을 것이다."(요 8:19)라는 말씀처럼 말입니다. 앞의 말씀과 같이 "예수님과 하나님을 아는 사람"이 주님을 사랑하게 되는 것입니다.

"너희 아버지가 정말 하나님이시라면 '너희가 나를 사랑했을 것이다.'"(요 8:42)라는 말씀처럼 말입니다. 이렇게 하나님의 성품을 갖춘 사람들이 "주님을 아는 사람"으로서 형제를 진실로 사랑하게 되는 것입니다. 이런 사람들이 "그리스도 안에서 사는 사람들인 것"입니다.

그러나 반대로 이런 것들을(하나님의 본성) 갖추지 못한 사람들은 "하나님의 아들을 모르는 사람인 것"입니다. 그 말씀에 관한 말씀도 보겠습니다.

"그러나 '이런 것을(하나님의 본성) 갖추지 못한 사람'은 '앞을 보지 못하는 소경'이며 **'자기의 옛 죄가 깨끗해진 것을 잊어버린 사람'**입니

다."(벧후1:9)

이렇게 "옛사람이 지은 죄(롬3:25; 과거의 모든 죄)가 깨끗해져서(롬3:26; 오늘날 그리스도로 말미암아 해결하심으로)" 자신이 구원받았다고 하는 사람들이 하나님의 성품을 갖추지 못한 것입니다. 이런 사람은 하나님의 은혜를 헛되이 받는 사람인 것입니다. 그래서 주님께서는 이런 사람들을 보고 "앞을 보지 못하는 소경"이라고 하시지 않았습니까?

그리고 "하나님의 백성들에게 '사람이 만든 법'을 마치 '하나님의 교훈인 것'처럼, 가르침으로서 '하나님을 헛되이 예배'하는 바리새인과 율법 학자들"에게 예수님께서 아래와 같이 말씀하시지 않았습니까?

"하늘에 계신 내 아버지께서 심지 않으신 나무는 모두 뽑아 버리실 것이다. 그러니 내버려 두어라. 그들은 눈먼 인도자들이다. 소경이 소경을 인도하면 둘 다 구덩이에 빠질 것이다."(마15:13-14)라고 말입니다. 이렇게 사람의 계명을 하나님의 말씀인 것처럼, 가르치는 이와 같은 사람들이, "주님을 아는 사람들"이겠습니까? 주님은 그런 율법 학자들과 바리새인들에게 이렇게 말씀하셨습니다.

"너희는 나를 알지 못하고 내 아버지도 모른다."(요8:19)라고 말입니다. 이런 사람들이 "거짓말쟁이"인 것(요8:55)입니다. 그런데도 그들은 하나님이 자신들의 아버지라고 주장합니다.

"우리는 사생아가 아니오. 우리 아버지는 하나님 한 분뿐이오."(요8:41; 현대인의 성경)라고 말입니다. 이와 같이 하나님을 알고 있다고 주장할 뿐 아니라, 하나님이 자신들의 아버지라고 주장하는 그와 같은 사람들은, 자신들도 하나님의 자녀라고 주장하는 것입니다. 그러면 그와 같이 주장하는 그들이 하나님의 자녀로서 하나님의 아들이신 주님을 사랑했을까요? 주님은 그와 같이 하나님이 자기들의 아버지라고 주장하는 사람들에게 이렇게 말씀하셨습니다.

"너희 아버지가 정말 하나님이시라면, 너희가 나를 사랑했을 것이다."(요8:42)라고 말입니다. 그런데 그들은 예수님을 사랑하지 않았을 뿐만 아니라 심지어는 죽이려고까지 하였습니다.

"너희가 내 말을 받아들이지 않기 때문에, 나를 죽이려고 한다."(요8:37) 그리고 또 "너희는 지금 하나님에게서 들은 진리를 말한 나를 죽이려고 하고 있다."(요8:40) 이렇게 말입니다. 이렇게 그들은 가인의 악한 길을 따르고 있었던 것(유1:11)입니다.

그러므로 여러분이 정말 하나님에게서 왔다면, "너희 아버지가 정말 하나님이시라면, 너희가 나를 사랑했을 것이다." 하고 말씀하신 주님의 말씀처럼, 하나님도 주님도 형제도 사랑할 것입니다. 말과 혀로만이 아니라 진실로 예수님처럼 서로 사랑했을 것입니다. 여러분들이 정말 하나님에게서 나온 우리 주 예수 그리스도의 형제들이라면 말입니다. 주님은 히브리서 기자를 통해 그리스도의 형제에 대하여 이렇게 말씀하셨습니다.

"거룩하게 하시는 분과 거룩하게 된 사람들이 모두 한 하나님에게서 나왔기 때문입니다. 그래서 예수님은 그들을 형제라고 부르는 것을 조금도 부끄러워하시지 않고 하나님께 '내가 내 형제들에게 주의 이름을 선포하고 군중 앞에 서서 주를 찬송하겠습니다.' 하셨습니다."(히2:11-12; 현대인의 성경) 하고 말입니다. 그러므로 서로 그리스도의 형제라고 하면서 형제를 사랑하지 않는다면, "형제를 사랑하지 않는 사람은 하나님을 모릅니다."(요일4:8; 현대인의 성경) 사도 요한을 통한 주님의 말씀처럼, 그런 사람은 하나님을 모른다는 주님의 말씀은, 백 번 천 번 지당하신 말씀인 것입니다.

"너희 아버지가 정말 너희 하나님이시라면, 너희가 나를 사랑했을 것이다. 이것은 내가 하나님에게서 나와 이곳에 있기 때문이다."(요 8:42)라는 말씀처럼, 정말 여러분들이 우리 주님의 아버지 하나님에게서 나온 사람들이라면, 주님도 형제도 사랑했을 것입니다. 그것은 주님의 형제들도 하나님에게서 나왔기 때문입니다. 그와 같이 "형제를 사랑하는 사람"은 "모두" "하나님에게서 나서" "하나님을 아는 사람"(요일4:7)이라고 말씀하고 있는 것입니다. 이렇게 말입니다.

"사랑하는 여러분 우리 서로 사랑합시다. 사랑은 하나님에게서 왔습니다. 사랑하는 사람은 모두 하나님에게서 나서 하나님을 알지만"(요일4:7) 하고 말씀하신 말씀처럼 말입니다.

이렇게 사랑을 부어 주신 분은 하나님 외(롬5:5; "하나님이 우리에게 주신 성령으로 그분의 사랑을 부어 주셨기 때문입니다.")에는 아무도 없습니다. 그것(사랑)을 부어 주실 수 있는 능력이 하나님에게서만 있으시기 때문입니다. 그리고 그것은 본래부터 "하나님이 사랑이시기 때문입니다."(요일4:8)

완전히 하나가 되게 하려는 것입니다

그러므로 여러분들이 서로 사랑한다면, 여러분은 "하나님을 아는 사람"이며, "하나님에게서 나온 사람들"이고, "하나님을 사랑하는 사람들"로서, "하나님의 뜻대로 부르심을 받은 사람들"인 것(롬8:28)입니다. 이렇게 우리가 서로 사랑하게 되는 것은, 처음부터 주님께서 제자들에게 서로 사랑하라고 명하셨기 때문입니다.

"내가 이제는 **'새로운 계명'**을 너희에게 준다. **'서로 사랑하여라.' '내가 너희를 사랑한 것처럼 너희도 서로 사랑하여라.'** 너희가 서로 사랑하면 모든 사람이 그것을 보고 너희가 내 제자라는 것을 알게 될 것이다."(요13:34-35; 현대인의 성경)라고 말입니다.

주님의 이 새 계명은 모든 그리스도인에게 명령하신 것으로서, 우리가 반드시 지켜야 할 **"사랑의 의무"**인 것입니다. 그래서 공동번역은 사랑의 의무에 대하여 이렇게 해석하여 말씀을 전하고 있는 것입니다.

"남에게 해야 할 의무를 다하십시오. 그러나 **'아무리 해도 다 할 수 없는 의무가 한 가지 있습니다. 그것은 사랑의 의무입니다.'** 남을 사랑하는 사람은 이미 율법을 완성했습니다."(롬13:8; 공동번역) 하고 말입니다. 이렇게 사랑의 의무는, "남을 사랑하는 사람은 이미 율법을 완성했습니다." 하고 말씀하고 있듯이, 우리가 서로 협력하여 꾸준히 사랑함으로, 모든 그리스도인이 하나가 되게 하는 일인 것입니다. 그래서 주님께서는 아버지께 기도하실 때, 이렇게 기도하시지 않았습니까?

"아버지와 내가 하나인 것(요10:26; '나와 아버지는 하나이다.')처럼 **'이 사람들도 하나가 되게 하여 주십시오.'**"(요17:11) 하고 말입니다. 그리고 제자들이 전파하는 기쁜 소식의 말씀을 듣고 주님을 믿는 사람들을 위해서도 이렇게 기도하시지 않았습니까?

"나는 그들뿐만 아니라 그들의 말을 듣고 나를 믿는 사람들을 위해서도 기도합니다. 아버지 아버지께서 내 안에 계시고 내가 아버지 안에 있는 것 같이 **'그들도 하나가 되어 우리 안에 있게 하소서.'** 그래서 아버지께서 나를 보내신 것을 세상이 믿게 하소서"(요17:20-21) 하고 말입니다. 그리고 또 그리스도인 모두가 완전히 하나가 되게 하는 일에 대하여 주님께서는 이렇게도 기도하시지 않았습니까?

"아버지께서 내게 주신 영광을 나도 그들에게 주었습니다. 그것은 아버지와 내가 하나인 것처럼 **'이 사람들도 하나가 되게 하려는 것'**입니다. '내가 이 사람들 안에 있고' '아버지께서 내 안에 계신 것'은 **'이 사람들을 완전히 하나가 되게 하려는 것입니다.'** 이것은 '세상으로 하여금 아버지께서 나를 보내셨다는 것을 알게 하려는 것'이며 또 '아버지께서 나를 사랑하신 것'처럼 '이 사람들도 사랑하셨다는 것을 세상이 알게 하려는 것'입니다."(요17:22-23; 현대인의 성경, 새 번역 성경) 하고 말입니다. 그렇습니다.

"하나님께서 예수님을 사랑하신 것처럼, **하나님이 우리도 사랑하셨다는 것**'을, 세상이 알게 하시려는 것"입니다. 이처럼 "그리스도 형제들이 서로 사랑함으로써, 모든 사람이 그것을 보고, 우리가 아버지께서 사랑하시는 그분의 아들 그리스도의 제자라는 것"을, "세상이 알게 되는 것"(요13:34-35; 그리스도의 새 계명)입니다. 그와 같이 서로 사랑하는 사람이 그리스도의 제자인 것입니다.

그러므로 여러분은 "하나님이 우리를 사랑하셔서 자기의 아들을 이 세상에 보내셔서 우리를 죄에서 구원하는 제물로 삼아 주심으로써 우리에게 자기의 사랑을 나타내셨습니다. 그러므로 우리도 서로 목숨을 내놓을 만큼 사랑함으로써, 하나님께서 우리를 위하여 자기 아들을 보내셔서 그를 통해 살 수 있게 하신 만큼 사랑하심을, 적극적으로 세상에 알려야만 하는 것"(요일4:9-10)입니다. 이렇게 우리를 **"하나님께서 사랑하셨다는 것**"을, **"세상에 알리는 방법"**은, "내가 너희를 사랑한 것처럼, 너희도 서로 사랑하라. 이것이 내 계명이다."(요15:12)

하고, 주님께서 제자들에게 말씀하신 "그리스도의 계명을 지키는 일인 것"입니다. "그것만이" 하나님께서 우리를 사랑하셨다는 것을, 세상이 알게 하는 일인 것입니다.

그와 같이 우리가 형제를 진실로 서로 사랑함으로써, 그리스도의 계명을 지키게 되면, 모든 사람이 그것을 보고, 우리가 하나님께서 사랑하시는 예수님의 제자라는 것을 알게 되는 것입니다. 그와 같이 우리가 서로 사랑하는 것이, 하나님의 뜻이시고, 여러분이 그분의 뜻을 실천함으로써, "하나님께서 우리를 그와 같이(요일3:16; 예수님이 우리를 위해 목숨을 버리신 일로 우리는 사랑이 무엇인가를 알게 되었습니다. 그러므로 우리도 형제를 위해 목숨을 버리는 것이 마땅합니다) 사랑하셨다는 것"을, 세상이 알게 하는 일을 하는 사람이 되는 것입니다. 아래에 기록된 말씀과 같이 말입니다.

"믿는 사람은 모두 함께 지내며 그들의 모든 것을 공동 소유로 내어 놓고 재산과 물건을 팔아서 모든 사람에게 필요한 만큼 나누어 주었습니다. 그리고 한 마음이 되어 날마다 열심히 성전에 모였으며 집집마다 돌아가며 같이 빵을 나누고 순수한 마음으로 기쁘게 음식을 함께 먹으며 하나님을 찬양하였습니다. **'이것을 보고 모든 사람이 그들을 우러러보게 되었습니다.'**"(행2:44-47; 공동번역) 이렇게 말입니다. 이렇게 그들은 "나눔을 실천한 사람들에게 주신 하나님의 넘치는 은혜"를 보고 하나님께 기도하며 찬양했던 것입니다. 개역 성경은 "이것을 보고 모든 사람이 그들을 우러러보게 되었다."라는 구절을 이렇게 해석합니다.

"또 온 백성에게 칭송을 받으니" 하고 말입니다. 그리고 같은 구절의 말씀을 새 번역 성경은 이렇게 해석합니다.

"그래서 그들은 모든 사람에게 호감을 샀다." 하고 말입니다. 그리고 킹 제임스 성경은 같은 구절의 말씀을 이렇게 해석합니다.

"또 모든 사람에게 칭찬을 받더라." 하고 말입니다. 이렇게 "하나님께서 예수님을 사랑하신 것처럼, 우리도 사랑하셨다는 것을, 세상이 알게 하는 것"입니다. 앞에 말씀과 같이 이렇게 등불을 켜서 됫박으로 덮어 두지 아니하고 "등경 위에 둠으로써 **'집안 모든 사람'**에게 비춰어 주는 일"을 하는 것입니다. 그러므로 우리도 위와 같이 우리의 빛을 사람(집안 모든 사람)들 앞에 비추어 그들이 우리의 착한 행실을 보고 하늘에 계신 우리 아버지께 영광을 돌리게 해야만 하는 것(마 5:15-16)입니다. 이렇게 우리가 예수님처럼 목숨을 버려 형제를 서로 사랑함으로써, 하나님의 사랑이 우리 안에서 완성되어, "하나님과 하나이신 그리스도"(요10:26) 안에 있는 우리가 **"하나님 안에서 완전히 하나가 되는 일"**(요17:23)을 하는 것입니다.

그 말씀을 입증하는 구절이 고린도전서 15장에 있는 말씀입니다.

"성경은 '하나님이 모든 것을, 그의 발아래 복종하게 하셨습니다.'(히2:8; '모든 것을, 그의 발아래 복종하게 하셨습니다.')라고 말합니다. 그러나 모든 것을 그의 발아래 복종하게 하셨습니다고 말할 때, 모든 것을 그리스도에게 복종시키신 하나님은 여기에 포함되지 않은 것이 분명합니다. 하나님이 이렇게 하신 때에는 아들 자신도 모든 것을 그에게 복종시키신 분에게 복종하게 되어 결국(공동번역; '그때에는 하나님께서 만물을 완전히 지배하게 됩니다.') 하나님만이 만물을 다스리게 됩니다."(고전15:27-28; 현대인의 성경) 하고 말입니다.

이렇게 주님과 하나님이 하나이시며(요10:26), 우리도 하나가 되어(요17:21), 주님이 우리 안에 계시고 하나님께서 주님 안에 계신 것은, "우리가 완전히 하나가 되어" 주님과 함께 하나님 안에 있게 되는 것(요14:20, 17:23)입니다. 그리하여 마침내 "그리스도를 통해 하나님과 완전히 하나가 되게 하셔서, 하나님만이 만물을 다스리게 되시는 것"입니다. 그것이, **"하나님의 영원한 계획이신 것"**(엡3:11; 현대인의 성경; 이것은 **"하나님이 우리 주 예수님 안에서 세우신' '영원한 계획'**에 따라 된 것입니다.")입니다.

그와 같이 하나님의 계획이 완전히 이루어지게 되면, 우리는 그리스도와 함께 그리스도 안에서 그리고 하나님 안에서(엡3:10; 현대인의 성경; 이제 "교회를 통해 하늘에 천사들에게까지 하나님의 여러 가지 지혜를 알리도록 하신 것입니다." 말씀하셨고 엡4:10; 현대인의 성경; 내려오신 그분은 "온 우주를 가득 채우시기 위해 하늘로 올라가셨습니다." 말씀하셨으며 히2:5; 현대인의 성경; 하나님은 우리가 말하는 "장차 올 세상을 천사들이 통치하도록 맡기시지 않으셨습니다." 말씀하셨습니다. 그와 같이) 온 우주를 다스리게 되는 것입니다.

"위와 같이 되는 것이 그리스도께서 명령하신 '하나님의 계명으로서 형제 사랑의 위력인 것'입니다."

이렇게 하나님의 계명을 지키는 사람은 "하나님 안에서 살고 하나님도 그 사람 안에 계신 것"(요일3:24)입니다. 이것으로 "사랑이 우리 가운데서 완성되는 것"(요일4:16-17)입니다. "이 세상에서 우리도 그리스도처럼 살게 된 것"(요일4:17)입니다. 그러므로 "이제 우리는 '심판 날'을 자신을 가지고 만날 수 있게 되었습니다."(요일4:17) 하고 이렇게 사도 요한을 통해 주님은 서로 사랑하는 형제들에게 "기쁨이 넘치는 희망찬 메시지"를 선포하시고 있지 않습니까?

그러므로 여러분은 우리 주 영광의 하나님께 성령님을 통해 감사와 영광을 영원토록 돌리시기를 바랍니다. 또 한 우리의 형제 사도 베드로도 "주님의 희망찬"(희망차다; Naver Korean English Dictionary; 앞일에 대한 기대가 가득하다) 메시지를 이렇게 전하고 있습니다.

"그러므로 형제 여러분, '하나님께서 여러분'을 '불러 주시고' '뽑아 주셨다는 사실'을 여러분은 더욱 확실히 깨닫도록 하십시오. 그러면 여러분은 절대로 빗나가는 일이 없을 것이고 또 한 여러분에게는 우리의 주님이시며 구세주이신 예수 그리스도의 영원한 나라로 들어가는 문이 활짝 열릴 것입니다."(벧후1:10-11; 공동번역) 하고 말입니다.

그러니 형제 여러분, 우리가 이렇게 하나님의 엄청난 부르심을 받고 뽑힌 사람들이니, 이같이 큰 구원을 소홀히 여기지 마시기를 바랍니다. 그리고 거룩한 희망을 품으며, 서로 불평하지 말고, 무엇보다도 열정을 가지고 서로 협력하여 사랑하되, 주님께서 우리를 목숨을 버려 사랑하셨듯이, 우리도 주님과 같이 서로 형제를 행동으로 진실하게 사랑합시다. 이렇게 형제끼리 서로 사랑하는 사람들이 하나님께서 예수님을 사랑하신 것처럼, 우리도 사랑하셨다는 것을 세상이 알게 하는 사람인 것입니다. 그러므로 형제를 진실로 서로 사랑하십시오. **"서로 사랑함으로써 하나님이 우리도 사랑하셨다는 것"**을 세상에 널리 알리는 형제들이 되십시오.

그리고 형제를 서로 사랑하는 일은 그리스도의 꽃향기라고 할 수 있습니다. 그것은 왜냐하면 "내가 너희를 사랑한 것처럼, 너희도 서로 사랑하여라"(요15:12) 하고 명령하신 주님의 말씀대로 우리가 서로 사랑함으로써, 다 함께 힘을 합하여 서로 그리스도의 아름다운 꽃을 피우며, 세상에서 가장 아름답고 향기로운 그리스도의 꽃향기를 내뿜는 그런 사람들이 되기 때문입니다.

그리고 또 여러분은 그리스도의 꽃밭이라고 할 수 있습니다. 그것 또한 이스라엘 백성들이, 낮에는 구름 기둥으로 밤에는 불기둥으로 하나님의 보호하심 가운데서, 천막을 치고 하나님께서 하늘에서 내려 주신 만나를 거두어서, 서로 나눔을 실천하며 함께 모여 살았듯이, 여러분들도 하나님의 보호하심 아래에서 하나님께서 채워 주신 것들로 서로 사랑하며 함께 모여 사는 사람들이기 때문입니다.

그러므로 다윗은, 형제들이 그와 같이 모두 모여 동거함이 어찌 그리 선하고 아름다운지에 대하여, 시를 지어 이렇게 하나님 앞에서 즐겁게 노래를 부르지 않았습니까?

"이다지도 좋을까, 이렇게 즐거울까! 형제들 모두 모여 한데 사는 일! 아론의 머리에서 수염을 타고 흐르는, 옷깃으로 흘러내리는 향긋한 기름 같구나. 헤르몬산에서 시온산 줄기를 타고 굽이굽이 내리는 이슬 같구나. '**그곳은 야훼께서 복을 내린 곳, 그 복은 영생이로다.**'(시133 편) 하고 말입니다. 그렇습니다.

여러분이 "내가 너희를 사랑한 것처럼, 너희도 서로 사랑하여라. 이것이 내 계명이다."(요15:12)라고 말씀하신 주님의 계명을 지키신다면, "그 복은 영생이로다." 다윗이 이렇게 하나님의 감동으로 기록한 시처럼, 하나님께서 주시는 영생의 복을(마25:34; 그리스도 최후의 심판에서, **"내 아버지의 복을 받은 사람들아,"** 말씀하시는 것처럼 영생의 복을) 받아 누리는 그분의 영광을 차지하는 그리스도의 형제들이 다 되는 것입니다.

그러므로 여러분이 형제를 사랑하는 것이 자신의 생명만큼이나 중요하구나! 하는 것을 깨닫기를 바랍니다.

사도 요한은 "그리스도의 계명을 지키는 것"이 바로 "하나님의 계명을 지키는 것"이라고 주님의 말씀을 전하고 있습니다.

"우리가 하나님의 아들 '예수 그리스도의 이름을 믿고' '그리스도께서 명하신 대로 서로 사랑하는 것'이 바로 '하나님의 계명을 지키는 것'입니다."(요일3:23) 이렇게 말입니다. 그렇습니다. "내가 너희를 사랑한 것처럼 너희도 서로 사랑하여라. 이것이 내 계명이다."(요15:12) 하고 이렇게 예수님께서 말씀하신 그리스도의 계명이 왜 하나님의 계명일까요?

그 말씀을 주님께서는 이렇게 하셨습니다. "나는 내 생각대로 말하지 않고 나를 보내신 아버지께서 나에게 직접 명령하신 대로 말하였다."(요12:49) 하셨으며 "너희가 듣는 말은 내 말이 아니라 나를 보내신 아버지의 말씀이다."(요14:24) 하고 말씀하셨기 때문입니다. 이렇게 예수 그리스도께서 제자들과 유대인들에게 말씀하신 모든 말씀은 주님 자신의 말씀이 아니라 자기를 이 땅에 보내신 하나님 아버지의 말씀이라고 주님의 말씀을 듣는 모든 사람에게 주님은 그렇게 가르치셨습니다.

그러므로 주님께서 제자들에게 "서로 사랑하여라. 내가 너희에게 명령하는 것이 바로 이것이다."(요15:17) 하고 말씀하셨고 "내가 너희를 사랑한 것처럼 너희도 서로 사랑하여라. 이것이 내 계명이다."(요15:12) 말씀하신 이 계명들이 모두 하나님의 계명이셨던 것입니다. 그래서 주님은 사도 요한을 통해서 이렇게 말씀하시지 않았습니까?

"그리스도께서 명하신 대로 형제를 서로 사랑하는 것이, 바로 **하나님의 계명**'을 지키는 것입니다"(요일3:23) 하고 말입니다. 그렇습니다. 그리스도께서 명하신 계명이 바로 하나님의 계명이셨던 것입니다. 그래서 하나님 여호와께서도 이렇게 말씀하시지 않았습니까?

"나를 사랑하고 **내 계명을 지키는 자**'에게는 천 대까지 은혜를 베푸느니라."(출20:6; 새 번역 성경) 하고 말입니다. 공동번역과 킹 제임스 성경은 "천 대까지"를 "수천 대까지"로 번역하였습니다. 그러므로 "천 대까지"든지 "수천 대까지"든지 이 말씀은 숫자적인 의미가 아니라 "영원성에 속한 의미"인 것입니다. 이렇게 주님의 음성을 듣고 하나님을 사랑하며 그분의 계명을 실천하는 사람들이 주님을 아는 사람인 것이요, 이렇게 목자의 음성을 알아듣고 주님을 따르는 양이(요 10:27; "내 양은 내 음성을 알아듣고 나는 그들을 알며 그들은 나를 따른다."라고 말씀하신 말씀과 같이) 자기의 주인이신 주님을 아는 사람인 것입니다.

그런 사람들이 그리스도께서 명령하신 대로 형제를 서로 사랑하게 되는 것입니다. 그러므로 보십시오. 주님께서는 "하나님을 아는 사람과 알지 못하는 사람"에 대하여 사도 요한을 통해 이렇게 말씀하시지 않았습니까?

"사랑하는 여러분, 서로 사랑합시다. 사랑은 하나님에게서 왔습니다. (형제를) **'사랑하는 사람은 모두 하나님에게서 나서 하나님을 알지만,'** (형제를) **'사랑하지 않는 사람은 하나님을 알지 못합니다.'**"(요일4:7-8; 현대인의 성경, 공동번역) 하고 말입니다. 그것은 왜 그렇습니까?

그것은 위에서도 말씀드린 바와 같이 "하나님은 사랑이시기 때문입니다."라고 말씀하고 있기 때문입니다. 무슨 말씀이실까요?

그 말씀은 이런 말씀입니다. "육체에서 난 것은 육체이고 성령으로 난 것은, 영이다."(요3:6) 이렇게 성령님으로 새롭게 태어난 속 사람 안에, 하나님께서는 "성령을 통하여 그의 사랑을 우리 마음속에 부어 주셨느니라"(롬5:5) 말씀하심과 같이, 형제를 사랑하는 마음을 그 마음속에 부어 주셨다는 말씀입니다.

이렇게 그리스도를 믿는 사람 안에, 하나님께서는 성령을 통해 하나님의 사랑을 부어 주셨기 때문에, "하나님은 사랑이시기 때문입니다." 말씀처럼, 하나님 그분의 자녀 안에는 하나님과 같이, 하나님의 사랑을 마음속에 지니고 있다는 것입니다. 그래서 하나님의 사랑을 지닌 사람들은, 자기의 형제들을 진실로 사랑하게 된다는 것입니다.

그러므로 사랑이신 하나님께서 외아들을 세상에 보내셔서, 우리가 그를 통해 살 수 있게 하심으로, 우리에게 하나님 자신의 사랑을 나타 내심(요일4:9)과 같이, 하나님의 자녀인 우리도 형제들을 위해 목숨을 버려(요일3:16) 우리 속에 있는 하나님의 사랑을 형제들에게 나타내게 된다는 것입니다.

그와 같이 "하나님에게서 나온 사람은(히2:11; 현대인의 성경; '거룩하게 하시는 분과 거룩하게 된 사람들'이 '모두' **한 하나님에게서 나왔기 때문**'입니다. 그 래서 **'예수님께서 그들을 형제라고 부르는 것**'을 '조금도 부끄러워하시지 않고'라 고 말씀하신 바와 같이) 하나님의 사랑을 지니고 있음을 확실하게 "형제 에게 하나님의 사랑을 나타냄으로써" 그것으로 하나님의 사랑을 지 닌 사람으로서 하나님의 자녀라는 것을, 확실하게 알게 된다는 것입 니다. 그리고 그와 같이 하나님의 사랑을 지닌 사람은 서로 형제끼리 사랑하게 된다는 것입니다. 그와 같은 사람이 "하나님을 아는 사람이 라는 것"입니다. "너희 아버지가 정말 하나님이시라면 **너희가 나를 사랑했을 것이다.**"(요8:42) 하고 말씀하신 말씀처럼 말입니다.

그러나 "형제를 사랑하지 않는 사람"에 대하여 주님께서 유대인들 에게 아래와 같이 말씀하시지 않았습니까?

"너희는 그분을 알지 못하지만 나는 그분을 알고 있다."(요7:28) 하셨고 "너희는 나도 모르고 내 아버지도 모른다."(요8:19) 말씀하셨습니다. 앞의 말씀과 같이 주님께서 유대인들에게 말씀하신 것처럼, 유대인들은 주님도 모르고 아버지도 알지 못하기 때문에 "주님을 사랑하지 못하는 것"입니다. 그러므로 하나님을 모르는 유대인들과 같은 사람들은 "형제를 형제로서 사랑하지 못하는 것"입니다. 그들은 왜 형제를 사랑하지 못합니까?

다시 말씀드리지만 "하나님은 사랑이시기 때문입니다." 무슨 말씀이실까요?

그 말씀은 이런 말씀입니다.

"누구든지 세상의 재물을 가지고 있으면서 자기의 형제가 궁핍한 것을, 보고도 마음의 문을 닫고 그를 도와주지 않는다면 어떻게 그에게 하나님을 사랑하는 마음이 있다고 하겠습니까?"(요일3:17; 공동번역, 현대인의 성경) 하고 말씀하신 것입니다.

이렇게 하나님의 은혜로 한 가족이 되어, 하나님을 사랑한다고 하면서도, 자기의 궁핍한 형제를 보고서도, 제사장과 레위인처럼 그냥 지나친다면, 어떻게 그런 사람 속에 하나님의 사랑이 있다고 할 수 있겠습니까? 하고 질문하고 있는 말씀처럼, "그와 같이 형제를 사랑하지 않는 사람 마음속에는, 하나님의 사랑이 없다는" 말씀을 하신 것입니다.

그것은 왜냐하면 같은 교회를 다니며, 하나님의 성품을 지녔다고 하는 사람으로, 하나님을 섬긴다고 하면서도, 형제가 궁핍한 생활하는 것을, 보고도 도와주지 않는 것입니다. 그와 같이 눈에 보이는 형제를 사랑하지 못하는 사람이, 보이지 않는 하나님을 사랑한다는 것은, 거짓말쟁이(요일4:20)라고 주님은 분명하게 말씀하고 있기 때문입니다.

그러므로 여러분들은 한 번 생각해 보십시오. 이런 거짓말쟁이 안에 거룩하신 하나님의 사랑이 머물러 있을 수 있겠습니까?

그런 거짓말쟁이들 안에는 진리도 없을 뿐만 아니라, 하나님의 사랑(요일2:4)도 형제 사랑하지 않는, 그와 같은 사람들의 마음속에는 없다는 말씀을(요일3:17), 주님은 사도 요한을 통해 말씀하셨습니다.

그러므로 여러분들이 정말로 예수님을 믿고 있다면, 성령님의 도우심을 받아 예수님을 "주님"이라고 부른다면, 진실로 형제들을 자신의 친형제와 같이 사랑해야만 하는 것입니다. 진정으로 슬픔과 기쁨을 형제들과 함께 나누어야만 하는 것입니다.

형제들이 서로 매일 만날 수 없듯이 그렇게 매일 만날 수는 없어도, 우리의 마음만은 서로 사랑하는 마음에서 떠나지 말아야만 하는 것입니다. 그렇게 하여 일주일에 한 번 만나는 날에, 우리가 서로 뜨겁게 사랑하고 있음을 서로 확인시켜 주어야만 하는 것입니다. 하나님의 사랑을 서로에게 나타내야만 하는 것입니다.

그날이 안식일이든지 주일이든지 하루를 하나님께 바친 날에는, 형제들의 안위를 살피는 날이 되어야만 하는 것입니다. 이렇게 형제들의 안위를 살펴서, 기뻐할 일이 있으면 함께 기뻐하고, 슬퍼할 일이 있으면 함께 슬퍼해 주어야만 하는 것입니다. 주님은 믿음이 연약한 형제의 의심을 비판 거리로 삼지 말고 따뜻하게 맞아 세워주라고(롬 14:1) 하셨습니다. 그리고 "여러분은 모두 한마음을 품고 서로 동정하고, 서로 형제처럼 사랑하며, 자비심을 가지고 겸손한 사람이 되십시오."(벧전3:8; 공동번역) 하셨습니다. "무엇보다도 열심히 서로 사랑하라고"(벧전4:8) 하셨습니다.

그리고 이렇게도 말씀하셨습니다.

"또 착한 일을 하며, 선행을 풍부히 쌓고, 있는 것을 남(형제)에게 아낌없이 베풀고, 기꺼이 나누어 주라고 하시오. 그렇게 해서 자신들의 미래를 위하여 든든한 기초를 쌓아, 참된 생명을 얻을 수 있게 하라고 이르시오."(딤전6:18-19; 공동번역)라고 말입니다.

그러므로 주일이든지 안식일이든지 그날에는, 그와 같이 사랑을 행하는 날이 되어야만 하는 것입니다. 그렇게 형제들이 사랑을 행함으로써 그날이 바로 천국 잔치 날이 되어야만 하는 것입니다. 그날은 해방의 날이 되어야만 하는 것입니다. 그래서 그날은 형제들의 마음이 쉼을 얻는 그와 같은 안식하는 날이 되어야만 하는 것입니다. 그러므로 그날은 즐겁고 기쁜 날이 되어야만 하는 것입니다.

그렇게 선한 일을 행하며 형제들에게 나누어 주는 그와 같은 일을 하나님께서는 기뻐하시는 것(히13:16)입니다. 형제들이 다 함께 기뻐하는 것입니다. 그와 같이하여 넘치는 은혜를 주신 하나님을 찬양하는 것입니다. 그러면 누구나 하나님께 바친 그 날을 "기쁜 날"로 여기고 그분의 몸 된 교회에 오는 걸음걸음이 기쁘지 않을까요? 누구든지 그날에는 교회로 초대하고 싶은 생각이 들지 않을까요?

그날을 소풍 가는 전날의 아이들처럼, 서로 들뜬 마음으로 기다리게 되지 않을까요?

이렇게 서로 사랑으로 품어 주는 교회가, 하나님이 보시기에나 사람들이 보기에 얼마나 아름답게 보일까요?

그러므로 "우리는 말과 혀로만 사랑하지 말고, 행함과 진실함으로 사랑합시다."(요일3:18) 하셨고 "우리는 이렇게 사랑함으로써, '우리가 진리에 속해 있다는 것을 알게 되고,' '하나님 앞에서도 마음을 편안하게 가질 수 있습니다.'"(요일3:19) 하셨습니다. 우리가 이렇게 행함과 진실함으로 서로 사랑함으로써 **"우리가 진리에 속해 있다는 것을 알게 되고," "하나님 앞에서도 마음을 편안히 가질 수 있다고"** 말입니다. 이렇게 형제 사랑하는 일을 하는 사람들은, "그리스도의 복음에 순종하고 있다는 것을 알게 되는 것(고후9:13)이며," 그리고 "사랑하는 사람 모두가 진리에 속해 있다는 것을 알게 되는 것이고," "하나님 앞에서도 마음을 편안히 가질 수 있을 만큼," 형제 사랑하는 일은 우리에게 너무나도 중요한 일인 것입니다.

"이러한 사람들이 그리스도 안에서 사는 사람들로서 하나님을 아는 사람인 것"입니다. 그것은 여러분이 성령님의 도우심을 받아, 형제에게 사랑을 실천하였기 때문입니다. 그와 같이 사랑을 실천함으로 하나님을 알게 되는 것입니다.

"사랑하는 여러분, 서로 사랑합시다. 사랑은 하나님에게서 왔습니다. 사랑하는 사람은 모두 하나님에게서 나서 **'하나님을 알지만'**(요일 4:7) 이렇게 사도 요한을 통한 주님의 말씀처럼 말입니다. 그러나 바로 이어서 주님은 서로 사랑하지 않는 사람에 대하여 무엇이라고 말씀하셨습니까? 주님은 사도 요한을 통해서 이렇게도 말씀하셨습니다.

"사랑하지 않는 사람은 **하나님을 모릅니다.**"(요일4:8; 현대인의 성경) 하고 말입니다. 공동번역은 같은 구절을 이렇게 풀이합니다. "사랑하지 **않는 사람은 하나님을 알지 못합니다.**" 하고 말입니다. 그렇습니다.

"우리는 사생아가 아닙니다! 우리 아버지는 오직 하나님 한 분이십니다."(요8:41;공동번역) 하고 말하면서도 "하나님을 모르는 유대인들"과 같이, "하나님이 자신들의 아버지(갈4:6; 하나님은 성령을 우리 마음 가운데 보내셔서 **'나의 아버지**'라고 부르게 하셨습니다)라고 부르면서도 '하나님을 모르는 사람들'"이 의외로 많은 것입니다. 그러므로 예수님께서 유대인들과 대화하시는 말씀을 잘 들어보십시오.

유대인들은 "우리 조상은 아브라함입니다." 하며 예수님께 대들었습니다. 그러는 그들에게 예수님께서는 "만일 너희가 아브라함의 자손이라면 아브라함이 한 대로 할 것이다. 그런데 너희는 하나님에게서 들은 진리를 전하는 나를 죽이려고 한다. 아브라함은 이런 짓을 하지 않았다. 그러니 너희는 너희의 아비가 한 대로 하고 있는 것이다." 하고 말씀하시자. 유대인들은 예수님께 이렇게 대답하였습니다.

"우리는 사생아가 아닙니다. **'우리 아버지는 하나님 한 분이십니**

다." 하고 말입니다. 그래서 예수님께서 유대인들에게 또 이렇게도 대답하셨습니다.

"내가 하나님에게서 나와 여기 와 있으니 만일 **'하나님께서 너희의 아버지 시라면' '너희는 나를 사랑했을 것이다.'** 나는 내 마음대로 온 것이, 아니고 하나님께서 보내서 왔다."(요8:39-42; 공동번역) 이렇게 말입니다.

주님께서 위와 같이 "하나님이 너희 아버지시라면 너희는 나를 사랑했을 것이다."하고 유대인들에게 말씀하셨어도, 유대인들은 하나님에게서 오신 예수님을 사랑하기는커녕, 오히려 "나를 죽이려고 한다는"(요8:37) 말씀과 같이, 예수님을 죽이려고 가진 중상모략을 하고 있었던 것입니다. 유대인들은 위와 같이 하나님 안에서 하나 되지 못하고 오히려 분열을 일삼는 일을 하고 있었던 것입니다.

정말 여러분이 하나님의 자녀라면

이렇게 유대인들과 같이, 오늘날 사람들도 하나님이 자신들의 아버지라고 부릅니다. 그러나 정작 그들은 "하나님을 모르기 때문에," 유대인들이 하나님의 아들 예수님을 사랑하지 못하는 것처럼, 하나님에게서 나온 하나님의 자녀를, 하나님을 모르는 유대인들과 같은 사람들은, 하나님을 알지 못하는 사람들이기에 자기의 형제를 사랑하지 못하는 것입니다.

정말 여러분들이 하나님의 자녀라면, 눈에 보이는 형제를 사랑해야 맞는 것입니다.

그것은 왜냐하면 여러분들은 하나님을 "아버지"라고 부르고 있고, 예수님을 "주님"이라고 부르고 있기 때문입니다. 그것은 여러분이 하나님의 자녀이기 때문에 하나님은 성령을 우리 마음 가운데 보내서서 **"나의 아버지"**(갈4:6)라고 부르게 하셨기 때문입니다. 그리고 이렇게도 말씀하셨습니다.

"여러분이 받은 성령은, 여러분을 다시 노예로 만들어서 공포에 몰아넣으시는 분이 아니라, 여러분을 하나님의 자녀로 만들어 주시는 분이십니다. 그래서 우리는 그 성령에 힘입어 하나님을 **'아빠, 아버지'**라고 부릅니다."(롬8:15; 공동번역) 하고 말입니다.

우리가 이렇게 하나님을 "아버지라고 부르는 것"이, 사람의 생각에서나, 아무 사람 누구에게서든지 가르침을 받아 나오는 그런 칭호가 아니라, 여러분이 하나님의 자녀이기 때문에, 하나님께서 성령을 우리 마음 가운데 보내서, 성령님의 도움으로 하나님을 "아버지"라고 부르게 되었다는 사실입니다. 여러분은 하나님을 "아버지 하나님" 하고 부르고 있습니까? 그렇다면 여러분들은 지금 하나님의 놀라운 은혜를 여러분들이 직접 체험하고 있다는 것입니다. 놀랍지 않습니까? 성령님께서 여러분 안에서 일하고 있다는 그 사실이 말입니다. 그것뿐이겠습니까?

여러분들이 예수님을 "주님"이라고 부르게 된 것도 마찬가지입니다. 누군가가 말하기를 그리스도의 최후 심판에서, 재판장 왼쪽에 있는 사람들을 보고, 예수님을 믿지 않는 온 인류라고 말합니다. 그들이 영광 가운데 임하신 재판장을 보고 압도되어, 예수님을 보고 "주님, 주님," 하고 부르고 있다고 하였는데, 그것은 잘못 해석한 것입니다. 그와 같은 해석들이 그리스도인들을 나태하게 하고, 서로 사랑하지 못하게 하여 결국은 멸망하게 하는 것입니다.

그러므로 성경은 성경으로 해석해야 올바른 해석이 나오는 것입니다. 그러므로 말씀을 보십시오.

주님은 사도 바울을 통해서 예수님을 "주님"이라고 부르게 된 이유에 대하여 이렇게 말씀하셨습니다.

"하나님의 성령을 받아 말하는 사람은, **아무도 '예수는 저주받아라'** 하고 욕할 수 없고, 성령의 인도를 받지 않고서는, **아무도 '예수는 주님이시다'** 하고 고백할 수 없습니다."(고전12:3; 공동번역) 하고 말입니다. 현대인의 성경은 같은 구절을 이렇게 해석합니다.

"하나님의 영으로 말하는 사람은 예수님을 저주하지 않습니다. 그리고 성령님의 도움 없이는 **아무도 예수님을 '주님'**이라고 말할 수 없습니다."(고전12:3) 이렇게 말입니다. 이렇게 하나님의 성령을 받아 말하는 사람은, 하나님의 아들 예수 그리스도를 믿는 사람들을 욕하지 않고, 그리고 "성령님의 도움 없이는" "아무도" 예수님을 "주님"이라고 말할 수 없다고 분명하게 말씀하고 있습니다.

그렇다면 마태복음 25장에 등장하는 악인들도, 예수님을 "주님, 주님," 하고 부르는 것을 보아서, 그들도 한때는 주님을 믿는다는 사람들이었음을 알 수 있습니다. 그러한 사람들이 자기의 궁핍한 형제를 보고도, 마음의 문을 닫고 그를 동정하지 않음으로써, 자신 안에 하나님의 사랑이 없다는 것을, 나타내고 있는 것입니다. 다시 말씀을 드린다면 자신 안에 하나님의 사랑이 말라 버렸음을 증명하는 것(마

23:12; "많은 사람의 사랑이 식어지리라." 고전13:1-3; "사랑이 없으면")이 되는 것입니다. 마태복음 25장에 등장하는 악인들이 그런 "거짓 형제들"이었음을 주님은 말씀하고 있는 것입니다. 그리고 사도 바울은 예수님이 "주님"이 되심에 대하여 이렇게도 전하고 있습니다.

"우리는 우리 자신을 전파하는 것이 아니라 예수 그리스도가 **'주님'**이 되신다는 것과 우리는 예수님을 위한 여러분의 '종'이라는 것을 전파하고 있습니다."(고후4:5) 하고 말입니다.

사도 베드로는 예수님이 주님이 되시고, 살아 계신 하나님의 아들 되심에 대하여 이렇게 고백하였습니다.

"주님은 그리스도시며 살아 계신 하나님의 아들이십니다."(마16:16) 하고 말입니다. 이렇게 베드로가 고백하였을 때 예수님께서는 베드로에게 어떻게 대답하셨을까요? 주님은 이렇게 대답하셨습니다.

"요나의 아들 시몬아, 너는 행복한 사람이다. 이것을 너에게 알리신 분은 사람이 아니라, **하늘에 계신 내 아버지시다.**"(마16:17) 하고 말입니다. 이렇게 성령님의 도우심을 받아 "주님은 그리스도시며 살아 계신 하나님의 아들이십니다." 하고 사도 베드로의 고백처럼 고백하게 되는 것입니다.

그러므로 하나님이 "아버지"가 되심에 대하여, 그리고 예수님이 "주님"이 되심에 대하여, 그리고 또 예수님이 "그리스도" 되심에 대하여, 하나님의 아들 예수님이 "살아 계신 하나님의 아들"이 되심에 대하여, 이렇게 모두 다 한 성령님의 도움을 받아 고백하게 되는 것입니다. 그러니 예수님을 보고 "주님"이라고 부르게 된 이 "특권"이 우리에게 얼마나 고귀합니까?

하나님을 "나의 아버지"라고 부르고, 예수님을 "주님"이라고 부르게 하는 이 호칭이, 하나님께서 아무에게나 허락하신 호칭이 아닙니다. 하나님의 자녀로 부르심을 받은 사람들만이 부를 수 있도록 하신 호칭입니다. 이렇게 성령님의 도움이 없이는 누구든지 절대로 부를 수도 없는 호칭입니다.

그러므로 여러분의 입술로 예수님을 "주님"이라고 고백했다면, 그것은 필시 성령님께서 여러분 안에서, 예수님을 "주님"이라고 고백하게 하신 것입니다. 이렇게 하나님은 여러분 안에 계시는 것입니다. 이렇게 여러분은 하나님의 살아 계심의 역사를 실제로 몸과 마음으로 체험하고 있는 것입니다. 이렇게 하나님의 놀라운 계시의 빛을 받고 하늘의 선물을 맛보고 성령을 체험하고 있는 것입니다.

그러므로 사랑하는 형제 여러분, 여러분이 예수님을 "주님"이라고 부르게 하고, 하나님을 "나의 아버지"라고 부르게 하심으로써, 성령 하나님께서 여러분 안에서 활동하고 계심을 이제는 알 수 있겠습니까?

"이것을 너에게 **알리신 분**은 '**사람**'이 아니라, '**하늘에 계신 내 아버지시다.**'"(마16:17) 하고 말씀하심과 같이, 이렇게 하늘에 계신 예수 그리스도의 아버지 하나님께서, 자신의 성령을 우리에게 보내셔서 성령께서 하나님에 관하여, 그리고 예수님에 관하여 모든 것을 알려 주시고 계신 것입니다.

그러므로 이제부터는 하나님을 "아버지"라고 부르게 하시고, 예수님을 "주님"이라고 부르게 하신, 하늘에서 말씀하시는 살아 계신 하나님을 거역하지 마십시오. 하나님을 "아버지"라고 부르게 하심과 같이, 그리고 예수님을 "주님"이라고 부르게 하심과 같이, 하나님은 살아 계시는 하나님이십니다.

그래서 여러분이 하나님이 보내신 성령님의 도움으로 하나님을 "아버지 하나님"(롬8:15)이라고 부르고, 예수님을 "나의 주님"(고전12:3)이라고 부르게 된 것입니다. 이렇게 "하나님은 자기를 영접하고 믿는 사람들에게는 **'하나님의 자녀가 되는 특권'**을 주신 것"(요1:12)입니다. 그러므로 정말 여러분이 하나님의 자녀라면, 그리스도의 몸의 지체요, 눈에 보이는 여러분의 형제를 사랑하는 것이 맞는 것입니다.

이렇게까지 말씀을 드렸는데도 "주여, 주여," 하는 자들과 같이, 은혜의 선물을 받아 주님의 이름으로 권능을 행하고 체험하면서도, 하나님을 모르는 사람들이 있는 것입니다. 그런 사람들은 형제를 사랑하지 않는 것입니다. 자기의 형제를 사랑하는 것이, 하나님께서 우리를 사랑하셨다는 것을 세상에 알리는 일이며, 그리스도의 계명을 지키는 것이건만 지키지 않는 것입니다. 하나님을 "하나님 아버지"라고 부르고, 예수님을 "나의 주님"이라고 부르는 하나님의 자녀로서 그 "특권"을 실제로 누리고 있으면서도 말입니다. 그렇게 하나님의 살아 계심을 자신이 실제로 체험하면서도 말입니다.

그와 같이 하나님의 은혜를 헛되이 받는 사람들이 있는 것입니다.

계속 하나님의 은총 가운데 살지 않는 사람들이 있는 것(롬11:22)입니다. 넘어지는 사람들이 있는 것(롬11:22)입니다. 그래서 잘리게 되는 사람들이 있는 것(요15:2, 롬11:22)입니다. 그렇게 하나님을 미워하고, 하나님의 계명을 지키지 않는 사람들이 있는 것(출20:5)입니다.

잠자는 사람들은
어떤 사람들을 가리키는 말씀일까요?

그래서 주님은 사도 요한을 통해서 하나님의 계명을 지키지 않는 사람에 대하여 이렇게 말씀하시지 않았습니까?

"하나님을 알고 있다고 하면서도, 하나님의 계명을 지키지 않는 사람은 거짓말쟁이요, 그 사람 속에는 진리가 없습니다."(요일2:4; 새 번역 성경) 하고 말입니다. 이렇게 진리가 자기 마음속에 없는 사람들은, 진리 편에 서지 못하고 진리의 반대편에 서 있는 것(눅11:23)입니다. 그래서 주님은 그와 같이 진리 편에 서지 못하고 진리의 반대편에 서 있는 유대인들을 보고, 마귀의 자식이라고 하시지 않았습니까?

"너희는 너희 아비인 마귀의 자식이므로"(요8:44; 현대인의 성경) 이렇게 말입니다. 공동번역은 이렇게 해석합니다. **"너희는 악마의 자식들이다."** 하고 말입니다.

그렇습니다. "마귀는 이렇게 **'주님의 밭'**에 **'가라지를 뿌려서 마귀의 자식들이 나게 하는 것'**"입니다. "마귀는 이렇게 '하나님의 자녀였던 유대인들의 신분'을 '마귀의 자식들의 신분'으로 '뒤바뀌게 한 것처럼' **'하나님의 자녀에서 마귀의 자식으로' '신분'을 '완전히 뒤바뀌게 하는 역할을 하는 것'**"입니다. 그 말씀을 뒷받침하는 구절이 바로 아래의 말씀입니다.

"하늘나라는 자기 밭에 좋은 씨앗을 뿌린 사람에 비할 수 있다. **'사람들이 잠자는 동안'**에 **'원수가 와서 밀 가운데에 가라지를 뿌리고 같다.'** '밀이 싹이 터서 자랄 때' '가라지도 함께 자라는 것'을 '보고' 종들이 주인에게 와서 **주인님, 밭에 좋은 씨앗**을 뿌리지 않았습니까? 그런데 가라지는 어디서 생겼습니까?' 하고 물었습니다. 그러자 주인은 **'원수가 이런 짓을 했구나!'** 하고 대답하였습니다."(마13:25-28; 현대인의 성경)

여러분들이 여기에서 주목해야 할 말씀이 있습니다. 그 말씀은 바로 "사람들이 잠자는 동안"이라는 말씀입니다. '사람들이 잠자는 동안'에 원수가 와서 밀 가운데에 가라지를 뿌리고 갔습니다. 하고 주님은 예화로 그 당시 앞에 모인 사람들에게 말씀하셨습니다. 그렇다면 여기에서 "잠자는 사람들은 어떤 사람들을 가리키는 것일까요?" 이 말씀을 깨달아야만 주님께서 전달하시고자 하는 가라지 비유에 대한 말씀의 뜻을 깨달을 수 있습니다.

주님은 사도 바울을 통하여 "잠자는 자들에 대하여" 이렇게 말씀하셨습니다.

 "잠자는 자들'은 밤에 자고 술을 마시는 사람들도 밤에 마시고 취합니다."(살전5:7) 하고 말입니다. 이 말씀은 어두운 밤하늘과 같은 그런 밤을 말씀하시는 것이 아닙니다. 영적으로 어둠에 관한 일을 밤을 비유하여 말씀하시는 것입니다. 그러므로 위에 잠자는 자들은 영적 잠을 자는 자들을 말씀하시는 것입니다. 그와 같이 영적 잠을 자는 자들 또한 자기를 위하여 육신의 것들을 갈망하는 사람들을 말씀하시는 것입니다. 그래서 성경에 "술을 마시는 사람들도 밤에 마시고 취합니다." 하고 그렇게 영적 비유를 들어 말씀하시지 않았습니까? 그와 같이 "육체의 만족을 위해 살아가는 사람들이 잠자는 자들에 속한 것"입니다.

 그러나 빛 가운데 사는 사람들은 다른 것입니다. 이러한 영적 빛에 대한 말씀도 낮에 하늘에서 땅에 밝게 내리비추는 그런 태양의 빛을 말씀하시는 것이 아닙니다. 영적 일로서 밝게 빛나는 그리스도의 빛 (요1:9; "참 빛이 있었다. 그 빛이 세상에 와서 모든 사람을 비추고 있었다.")을 어둠에 비추어(엡5:12-14) 어둠의 일을 드러내는 일들로서, 영적인 빛을 비유를 들어 말씀하시는 것입니다.

 그러므로 여러분은 보십시오. 주님은 사도 바울을 통해 영적인 일로서 "낮에 속한 일"과 "밤에 속한 일"에 대하여 이렇게 말씀하셨습니다.

 "밤이 거의 새어 낮이 가까이 왔습니다. 그러니 **'어둠의 행실'**을 벗어 버리고 **'빛의 갑옷'**을 입읍시다. '호사한 연회를 열어 진탕 먹고 마시고 취하거나 음행과 방종에 빠지거나 분쟁과 시기를 일삼거나' 하지 말고 '언제나 대낮으로 생각하고 단정하게 살아갑시다.' '주 예수 그리스도로 온몸을 무장하십시오.' 그리고 '육체의 정욕을 만족시키려는 생각은 아예 하지 마십시오.'"(롬13:12-14; 새 번역 성경, 공동번역) 하고 말입니다.

이렇게 **"어둠의 일"**은 육체를 만족시키려는 모든 일을 말씀하는 것이며, **"빛의 일"**은 말씀 그대로 예수 그리스도로 온몸을 무장하는 것을 말씀하는 것입니다. 빛의 일로서 앞에 와 같이 예수 그리스도로 온몸을 무장한다는 그 말씀은 또한 예를 들어 사극에서 보면 어떤 배우가 어떤 주인공의 상대 역할을 맡았을 때, 그 주인공의 그 모습 그대로로 분장하여 그 주인공이 살았던 대로 연기에 몰입함으로써, 그와 같이 작품을 소화해 멋진 한 편의 영화를 만들어 내듯이, "하나님 안에 산다고 하는 사람은 '예수님이 사신 것과 같이' 마땅히 그렇게(벤후1:4-8; 신의 성품으로) 사는 것"(요일2:6; 새 번역 성경)을 말씀하는 것입니다. 이렇게 빛의 일과 어둠의 일은 정반대로 행하는 일인 것입니다.

그래서 주님께서는 사도 바울을 통해 아래와 같이 빛의 일과 어둠의 일은 서로 정반대로 행한다고 말씀하시지 않았습니까?

"내 말을 잘 들으십시오. 육체의 욕정을 채우려 하지 말고 성령님께서 이끄시는 대로 살아가십시오. '육체의 욕망'은 **'성령님을 거스르고'** '성령님께서 원하시는 것'은 **'육정을 거스릅니다.'** 이 둘은 서로 **'반**

대되는 것'이기 때문에 여러분은 자기가 원하는 일을 할 수 없게 됩니다. 성령을 따라 사는 사람은 율법의 지배를 받지 않습니다."(갈5:16-18; 공동번역) 하고 말입니다. 그러므로 여러분들은 육체가 바라는 어둠의 일들을 보십시오.

"육정이 빚어내는 일들은 명백합니다. 곧 음행, 추행, 방탕, 우상 숭배, 마술, 원수 맺는 것, 싸움, 시기, 분노, 이기심, 분열, 당파심, 질투, 술주정, 흥청대며 먹고 마시는 것, 그 밖에 그와 비슷한 것입니다."(갈5:19-21; 공동번역) 하셨습니다.

말씀이 이러함으로 여러분은 생각해 보십시오. 이와 같이 선포하시는 말씀이 세상 사람들에게 하신 말씀입니까? 주님을 믿는다는 모든 사람에게 하시는 말씀입니까?

이렇게 마귀는 "사람들이 잠을 자는 동안에" "원수가 와서 밀밭에 가라지를 뿌리고 갔다."라는 말씀과 같이, 하늘나라 복음의 말씀을 듣고, 예수님을 믿는다는 사람들이 말씀에 의존하지 않고, 세상 근심 걱정 속에 깊은 잠에 빠졌을 때, 그때 기회를 놓칠세라 그리스도의 원수는, 가라지를 그와 같이 잠을 자는 그들에게, 몰래 뿌리고 간다는 것입니다. 그러면 가라지가 뿌려진 사람 속에서 점점 자라난다는 것입니다. 그것이 밭의 가라지의 비유인 것입니다.

말씀이 이러하므로 예수님께서 말씀하신 밭의 가라지에 대한 비유의 말씀을 잘 보고 배우십시오. 가라지가 벼 심은 논에서 벼와 함께 자라나듯이 그렇게 가라지가 별도로 자라난다는 말씀이 아닙니다.

그러므로 잘 보고 배우셔야 합니다. 주님은 이렇게 말씀하셨습니다.

"하늘나라는 어떤 사람이 자기 밭에 '좋은 씨를 뿌린 것'에 비할 수 있다." 하셨습니다. 주님의 그 말씀은 자기 밭에 이미 좋은 씨를 뿌렸다는 말씀입니다. 그래서 그 당시 청중들에게 **"씨 뿌리는 사람이 뿌린 씨는 하늘나라에 관한 말씀이다."**(막4:14; 공동번역)라고 주님은 말씀하시지 않았습니까?

이렇게 "자기의 온 땅"에 주님은 말씀의 씨를 뿌리시는 것입니다. 그와 같이 주님께서 말씀을 온 세상에 뿌리실 때, 하늘나라의 말씀을 듣고 주님을 믿는 사람들이 있는 것입니다. 하늘나라 복음의 말씀(좋은 씨가 심령 땅에 떨어져)을 듣고, 예수님을 믿는 것입니다. 예수님을 믿는 오늘날의 여러분들처럼 말입니다.

그런데요, 그와 같이 예수님을 믿은 사람들 가운데 **길가**와 같은 사람들은 "마음에 뿌려진 것을, 사탄에게 바로 빼앗겨" 버리는 사람들입니다. 그리고 **돌밭**과 같은 사람들은 "그 마음에 뿌려진 말씀이 오래가지 못하고" 잠시 견디다가 사탄에게 빼앗겨 버리는 사람들입니다. 그리고 또 **가시덤불**과 같은 사람들은 "세상의 염려와 재물의 유혹이 말씀을 가로막아 열매를 맺지 못하고" 마찬가지로 마음을 사탄에게 빼앗겨 버리는 사람들입니다. 이렇게 "말씀에 의존하지 못하고 세상 것들의 의존함"(마13:18-22)으로써 "영적 잠을 자는 사람들"이 있다는 것입니다. 그와 같이 원수는 "영적 잠을 자는 사람들의 마음속에 **가라지를 뿌리고 갔다**"(마13:25) 하고 주님은 그와 같은 말씀을 하시는 것입니다.

주님의 말씀이 이러함으로, 밭의 가라지 비유가, 불순종하는 사람에게는 단순한 말씀이 아닌 것입니다. 그들에게는 "가라지를 모아다가 불에 태워 버리는 것과 같이"(마13:40; 새 번역 성경) "불 아궁이에 처넣을 것이다."(마13:42) 하는, 아주 아주 무서운 말씀에 해당이 되는 말씀인 것입니다. 그래서 주님을 믿는 사람들은, 어서 빨리 영적 잠에서 깨어나지 않으면, 안 되는 절대적인 이유가 되는 말씀이, 바로 밭의 가라지의 비유인 것입니다.

하나님의 말씀에 불순종하는 사람들이 받을 형벌이 이러하기에, 주님은 사도 베드로를 통해 다음과 같이 말씀하시지 않았습니까?

"여러분의 온갖 근심 걱정을 송두리째 하나님께 맡기십시오.' 하나님이 여러분을 보살피고 계십니다. '정신을 바짝 차리고 깨어 있으십시오.' **'여러분의 원수인 마귀'**가 울부짖는 사자처럼 삼킬 자를 찾아 돌아다니고 있습니다."(벧전5:8-9; 공동번역) 하고 말입니다.

마귀와 어떻게 싸울 것인가?
(가라지는 악한 자의 자녀들을 말하는 것이다)

그래서 주님께서는 울부짖는 사자처럼 삼킬 자를 찾아 돌아다니는 마귀를 이렇게 대항하라고 하지 않았습니까?

"**굳건한 믿음을 가지고**(현대인의 성경; 믿음 위에 굳게 서서) 마귀를 대항하십시오."(벧전5:9) 하셨으며, 그리고 이렇게도 대항하라고도 말씀하셨습니다.

"**여러분은 하나님께 복종하고** 마귀를 대항하십시오. 그러면 마귀가 도망칠 것입니다."(약4:7; 현대인의 성경) 하고 말입니다.

그러므로 여러분은 보십시오. 주님은 이렇게 "믿음 위에 굳게 서서" 그리고 "여러분은 하나님께 복종하고" "마귀를 대항하라" 하셨습니다. 그런데 어떤 사람들은 마귀가 주는 유혹을 이기지 못하고, 날름 날름 받아서 먹으며, 아예 "마귀와 짝하는 사람들"이 있습니다.

"무엇을 먹을까? 무엇을 마실까? 무엇을 입을까? 하고 걱정하지 말아라. 이 모든 것은 이방 사람들이 구하는 것이요, 너희의 하늘 아버지께서는, 이 모든 것이 너희에게 있어야 할 것을 잘 알고 계신다."(마 6:31-32) 하고 말씀하셨어도, 하나님을 믿지 아니하고, 온갖 세상 것에 의존하며, 육신의 욕망을 채우려고, 한 부자 청년과 같이 세상 것들을 걱정합니다.

그와 같이 세상과 짝하는 사람들이, 바로 "길가에 떨어진 씨와 같은 사람"이며, "흙이 많지 않은 돌밭에 떨어진 씨와 같은 사람"이고, "가시덤불 속에 떨어진 씨와 같은 사람들"인 것입니다. 이와 같은 사람들 속에는 마귀가 침투하여, 이미 마귀의 활동 무대가 되어 있는 것입니다. 이렇게 길가에, 돌밭에, 가시덤불 속에 떨어진 씨와 같은 사람은, 마귀에게 마음을 빼앗겨 마귀의 뜻을 따라, 그 마음에 썩어 없어질 생각들로 가득하게 채워놓는 것입니다.

그러므로 "세상의 염려와 재물의 유혹이 말씀을 가로막아," 주님의 말씀을 듣고도 말씀대로 실천하지 못하는, 어리석은 사람이 되는 것(마7:26-27)입니다. 그래서 마귀에게 그렇게 마음을 빼앗긴 사람들은 100배, 60배, 30배의 열매를 맺지 못하는 것입니다.

이렇게 많은 사람이 좋은 씨를 받았으나, 사람들이 잠든 사이에 마귀가 덧뿌리고 가는 것입니다. 그렇게 마귀에게 사로잡혀서 마귀의 뜻을 좇아 사는 사람들은 열매를 맺지 못하는 것입니다. 그러므로 여러분은 잘 보십시오.

주님은 하나님이 자기들의 아버지라고 말한 유대인들에게 "너희는 마귀의 자식들이다."(요8:44; 공동번역)라고 하셨습니다. 주님은 왜 유대인들에게 그와 같은 말씀을 하셨을까요?

그것은 당시에 유대인들은, 하나님의 아들이신 주님께서 행하신 일들로서, 소경의 눈을 뜨게 하신 일과 귀신을 쫓아내신 일과 물고기 두 마리와 보리빵 다섯 개로 5,000명을 먹이시고 12 광주리가 가득하게 남게 하신 일과 죽은 자들을 살리신 일 등등 하늘나라의 모든 이적을 보고서도, 예수님을 믿지 않았기 때문입니다. 그와 같이 믿지 않으면서도 유대인들은, 예수님을 사랑하지 않았을 뿐만 아니라, 마귀의 자식이라는 것을 입증하는 살인의 본성(요일3:12)이 있어서, 마귀의 욕망대로(요8:37,40; "나를 죽이려고 한다." "나를 죽이려 하고 있다.") 주님을 죽이려고만 생각하고 있기에, 마귀의 자식들이라고 하신 것입니다.

그러므로 그와 같이 행하는 유대인들을 보시고 주님께서는 "너희는 마귀의 자식들이다." 하셨고 "그래서 너희는 그 아비의 욕망대로 하려고 한다."(요8:44; 공동번역) 하고 말씀하셨던 것입니다.

이처럼 본래 좋은 씨였고, 하나님의 자녀들이었던 유대인들 마음속에, 마귀가 가라지를 뿌린 것처럼, (마13:27; "주인님, 밭에 '좋은 씨앗'을 뿌리지 않았습니까?" 종들의 질문과 같이) "좋은 씨" 속에 그리스도의 원수인 마귀가 "가라지"(딤전4:1-2; "훗날에 사람들이 '믿음'에서 떠나 속이는 영들과 귀신들의 가르침을 따를 것"이라는 말씀과 같이)를 "뿌려" 온통 마귀의 자식이 되게 하는 것입니다. "위 해석이 주님께서 말씀하시고자 하시는 '밭의

가라지 비유에 대한 핵심의 줄거리'가 되는 말씀인 것"입니다.

　그래서 심령 밭에 가라지 씨를 받아들인 사람들은, 하나님께 의존하지 못하고, 자꾸만 세상에 의존하게 되는 것입니다. 이처럼 눈의 욕심과 육체의 욕망을 채우려고 세상에 기대어 사는 사람들에게, 주님은 사도 야고보로 다음과 같이 강력하게 경고하시지 않았습니까?

　"간음하는 사람들이여, 세상과 벗 되는 것이 하나님과 원수가 된다는 것을 모르십니까?" "누구든지 **'세상과 벗이 되고자 하는 사람'**은 **'스스로 하나님과 원수가 되는 것'**입니다."(약4:4) 하고 말입니다.

　그리고 위와 같이 "세상과 벗 되는 사람"을 주님은 사도 바울을 통해서는 "창녀와 결합하는 사람"이라고도 하셨습니다. "창녀와 결합하는 사람은 그녀(마귀)와 한 몸이라는 것을 모르십니까?"(고전6:16; 현대인의 성경) 하고 말입니다.

　위 말씀에서 "창녀와 결합하는 사람"이라는 말씀은, 고린도전서 6장 9절에서 16절까지 전체적인 맥락에서 보면, "마귀와 결합하는 사람"을 뜻하는 말씀이라는 것을 우리는 알 수 있습니다. 그것은 위에 "간음하는 사람들이여, 세상과 벗 되는 것이 하나님과 원수가 된다는 것을 모르십니까?"라는 말씀이 "창녀와 결합하는 사람"이라는 그 말씀을 뒷받침해 주고 있기 때문입니다. 그러므로 "세상과 벗이 되고자 하는" 사람들이 누구이겠습니까?

　주님은 그와 같은 사람들이 바로 "가라지"라고 말씀하시는 것입니다. 그렇다면 가라지는 어떤 사람들임을 가리키는 말씀이겠습니까?

주님께서는 가라지에 대하여 이렇게 말씀하고 있습니다.

"가라지는 악한 자의 자녀를 말하는 것이다."(마13:38; 공동번역) 이렇게 말입니다. 그리고 계속해서 말씀하시기를 "가라지를 뿌린 원수는 악마요, 추수 때는 세상 끝나는 날이요, 추수꾼은 천사들이다. 그러므로 추수 때에 가라지를 뽑아서 묶어 불에 태우듯이 세상 끝날에도 그렇게 할 것이다." 하셨습니다. 그러면 가라지는 어떤 역할을 하는 사람일까요?

그들이 하는 일에 대하여 주님은 이렇게 말씀하셨습니다.

"그 날이 오면 사람의 아들이 자기 천사들을 보낼 터인데 그들(천사들)은 **'남을 죄짓게 하는 자들'**과 **'악행을 일삼는 자들'**을 모조리 **'자기 나라'**에서 추려 내어 불구덩이에 처넣을 것이다."(마13:41-42; 공동번역) 하셨습니다. 그렇습니다. "자기 나라" 곧 "그리스도의 나라(그리스도의 몸 된 교회)에서 남을 죄짓게 하는 일들과 악행을 일삼는 일들"을 가라지들이 하는 것입니다. 개역 성경은 이렇게 해석하고 있습니다.

"인자가 그 천사들을 보내리니 저희(주의 천사)가 **'그 나라'**에서 **'모든 넘어지게 하는 것'**과 또 **'불법을 행하는 자들'**을 거두어 내어 풀무 불에 던져 넣으리니"(마13:41-42) 하고 말입니다.

그렇습니다. "그 나라(그리스도의 몸 된 교회)에서 모든 넘어지게 하는 일과 불법을 행하는 일들"을 그와 같이 가라지들이 하는 것입니다.

현대인의 성경은 "죄짓게 하는 모든 사람과 악을 행하는 사람들"이라고 해석하였고 새 번역 성경은 "죄짓게 하는 모든 일들과 불법을 행하는 모든 사람들"이라고 해석하였습니다. 그렇습니다. 위 해석들과 같이 그런 일들을 "주여, 주여," 하고 성령의 인도를 받아 예수님의 이름을 부르면서도 "불법을 행하는 그런 가라지들"(마7:21-23)이 그리스도의 나라에서 하는 것입니다. 예를 들어 어느 kbs뉴스에서 보도된 기사에 의하면 자신이 받는 연봉에 대하여 "5억이 많다고 하면 복 못 받아!" 하고 교인들을 호통을 쳤다는 사람처럼 말입니다. 그러기에 주님께서 이렇게 말씀하시지 않았습니까?

"거짓 그리스도와 거짓 예언자들'(요일2:22; 누가 거짓말쟁이입니까?)이 나타나 큰 기적과 놀라운 일을 행하여, 할 수만 있으면 '선택된 사람들까지 속이려고 할 것이다.'"(막13:22) 하고 말입니다. 또 이렇게도 말씀하셨습니다.

"그들은 배를 자기네의 하나님(5억이 많다고 하면 복 못 받아, 하고)으로 삼고, 자기네의 수치를 영광으로 삼고, 땅의 것만 생각합니다."(빌3:19; 새 번역 성경) 하고 말입니다. 이렇게 거짓 그리스도와 거짓 예언자들이 판치는 세상이 되었으니, 정신을 바짝 차리고 "믿음에 굳게 서서" 마귀를 대항하지 않으면, 어떻게 되겠습니까? 그런데 형제 여러분, 이런 일들이 어디에서 일어나고 있습니까?

그리스도 나라 안에서 일어나고 있습니다. 그래서 주님께서는 "자기 나라" "그 나라"라고 하시지 않았습니까?

"남을 죄짓게 하는 자들과 악행을 일삼는 자들을 모조리 **'자기 나라'** 에서 추려 내어 불구덩이에 처넣을 것이다."(마13:41-42) 하고 말입니다. 그러므로 **"하나님의 집"**에서 심판을 시작할 때가 왔습니다."(벧전 4:17; 현대인의 성경) 하고 사도 베드로를 통해 말씀하시지 않았습니까?

그리고 **"주께서 자기 백성을 심판하실 것이다."**(히10:30; 현대인의 성경) 하고 히브리서 기자를 통해 주님은 말씀하시지 않았습니까? **"살아 계신 하나님의 심판의 대상이 된다는 것'**은 정말 무서운 일입니다."(히10:31) 하고 말씀하시지 않았습니까?

그리고 **'"자기를 거룩하게 한 계약의 피를 더럽히고 은혜를 주시는 성령님을 모욕한 사람'**이 받을 형벌이 어찌 더 무겁지 않겠습니까?"(히10:29) 하고 주님께서 히브리서 기자를 통해 말씀하시지 않았습니까?

이렇게 그리스도의 몸 된 교회 안에서 그런 악을 행하는 사람들이 일어나고 있는 것입니다. **"하나님의 집에서 일어나는 일'**이 이러함으로 '주님이 오시는 것과 세상이 끝날 때의 징조'"에 대하여 주님은 제자들에게 이렇게 말씀하시지 않았습니까?

"많은 거짓 예언자들'(많은 거짓말쟁이들)**이 일어나 많은 사람들을 속일 것이다."**(마24:11; 현대인의 성경) 하고 말입니다. 그러므로 여러분은 또 보십시오. 주님은 사도 바울을 통해서도 이렇게도 말씀하셨습니다.

"그러나 '악한 자들과 사기꾼들'은 '날로 더 사악해져서' '남을 속이기도(예; 여자도 목사가 될 수 있다고 속이고) **하고' '남에게 속기도**(예; 여자들은, 여자도 목사가 될 수 있다고 속는 것) **할 것입니다."**(딤후3:13; 공동번역) 하셨고 "때가 이르면, 사람들이 '건전한 교훈'을 받으려 하지 않고, '귀를 즐겁게 하는 말'을 들으려고, 자기네 '욕심'에 맞추어 스승을 모아들일 것입니다. 그들(교인들)은 '진리를 듣지 않고,' '꾸민 이야기에 귀를 기울일 것'입니다."(딤후4:3-4; 새 번역 성경) 하고 말입니다.

이렇게 말세에 일어나는 일에 대한 예수님의 말씀이, 곧 "**그리스도의 몸 된 교회 안에서 그와 같이 일어나는 일**"이라고 주님은 말씀하시는 것입니다.

그런데요, 형제 여러분, 위의 말씀들이 무섭도록 "오늘날 교회 안에서 그대로 이루어지고 있습니다." 그러므로 여러분은 사도 유다의 예언을 들어보십시오. 주님은 사도 유다를 통해 이렇게 말씀하셨습니다.

"그들에게는 불행이 닥칠 것입니다. 그들은 '**가인의 악한 길**'을 따르고, '**돈**'을 위해 '**발람의 잘못된 길**'로 달려갔으며, '**고라처럼 하나님을 거역**'하여 멸망으로 치닫고 있습니다."(유1:11) 하고 말입니다.

이렇게 "하나님의 말씀을 잘못 해석함으로 **가인처럼**" 자기 식구인 형제들을 불구덩이로 안내하여 죽이고 있으며, "터무니없는 수억대의 보수와 더러운 이익을 '**발람처럼**" 탐하고 있으며, "여자도 목사가 될 수 있다 하여 '**고라처럼**" 하나님을 거역하는 일들이 교회 안에서 실제로 일어나고 있습니다. 이렇게 누가 그렇게 하라고 시킨 일도 아닌데, 오늘날 교회 안에서 사도 유다의 예언 그대로 이루어지고 있는 것입니다.

그리고 오늘날 많은 교인이 그리스도 안에서 사는 법을 몰라서, 그리스도 안에서 살지 못하고 있는 것입니다. 그러므로 교인들이 서로 뜨겁게 사랑하지 못하고, 사랑이 식어 말라가고 있는 것입니다. 그것 뿐만 아니라, 다른 성경을 잘못 해석하듯이 더러 알기 어려운 말씀을 잘못 해석하여 가르침으로써(즉 진리를 듣지 않고 꾸민 이야기에 귀를 기울이게 함으로써), 하나님의 법을 어기게 하는 것입니다. 그와 같이 교인들이 불법을 행하게 됨으로써, 죄를 짓게 하는 것이며, 그와 같이하여 하나님의 말씀에 불순종케 함으로써, 그분의 노여움을 사게 하는 것입니다.

이렇게 많은 교인이 무법한 교인이 되어, 넓은 길로 안내받고 있으며, 멸망을 스스로 부르도록 가르치고 있는 것입니다.

주님이 오시고 세상 끝날이 가까이 오면 올수록, 이러한 일이 빈번히 일어날 것을 이미 아셨기에, 그리스도께서는 우리에게 미리 조심하라고 이렇게 경고하셨던 것입니다.

"너희는 조심하라.' 내가 모든 것을, '너희에게 미리 말해 둔다.'"(막 13:23; 현대인의 성경) 이렇게 말입니다.

마귀는 이렇게 자기 때가 얼마 남지 않은 것을 알았기 때문에(계 12:12) 오늘날도 울부짖는 사자와 같이 먹이를 찾아 두루 돌아다니는 것입니다. 그러므로 정신을 바짝 차리고 깨어 있으십시오. 하지 않았습니까?

그렇다면 어떻게 하면 정신을 바짝 차려 깨어 있을 수가 있겠습니까?

여러분은 얼음과 같이 차가운 물로 온몸에 부어 보십시오. 그러면 정신이 번쩍 들게 될 것입니다. 그와 같이 적군을 맞이한 상태에서는 내일은 없습니다. 그러므로 지금, 여러분 모두가 진리로 온몸을 완전 무장하여 전투태세를 갖추라(엡6:10-17)는 말씀입니다. 완전군장 하여 전투태세를 갖춘 용사는, 적군을 앞에 두고 졸지도 잠들지도 않습니다. 그러한 자세로 늘 깨어 있으라는 말씀입니다. 그렇게 적군과 싸울 준비가 끝난 사람은, 여러분의 적군인 마귀와 맞서 싸우라는 것(벧전5:9)입니다. 그와 같이 완전군장을 하고 싸워야 오늘날과 같이 무방비한 상태에서 마귀에게 완전히 패하듯이 패하지는 않는다는 것입니다. 오히려 마귀가 도망친다는 것(약4:7)입니다.

그러므로 주님은 사도 베드로를 통해 **"믿음에 굳게 서서 악마를 맞서 싸우십시오."**(벧전5:9; 새 번역 성경) 하시지 않았습니까?

사도 유다도 "성도들에게 단번에 주신 믿음을 위하여 **'힘써 싸우라는 편지를 써야겠다고'** 마음먹고"(유1:3; 현대인의 성경) 말세를 만난 우리를 위하여 편지를 쓰지 않았습니까?

사도 바울은 아들 디모데에게 "아들 디모데여, 그대는 그 예언의 말씀으로 **'선한 싸움을 싸우라고'**"(딤전1:18; 공동번역) 편지를 쓰지 않았습니까?

위 말씀과 같이 온 세상에서 사는 여러분의 형제들이, 이러한 싸움을 하고 있는 것입니다. 그러므로 우리도 성령의 검을 받아 쥐고, 마귀와 맞서 싸워야만 하는 것입니다. 성령의 검은 하나님의 말씀(엡6:17)이라고 하시지 않았습니까?

자, 이제 여러분은 성령의 검을 받아 쥐었습니다. 그렇다면 마귀하고 싸워야 하는데 어떻게 싸우겠습니까? 마귀가 여러분 눈에 보입니까?

성경에 "누구든지 듣기는 속히 하고 말은 천천히 하라."(약1:19) 말씀하셨는데도, 우리는 무슨 말이 되든지 너무나 쉽게 듣고, 너무나 빨리 대답하는 경향이 있습니다. 마귀와 싸우는 문제도 그렇습니다. 마귀와 싸우자고 하면, 으르렁대는 사자처럼 삼킬 자를 찾아다니는, 마귀와 어떻게 싸워야 하는지도 모르면서, 무턱대고 싸우자고 함성을 지릅니다.

그 기백은 좋으나, 보이지 않는 마귀와 어떻게 싸워야 하는지도 모르면서 싸우자고 하면, 그저 마귀에게 패할 수밖에는 없는 것입니다. 오늘날 교회들이 그와 같이 마귀와 어떻게 싸워야 하는지도 모르면서 마귀와 싸운다고 싸우고 있는 것입니다. 그러므로 자신들이 적의 포로가 되어 끌려가고 있는데도, 그것도 모르고 있는 것입니다. 그러는 사람들이 어떻게 마귀와 맞서 싸울 것입니까?

그것이 오늘날 교회의 안타까운 현실인 것입니다. 오늘날 교회는 그렇게 그리스도의 빛이 점점 꺼져만 가고 있는 것입니다. 그와 같이 그리스도의 빛이 꺼져만 가고 있다는 것을, 스스로 교회가 입증하고 있지 않습니까?

그러므로 여러분들은 지금의 교회를 눈을 크게 뜨고 보십시오. 여러분들은 모두 교회 생활하고 있어서 잘 알고 계시겠지만, 어디 교인들끼리 서로 관심을 가지고 자신의 형제처럼 **"꾸준히"** 어려우면 서로 돕고, 슬퍼할 일이 있으면 같이 슬퍼해 주는, 그와 같은 내것 네것이 없는 진실한 형제 같은 교인이 얼마나 있습니까?

"하나님은 공정하셔서 여러분이 **'이미 성도를 도왔고 지금도 계속 도우면서'** '당신의 이름을 위해서 보여 준 선행과 사랑'을 **'결코'** 잊지 않으십니다."(히6:10; 현대인의 성경, 공동번역) 하셨고 "여러분 각 사람은 **'같은 열성을 끝까지 나타내서,'** 소망을 이루시기 바랍니다."(히6:11; 새번역 성경) 하셨습니다. 하나님은 몇 번에 걸쳐서 돕는 그런 사랑을 말씀하는 것이 아니라, 위와 같이 "계속 도우면서" 자신의 몸을 위하듯이 **"같은 열성을 끝까지 나타내는 '아무리 해도 다 할 수 없는'** 그런 **'사랑의 의무"**를 말씀하시는 것(롬13:8; 공동번역)입니다. 그것은 곧 **"그리스도 안에서 사는 생활"**을 말씀하시는 것입니다.

여러분이 마귀와 싸우기도 전에 왜, 이런 말씀을 드리는가 하면, 위와 같이 서로 형제처럼 꾸준히 사랑하지 못하는 사람들은, 마귀와 같이 거짓말쟁이에 속한 사람들이 되기 때문입니다. 그것은 왜냐하면 거짓말쟁이들은 "하나님의 계명을 지키지 않는 사람들(요일2:4; 새 번역 성경; **하나님의 계명**을 지키지 않는 사람은 **거짓말쟁이**요, 그 속에는 **진리**가 없습니다.')이기 때문"입니다. 이러한 사람들은 누가 하나님의 자녀인지, 누가 마귀의 자녀인지 전혀 구별할 줄을 모른다는 것입니다.

성경 말씀이 이러한데요, 여러분은 "분명하게" "하나님의 자녀와 마귀의 자녀"를 "구별"할 수 있습니까?

성경에서는 "하나님의 자녀"와 "마귀의 자녀"는 이렇게 구별한다고 말씀하고 있습니다.

"옳은 일을 하지 않거나 자기 형제를 사랑하지 않는 자'는 '하나님 에게서 난 자가 아닙니다.' 이와 같이 '하나님의 자녀와 악마의 자식 은 분명하게 구별됩니다.'"(요일3:10; 공동번역) 하고 말입니다.

말씀이 그렇다면, "수억씩이나 여러분의 호주머니를 털어서, 자기 배를 섬기는 사람들은, 옳은 일을 행하는 사람"일까요? 만일 여러분 이 이런 사람들을 만나거나 보게 되면, "하나님의 자녀"인지 "악마의 자식"인지 분명하게 구별할 수 있을까요?

주님은 사도 바울을 통해서 위와 같은 사람들에 대하여 이렇게 말 씀하셨습니다.

"나는 지금까지 해 온 일을 그대로 계속 밀고 나가겠습니다. **'이것 은' '거짓 사도들이 놀이는 기회'**를 주지 않고 '그들도 우리처럼 보수 를 받지 않고 일하는 것'을 자랑하도록 하기 위한 것입니다. **'그들은 거짓되고 속이며 자기를 그리스도의 사도로 가장하는 자들'**입니다. 이것은 이상한 일이 아닙니다. **'사탄도 자기를 빛의 천사로 가장'**합니 다. 그러므로 **'사탄의 종들이 의의 종으로 가장'**한다고 해서 조금도 놀랄 것은 없습니다. '그들의 행실에 따라 그들의 최후가 결정'될 것 입니다."(고후11:12-15; 현대인의 성경, 공동번역) 하고 말입니다.

이렇게 여러분의 호주머니를 털어서, 자기 배를 섬기는 자들은, "그 리스도의 사도로 가장한 자들이요, 사탄의 종들이 의의 종으로 가장한 자들"이라고 주님은 말씀하셨습니다. 그리고 주님은 이렇게 "많은 사람들이 그리스도 십자가 원수가 되어 살고 있습니다."(빌3:18; 현대인의 성경) 하셨습니다.

말씀이 이러한데도 그렇게 세상의 염려와 재물의 유혹에 마음을 빼앗긴 그들(마7:22)에게 보수와 함께 수억씩, 심지어는 수십억씩 주면서 따라다니는 사람들이 있습니다. 이렇게 이미 사탄의 종들과 싸움에서도 지고 있는데, 그런 사람들이 어떻게 마귀와 맞서서 싸울 수가 있겠습니까?

그리고 또 보십시오. 성령님의 도움을 받아 예수님을 "주님"이라고 부르면서, 하나님을 "아버지"라고 부르면서도, 여자 목사를 자기 마음대로 세우고, 그들에 의하여 여자 목사가 된 사람들과 같이, 하나님께 복종하지도 않고, 성령을 거역하며, 믿음 위에 굳게 서지도 못한 사람들이, 어떻게 마귀와 대항하여 싸울 수 있겠습니까?

그러나 하나님의 자녀들을 위하여 말씀을 드리겠습니다. 마귀는 사람의 일들로 생각이 가득한 사람들에게 이렇게 침투합니다. 마귀의 종노릇을 하는 예로서 가장 잘 나타나 있는 말씀이 하나 있어서 여러분에게 소개할까 합니다. 여러분도 잘 아는 주님의 수제자 베드로에 관한 말씀입니다.

"예수 그리스도께서는 제자들에게 자기가 예루살렘에 올라가 장로들과 대제사장들과 율법 학자들에게 많은 고난을 받고 그들의 손에 죽었다가 3일 만에 다시 살아날 것을 비로소 밝히기 시작하셨습니다."(마16:21; 현대인의 성경) "그러자 베드로가 예수님을 붙들고 '주님, 그럴 수 없습니다. 이런 일이 결코 일어나서는 안 됩니다.' 하고 주님을 말렸습니다."(마16:22) 왜 베드로는 이렇게 예수님께서 관료들에게 많은 고난을 받고 저들의 손에 죽었다가 3일 만에 살아나야 할 것을 하지 못하도록 주님을 말렸을까요?

그것은 주님이 목숨을 버리시면, 주님께서 이스라엘의 나라 왕이 되지 못하기 때문입니다. 유대인들에게 메시아는 이스라엘을 회복시키시고, 그 나라를 영원히 통치하는 새로운 왕으로 오시는 분(마21:5; "시온 사람들에게 말하라. '보라, 너희 왕이 오신다.'")으로 알고 있었습니다. 그러한 분으로 기대했던 자신들의 왕이, 허무하게도 왕이 되지 못하고 십자가에 못 박히시면(마20:18-19; "십자가에 못 박게 할 것이다."), 여태껏 그와 같은 희망의 부푼 꿈을 안고, 예수님의 옆자리를 바라다보며 따라다녔던 일(마20:17-28; 자리다툼 하는 제자들)이, 완전히 물거품이 될 수 있다고 생각해서입니다. 그리고 주님이 죽었다가 3일 만에 다시 살아나신다는 그런 일도, 제자들로서는 주님의 말씀과 같이(요13:33; 현대인의 성경; "내 자녀들아, 내가 너희와 함께 잠시만 더 있겠다. 너희가 나를 찾겠지만, 이미 내가 유대인들에게 말한 대로, 내가 가는 곳에는 너희가 올 수 없다.") 전혀 믿을 수도 없고, 상상할 수도 없는 그런 충격적인 일이었기 때문입니다.

그래서 예수님께서 원로들과 대제사장들과 율법 학자들에게 많은 고난을 받는 일이라든가, 저들의 손에 죽었다가 3일 만에 다시 살아

나는 그런 일이, 생기지 않도록 베드로는 힘써서 말렸던 것입니다. 이렇게 예수님의 제자들은 세상 통치자들과 같이, 예수님과 함께 백성들을 지배할 생각으로 가득하게 차 있었던 것(마20:25)입니다. 이처럼 "사람의 일로만 가득하게 차 있는 베드로에게" 주님은 어떻게 말씀하셨습니까?

"그러나 예수님께서는 베드로를 돌아다 보시고 꾸짖으셨습니다. **'사탄아, 썩 물러가거라.'** '너는 나를 넘어지게 하는 자이다.' 네가 **'하나님의 일'**은 생각하지 아니하고 **'사람의 일만'**을 생각하고 있구나!" (마16:23; 현대인의 성경, 공동번역) 하고 그렇게 꾸짖으셨습니다. 이처럼 마귀는 주님께서 베드로 앞에 계시는데도, 베드로에게로 들어가, 베드로가 자기 종노릇을 하도록 일을 한 것입니다. 이렇게 마귀는 주님을 믿는다는 사람 안에 들어가, 자기의 종노릇을 하게 하는 것입니다. 위와 같이 마귀는 하나님의 일을 생각하지 아니하고, 사람의 일로 가득한 사람 안에 "밭의 가라지 비유"와 같이 들어가 가라지를 뿌리는 것입니다. 그러한 사람들이 다 영적으로 잠들어 있는 사람들에 속한 것입니다.

그러나 다행하게도 주님께서 베드로 안에 들어간 마귀에게 "사탄아, 썩 물러가거라. 너는 나를 넘어지게 하는 자로다. 너는 하나님의 일은 생각하지 않고, 사람의 일만을 생각하고 있구나!" 하고 호통을 치셔서 쫓아 보내 버리셨습니다. 이렇게 주님과 같이, 마귀를 대적하는 것이 마귀와 싸우는 것입니다. 마귀는 처음부터 주님의 적수가 되지 못하지만 말입니다.

　그러나 사람 속에 침투하는 것은 마귀에게는 그리 어려운 일이 아닌 것입니다. 주님이 지켜 주시지 않고(요일5:18; "하나님의 아들이 그를 지켜 주시기 때문에, 악한 마귀도 그를 해치지 못합니다.") 마귀 짓을 하는 사람의 "손을 놓아 버린다면," 마귀는 기회를 놓치지 않고(엡4:26-27; 마귀에게 기회를 주게 됨) 곧바로 침투하는 것입니다. 마귀가 가룟 유다에게 하는 것처럼(요13:2; 현대인의 성경; "마귀가 시몬의 아들 가룟 유다의 마음속에 예수님을 팔아넘길 생각을 넣었다." 그리고 13:27; "내가 분명히 말해 두지만, 너희 가운데에 하나가 나를 팔아넘길 것이다." 하고 말씀하셨다. 시몬 베드로가 그에게 눈짓하여 누구를 가리키는 말씀인지 물어보라고 하였습니다. 그래서 그가 예수님의 품에 기댄 채로 "주님, 그가 누구입니까?" 하고 물었습니다. 그러자 예수님은 "내가 빵 조각을 주는 그 사람이다." 하시고 빵 한 조각을 찍어다가, 가룟 사람 시몬의 아들 유다에게 주었습니다. 유다가 그 빵 조각을 받는 순간, **사탄이 그(가룟 유다)에게 들어갔습니다.**" 말씀과 같이) 말입니다.

　그러므로 온 세상에 하늘나라 말씀의 씨가 뿌려질 때, 마귀도 기를 쓰고 침투할 기회를 주는, 화내는 그리스도인, 죄짓는 그리스도인, 탐욕을 부리는 그리스도인, 더러운 말을 하는 그리스도인(엡4:26-27) 등등을 찾아, 그 기회를 놓칠세라 틈을 주지 않고, 그런 사람에게로 들어가는 것입니다. 이렇게 "사람의 일로서 가득한(길바닥, 돌밭, 가시덤불 숲과 같은) 그런 사람들"에게 들어가서 마귀가 가라지 씨를 뿌리는 것입니다. 그래서 마귀의 씨가 뿌려진 사람들은, 베드로와 같이 주님을 위하는 일인 것처럼 꾸며 세상일을 말하고, 가룟 유다와 같이 자기의 스승을 배반하고 파는, 최악의 일을 마귀가 시키는 대로 하는 것입니다.

성경을 보면 그와 같은 사건 사고가, 주님의 몸 된 교회 안에서 끊임없이 발생하고 있었다는 것을, 쉽게 찾아볼 수 있습니다. 그것은 왜 그럴까요?

그것은 주님의 말씀대로 복음의 말씀을 듣고, 믿는다고 하면서도 영적으로 잠들어 있는 사람들에게, 마귀가 가라지 씨를 뿌렸기 때문입니다. 그러하기에 초대 교회를 보면, 교회 안에서 별별 사건 사고가 끊임없이 발생하고 있는 것을, 누구나 쉽게 찾아볼 수 있는 것입니다. 그와 같이 실제로 발생했던 여러 가지 사건 사고들을 성경에 자세히 기록하신 것입니다.

그것은 말세를 만난 우리에게 그런 일을 거울을 삼아, 악한 행동을 하는 사람들처럼, 악을 좋아하지 말라는 것입니다.

마귀는 이렇게 "주님을 믿는다고 하는 사람들을 이용하여,"(벧후2:1; "전에 이스라엘 백성 가운데 거짓 예언자들이 있었던 것처럼, **'여러분 가운데도' '거짓 교사(목사 등)들'**이 나타날 것입니다." 하고 말씀하신 것과 그리고 유1:4; "하나님의 은혜를 **'악용'**하여 방탕한 생활을 하는 사람(목사 등)들"을 통해) "예수님을 믿는다고 하는 사람들을," 어떻게 해서라도 넘어뜨리기 위해서, 으르렁거리는 사자와 같이 찾아 돌아다니고 있는 것입니다.

이러한데도 정신을 차리지 못하는 사람들이 있는 것입니다. 그들은 "여러 가지 잘못된 이론으로 하나님을 아는 지식"을 가로막고 있는 것입니다. 그러므로 우리는 그런 사람들의 입을 막아야만 합니다. 그들은 디도서에서처럼 "자기의 더러운 수입"을 위해, 가르쳐서는 안 될 것을 가르쳐, 신자들의 가정을 온통 뒤엎고 있기 때문입니다. 그렇게 마귀의 짓을 하는 것입니다.

그리고 그들은 말로는 "하나님을 사랑한다고 하면서 형제를 사랑하지 않는 것입니다." 이렇게 "하나님을 사랑한다고 하면서 형제를 미워하는 사람은 **거짓말쟁이입니다.**" 하셨어도 그들은 형제를 사랑하지 않는 것입니다. 그렇게 마귀의 짓을 하는 것입니다.

그런데 왜 주님께서는 하나님을 사랑한다고 하면서 형제를 사랑하지 않는 사람은 "거짓말쟁이"라고 하셨을까요? 그것은 "눈에 보이는 형제를 사랑하지 않는 사람은 눈에 보이지 않는 하나님을 사랑할 수 없습니다."(요일4:20)라는 말씀처럼, "눈에 보이지 않는 하나님을 사랑할 수 없기 때문"입니다. **"그런데도 하나님을 사랑한다고 뻔한 거짓말을 하는 것"**입니다. 그렇게 마귀의 짓을 하는 것입니다.

이렇게 하나님께서 사도 요한을 통해 "눈에 보이는 형제를 사랑하지 않는 사람은, 보이지 않는 하나님을 사랑할 수 없습니다."(요일4:20; 현대인의 성경) 하고 분명하게 말씀하셨어도, 하나님의 말씀에 순종하지 않는 것입니다. 오히려 하나님을 믿지도 않는 세상 이웃을 사랑하라고 가르치는 것입니다. 자기의 의를 그렇게 사람들에게 들어내어 보이고 싶은 것입니다. 그것이 성경을 잘못 해석해서 가르치는, 잘못된 이론인지도 모르고서 말입니다. 그렇게 마귀의 짓을 하는 것입니다.

그러므로 여러분들은 보십시오. 거짓 목사들이 여러 가지 잘못된 이론으로 어떻게 "하나님을 아는 지식"을 가로막고 있는지를 말입니다.

주님은 하나님 아버지께 이렇게 기도하셨습니다.

"영원한 생명은' 한 분밖에 없는 **'참된 하나님이신 아버지'**와 그리고 아버지께서 보내신 **'예수 그리스도를 아는 것'**을 말합니다."(요17:3) 하셨습니다. 그러나 반대로 하나님 아버지와 그분의 아들을 모르는 사람에 대하여는 이렇게 말씀하셨습니다.

"사실 너희를 죽이는 사람들이, 자기는 그렇게 하는 것이, **'하나님을 섬기는 일'**이라고 생각할 때가 올 것이다. 그들은 **'아버지와 나를 모르기 때문'**에, 그런 짓을 할 것이다."(요16:2-3; 현대인의 성경) 하고 말입니다. 그렇습니다. 그리스도의 형제들을 잡아서 예루살렘으로 끌어오는 것이, "하나님의 일"이라고 생각하여 다메섹까지 갔던 사울처럼, 형제 사랑은 등한시하고, 가서 제자 삼으라는 찬양과 같이, 선교라는 허울 좋은 이름으로, 세상 이웃을 열정적으로 사랑하는 것이, "하나님의 일"이라고 생각하는 것입니다. 그와 같은 생각들로 그들은 하나님을 아는 지식을 가로막고 있는 것입니다.

사실은 **"하나님의 보내신 자를 믿는 것이 하나님의 일이다."**(요 6:29) 하고 말씀하셨는데 말입니다. 하나님의 말씀을 맨 처음 기쁜 소식을 들은 이스라엘 사람들처럼, 믿음으로 받아들이지 않는 것(히4:2)입니다.

그러므로 여러분은 보십시오.

사울은 그리스도교를 이단으로 규정하고, 그들을 없애는 것이 "하나님의 일"이라고 생각하여, 그리스도교를 믿는 사람들을 눈에 띄는 대로 잡아 오려고, 대제사장에게 가서 공문을 받아서 다메섹으로 갔습니다. 이렇게 다메섹에 가까이 갔을 때, 갑자기 하늘에서 빛이 번쩍이며 사울의 둘레를 환하게 비추었습니다. 그 빛에 의하여 사울이 땅에 엎드러지자 "사울아, 사울아, 네가 왜 나를 박해하느냐?" 하는 음성이 사울에게 들려왔습니다. 그래서 사울이 "당신은 누구십니까?" 하고 물었습니다. 사울의 물음에 주님은 "나는 네가 박해하는 예수이다."(행9:1-5) 하고 대답하셨습니다.

이렇게 그리스도의 형제들을 예루살렘에 잡아 오려고 할 만큼, 사울은 하나님을 안다는 자부심이 대단했었지만, 정작 그는 **"하나님을 모르는 사람"**이었습니다. 그렇게 그들은 하나님을 모르는 사람이었기에, 주님을 믿는 형제들을 죽이고, 고문하고, 말살하려는 그런 짓을 하는 것(갈1:13; "아예 교회를 없애 버리려고까지 했습니다.")입니다. "그들은 **'아버지와 나를 모르기 때문'**에 그런 짓을 할 것이다."(요16:3) 주님의 말씀과 같이 말입니다.

그렇다면 형제 사랑은 등한시하고, 세상 이웃사랑을 강조하는 사람들은, 하나님을 아는 사람일까요? 모르는 사람일까요? 예수님은 사도 요한을 통해서 그 대답을 이렇게 답하셨습니다.

"사랑하는 여러분, 서로 사랑합시다. 사랑은 하나님에게서 왔습니다. 사랑하는 사람은 모두 하나님에게서 나서 '**하나님을 알지만**' 사랑하지 않는 사람은 '**하나님을 모릅니다.**'"(요일4:7-8; 현대인의 성경) 하고 말입니다.

"우리는 사생아가 아니오. 우리 아버지는 하나님 한 분뿐이오."(요8:41)라고 말하는 유대인들에게 주님은 이렇게도 말씀하셨습니다.

"너희 아버지가 정말 하나님이시라면 너희가 나를 사랑했을 것이다. 이것은 내가 하나님에게서 나와 이곳에 왔기 때문이다."(요8:42) 하고 말입니다. 이렇게 유대인들은 자랑스럽게 하나님을 안다고 말하였으나, 그들의 말과는 달리 사울처럼 "하나님을 모르는 사람들"이었습니다. 그것은 주님의 말씀과 같이, 하늘에서 내려오신 하나님의 아들이신 예수님을 모르기 때문에, 그들은 사랑하지 못하는 것입니다. 이렇게 사울과 유대인들은 율법적인 생각들이 하나님을 아는 지식을 가로막고 있기에 예수님을 사랑하지 못하는 것입니다.

만일 여러분이 이렇게 유대인들이 예수님을 사랑하지 않는 것으로, 왜 "하나님을 모르는 사람들"이냐고 물어본다면, 그 대답은 이렇습니다.

"사랑은 하나님에게서 오는 것입니다."(요일4:8; 공동번역)

무슨 말씀일까요?

그 말씀은, 말씀 그대로 사랑은 하나님에게서 오는 것이기 때문입니다. 그렇게 사랑은 하나님에게서 오는 것이기 때문에, "하나님이 우리에게 주신 성령으로, 우리 마음에 그분의 사랑을 부어 주신 것"(롬5:5)입니다. 그와 같이 하나님의 자녀들에게 성령으로 하나님 자신의 사랑을, 그 마음속에 부어 주셨기 때문에, 하나님의 사랑이 그분의 자녀들 마음 안에 있는 것입니다. 우리가 이러한 사람이기 때문에, 하나님의 자녀들은 하나님을 닮아 궁핍한 형제들을 보면 외면하지 못하고, 그를 사랑함으로 하나님의 사랑을 나타내게 되는 것입니다. 하나님이 그렇게 우리를 사랑하셨다는 것을 말입니다.

"하나님이 우리를 사랑하심으로 독생자를 보내셔서 그분을 통해 살 수 있게 하심으로 우리에게 자기의 사랑을 나타내셨습니다."(요일4:9) 이렇게 하나님께서 자기의 사랑을 나타내신 것처럼 말입니다. "이처럼," 하나님의 사랑을 자신의 마음속에 지닌 사람도, 궁핍한 형제를 사랑함으로 그렇게 자기가 지닌 하나님의 사랑을, 그와 같이 형제를 통해 나타내게 되는 것입니다. 이렇게 성령을 통해 하나님에게서 받은 사랑으로 자기의 형제를 사랑하게 되는 것입니다.

그러므로 하나님께서는 우리를 사랑하심에 대하여 같은 말씀으로 주님은 사도 요한을 통해 이렇게 말씀하셨습니다.

"하나님이 세상을 이처럼 사랑하사 독생자를 주셨으니 이는 저를 믿는 자마다 멸망하지 않고 영원한 생명을 얻게 하여 주셨습니다."(요3:16) 하고 말입니다. 이렇게 우리를 사랑하심에 대하여 선포하신 말씀을 하나님께서는 이렇게 실행하셨습니다.

"하나님은 외아들을 세상에 보내셔서 우리가 그를 통해 살 수 있게 하심으로 우리에게 자기의 사랑을 나타내셨습니다."(요일4:9) 하고 말입니다. 하나님의 말씀이 이러함으로 여러분이 하나님에게서 받은 사랑이 있다면, 형제를 사랑하는 그것으로 하나님의 사랑을 나타내게 되는 것입니다. 그렇게 하나님이 우리를 사랑하셨다는 것을 세상에 알리게 되는 것입니다.

그러므로 위와 같이 "하나님이 우리를 사랑하사 외아들을 세상에 보내셔서 우리가 그를 통해 살 수 있게 하심으로 우리에게 자기의 사랑을 나타내셨습니다."라는 말씀은, 그와 같이 "하나님은 사랑이십니다."라고 성경에 기록하신 말씀이 사실임을 "증명"해 주는 말씀이 되는 것입니다.

이렇게 자비가 풍성하신 하나님이, 유대인들이 주장하는 것처럼 자신들의 아버지 하나님이셨다면, 그들은 예수님을 사랑했을 것입니다. 그것은 왜냐하면 예수님께서는 유대인들에게, 주님을 영광스럽게 하시는 분은, "바로 너희가 너희 하나님이라고 부르는 내 아버지이시다."(요8:54) 하고 말씀하셨기 때문입니다.

그리고 예수님께서는 그들의 아버지 하나님에게서 나와서, 그들이 있는 그곳에 함께 계셨기 때문입니다. 그것도 예수님이 마음대로 오신 것이 아니라, 그들의 아버지 하나님께서 보내셔서 오셨기 때문(요8:42)입니다.

그러한 분이신데도 유대인들은 하나님에게서 오는 사랑을 받지 못하였기 때문에, 하나님의 아들이신 주님을 사랑하지 못하는 것입니다. 이렇게 하나님의 아들이신 주님을, 사랑하지 않는다는 것은, 그만큼 유대인들은 "하나님 아버지와 하나님의 아들이신 주님을 '모르고 있는 것'"입니다. 그래서 주님은 유대인들에게 "너희는 그분을 모르지만' 나는 알고 있다."(요8:55) 하고 말씀하셨습니다.

이렇게 아버지와 아들을 모르기 때문에, 유대인들은 주님을 죽이려고(요8:37; "나를 죽이려고 한다.") 하는 것입니다.

그래서 주님은 "사실 '너희를 죽이는 사람들'이, 자기는 그렇게 하는 것이 '하나님을 섬기는 것'이라고 생각할 때가 올 것이다. 그들은 '아버지와 나를 모르기 때문'에 그런 짓을 할 것이다."(요16:2-3) 하고 말씀하셨던 것입니다. 그러므로 유대인들은 위 말씀과 같이 "'아버지와 아들을 모르기 때문'에 예수님을 죽이려고 하는 것"입니다.

마찬가지로 하나님의 자녀를 사랑하지 않는 사람도, 하나님을 모르는 사람인 것입니다. 그것은 왜냐하면 "사랑은 하나님에게서 오는 것"이라고 말씀하셨고 "사랑하는 사람은 하나님에게서 나서 하나님을 압니다."(요일4:7) 하고 말씀하고 있기 때문입니다. 그리고 반대로는 "사랑하지 않는 사람은 하나님을 알지 못합니다."(요일4:8) 하고 말씀하고 있기 때문이기도 합니다. 왜 이렇게 사랑하지 않는 사람은 하나님을 알지 못하는 것일까요?

다시 말씀을 드리자면, 그것 또한 예수님의 경우와 마찬가지이기 때문입니다. "그것은 하나님이 사랑이시기 때문입니다." 그렇습니다.

하나님이 사랑이시기 때문에, 성령님을 통해 하나님의 자녀들에게, 자기의 사랑을 부어 주신 것입니다. 그러므로 하나님의 자녀들은, 그분의 본성이 그분의 자녀들 안에 있는 것입니다. 그러하기에 서로 사랑하는 사람들은, 형제를 진실로 사랑하는 그것으로 자신 안에 하나님의 사랑이 머물러 있다는 것을, 그 형제들을 통해 나타내는 것입니다. 그리고 그렇게 사랑함으로써 자신이 하나님에게서 났다는 것을 증명하게 되는 것입니다. 이런 사람들이 "하나님을 압니다."라는 말씀처럼 하나님을 아는 사람인 것입니다.

그러나 반대로 형제를 사랑하지 않는 사람은, 하나님의 사랑이 그 사람 안에 머물러 있지 않기 때문에, 자기 형제의 궁핍함을 보고도 사랑하지 못하는 것입니다. 사도 요한을 통한 주님의 말씀처럼 말입니다.

"누구든지 세상 재물을 가지고 있으면서 자기의 형제가 '궁핍한 것'을 '보고도' **'마음의 문을 닫고 그를 동정하지 않는다면'** 어떻게 그에게 **'하나님을 사랑하는 마음이 있다고 하겠습니까?'**(요일3:17; 공동번역) 하셨습니다.

이처럼 형제를 사랑하지 않는 사람은 하나님을 모르는 사람이 맞는 것입니다. 그것은 하나님은 사랑이시기에 자비가 풍성하셔서, 택하신 자들을 통해 그의 형제가 궁핍한 것을 보신다면, 그냥 지나칠 수 없는 분이시기 때문입니다. 그래서 우리가 하나님께 10,000달란트나 되는 빚을 진 것도 하나님께서는 우리를 "불쌍히 여기셔서" 탕감해(마18:27) 주셨다고 말씀하시지 않았습니까? 10,000달란트는 옥스퍼드원 어성경대전에 의하면, 하루 동안 6,000만 명이 일한 품삯으로서, 예를 들어 한 사람이 1년에 300일을 일한다고 가정하면, 이는 무려 20만 년 동안 일해야 받을 수 있는 임금에 해당한다고 말합니다.

그렇게 엄청나게 큰 은혜를 받았음에도 불구하고, 자기에게 100데나리온 빚진 동료를 만나 멱살을 잡고, 동료의 간청을 들어주지 않고, 빚을 다 갚을 때까지 감옥에 가둬 버린 사람(마18:28-30)과 같이, 자기 형제를 "불쌍히 여기는 마음이 없는 그런 사람 안에는," "하나님의 사랑이 없다는 것"입니다. 그렇습니다. 위와 같은 이기적인 사람들 마음에는 하나님의 사랑이 없는 것입니다. 위와 같은 이기적인 자신의 마음이 하나님을 아는 지식을 가로막는 것입니다. 그래서 하나님을 모르는 것입니다.

이렇게 하나님의 사랑이 없는 이기적인 사람은, 자기 형제가 궁핍한 것을 보고도 마음의 문을 닫고, 자기의 형제를 사랑하지 못하는 것입니다. 이와 같은 사람을 보고 주님은 사도 요한을 통해 "형제를 사랑하지 않는 사람은 하나님을 모릅니다."(요일4:8) 하고 그렇게 말씀을 하신 것입니다. 위와 같이 형제를 사랑하지 않는 사람이 하나님을 모르는 그 이유를 주님께서는 "하나님은 사랑이시기 때문입니다." 하신 것입니다.

이렇게 하나님은 사랑이시기 때문에 "사랑은 하나님에게서 오는 것입니다."(요일4:7; 공동번역) 하고 말씀하시지 않았습니까?

그리고 "사랑하는 사람은 하나님에게서 났으며 하나님을 압니다."(요일4:7) 하고 그렇게 말씀하시지 않았습니까?

그와 같이 형제를 사랑하는 사람들은, 하나님이 의로운 분이시며, 자비로운 분이심을 아는 것입니다. 그러므로 "하나님이 의로우신 분이심을 안다면, 의를 행하는 사람들이 모두 그분의 자녀라는 것을 잊지 마십시오."(요일2:29; 현대인의 성경) 하고 말씀하시지 않았습니까?

이렇게 "그리스도 안에서 사는 사람들이 모두 하나님의 자녀들인 것"입니다. 그래서 여러분들이 하나님의 자녀이기 때문에 성령님의 도움으로 하나님을 부를 때에 "아바 아버지(공동번역; 아빠, 아버지)"(갈4:6)라고 부르고 있지 않습니까?

이렇게 여러분들이 하나님의 자녀이므로 성령님의 도움을 받아 하나님을 "아빠, 아버지"라고 부를 정도로 "여러분은 하나님을 알고 있는 것"입니다. 그와 같이 하나님을 "아빠, 아버지"라고 부르는 사람들을 "하나님도 하나님의 자녀인 여러분을 이미 알고 계신 것"입니다.

이렇게 여러분이 하나님의 자녀들이기 때문에, 하나님께서 **"성령을 우리 마음에 보내 주셔서,"** 우리가 하나님을 "아빠, 아버지"라고 부를 수 있게 하셨다(롬8:14-15, 갈4:6)고 위에서도 이미 말씀을 드렸습니다. 이렇게 하나님께서 성령님을 우리 마음에 보내 주셔서, 우리가 하나님을 "아빠 아버지"라고 부르게 하심과 같이, "하나님이 **'우리에게 주신 성령을 통하여,'** '우리 마음에 그분의 사랑을 부어 주신 것입니다.'"(롬5:5)

이렇게 하나님께서 우리에게 주신 성령님을 통하여, 자신의 사랑을 우리 마음에 부어 주심으로, 하나님의 자녀들은 자신 안에, 하나님의 사랑이 머물러 있게 된 것입니다. 이것으로 우리는 행함과 진실함으로 형제간에 서로 사랑하게 되는 것입니다.

이렇게 그리스도의 형제를 서로 사랑하며 사는 사람들이, 그리스도 안에서 사는 사람들인 것입니다. 이러한 사람들이 하나님이 의로운 분이심을 아는 사람들이요, 이처럼 하나님이 의로우신 분이심을 아는 사람은, 의롭게 사는 사람들이 다 하나님의 자녀인 것을 알게 되는 것(요일2:29)입니다.

이렇게 의롭게 사는 하나님의 자녀들은 "하나님과 예수 그리스도를 아는 지식"을 갖추고 있는 것입니다. 그것으로 하나님의 은혜와 평안을 누리게 되는 것입니다. 이런 참된 지식은 저절로 얻어지는 것이 아닙니다.

그것은 이 같은 참된 지식 곧 "하나님과 예수 그리스도를 아는 지식"에 대하여 분명하게 "이런 것들을 갖춘다면"(벧후1:8)고 하셨고 "이런 것들을 갖추지 못한 사람은" "앞 못 보는 소경이며 자기의 옛 죄가 깨끗해진 것을, 잊어버린 사람"(벧후1:9)이라고도 하셨습니다. 이와 같이 "하나님을 모르는 사람들"은 "앞 못 보는 소경"이며 "자신의 옛 죄가 깨끗해진 것을, 잊어버린 사람"인 것입니다.

이처럼 "하나님을 알지 못한 사람들"이 된다면, 유대인들처럼 본다고(요9:40; 우리도 눈이 먼 사람이라는 말이오?)는 하지만, 하나님의 아들 예수님을 알아보지(요16:3) 못하는 영적 소경에 속한 사람이 되는 것입니다. 그리고 이러한 사람들은 세상의 재물을 가지고 있으면서, 자기의 궁핍한 형제를 보고도 도와주지 않으므로, 그것으로 하나님의 사랑이 그 속에 없다는 것을 나타내는 그런 사람이 되는 것이기도 한 것입니다.

위와 같은 교회가 되면 어떻게 되겠습니까? 하나님의 형벌을 피할 수 있겠습니까?

이렇게 "하나님과 예수 그리스도를 아는 지식을 가로막는 그러한 일"을 하는 교회가 있는 것입니다. 그래서 교인들이 자신의 진정한 이웃이 누구인지도 모르고 있는 것입니다.

맨 처음부터 하나님께서는 "나를 사랑하고 내 계명을 지키는 자에게는 천 대까지 은혜를 베푸느니라."(출20:6) 하고 분명하게 말씀하심으로써 형제 사랑에 집중되어 있건만 모르고 있는 것입니다. 이렇게 "우리가 서로 사랑함으로 주님과 하나가 되는 것"(요17:20-21)이건만, 분열하도록 선교라는 미명하에 세상 어려운 이웃을 사랑하라고, 그들을 도우라고 잘못된 이론을, 교인들에게 가르치고 있는 것입니다. 선교가 잘못되었다는 것이 아닙니다.

"내 이웃이 누구인지도 모르고, 교인들을 가르치고 있다는 것이 잘못되었다는 것입니다." 이런 엄청난 오류를 교회가 범하고 있는 것입니다.

주님께서 "내 이웃이 누구입니까?" 하고 질문한 율법 학자에게, "강도를 만난 자의 비유"를 들어, 그를 불쌍히 여긴 사마리아 사람이라고, 형제에게 자비를 베푼 강도 만난 자의 이웃에 대하여 분명하게 말씀하셨건만, 자비는 심판을 이긴다는 것(약2:13)을 알아듣지 못하는 사람들이 많은 것입니다. 그렇게 이웃을 잘못 해석함으로, 마태복음 25장에 있는 그리스도 최후의 심판에 관한 말씀에서도, 마찬가지로 잘못 해석하게 되어, **"교인들을 온통 영원한 불 속으로 몰아넣는, 그야말로 엄청난 오류를 교회가 범하고 있는 것"**입니다.

그와 같이 잘못된 해석으로 인하여 벌어지는 일이 그것뿐이겠습니까?

선교, 지옥 자식으로 만드는 도다

　자신의 진정한 이웃을 모르기 때문에, 형제간에 서로 사랑을 소홀히 여기게 합니다. 이래 놓고서는 세상 이웃에게는, 그리스도의 사랑을 전한다고, 최우선 과제로 삼는 것입니다. 그래서 "험한 산도 나는 괜찮소. 바다 끝이라도 나는 괜찮소. 죽어가는 저들을 위해 나를 버리길 바라오. 아버지 나를 보내 주오. 나는 달려가겠소. 목숨도 아끼지 않겠소. 나를 보내 주오." 하고 찬양하는 것입니다. 찬양은 얼마나 좋습니까? 그러한 정신으로 선교를 한다는 것에는 이견은 없습니다. 그러나 하나님의 말씀을 바르게 알지 못하고 선교한다는 것은, 그저 자신의 목숨을 마귀에게 바쳐서, 마귀의 뜻이 이루어지도록 도와주는 역할을 하는 것이나, 다름없다는 것을 말씀드리고자 하는 것입니다.

주님께서는 너희는 가서 이 세상 모든 사람에게, 그와 같이 선교하여 그리스도의 제자로 삼아, 아버지와 아들과 성령의 이름으로, 그들에게 세례를 베풀라고만 말씀하시지 않으셨습니다. 주님은 이어서 이렇게도 말씀하셨습니다.

"내가 너희에게 명령한 모든 것을 그들에게 가르쳐 지키게 하라."(마28:20; 새 번역 성경) 하셨습니다. 많은 사람이 위의 말씀을 쏙 빼놓고 "너희는 가서 이 세상 모든 족속으로 제자로 삼아 아버지와 아들과 성령의 이름으로 세례를 주고"라는 말씀만 가르치고 있는 것입니다. 왜 위의 말씀을 빼놓고 가르치고 있습니까?

그것은 자신들이 "내가 너희에게 명령한 모든 것을"(마28:20) 이렇게 주님께서 우리에게 명령한 모든 것을 실천하지 못하고 있기 때문입니다. 한마디로 말씀을 드린다면 "하나님의 말씀에 불순종하고 있기 때문"입니다.

그렇지 않고 교회들이 하나님의 말씀에 지금까지 순종하고 있었다면, 지금의 교회가 바르게 세워져서, 형제들로 인산인해를 이루고 있었을 뿐만 아니라, 많은 사람이 하나님을 높이고 찬양하며, 여러분을 환영하며 오늘날도 여전히 여러분을 칭찬하고 있었을 것입니다.

그런데 오늘날 어떻습니까? 교회가 많은 사람에게 칭찬을 받고 있습니까?

많은 사람이 교회 안에 들어오고 싶어 합니까? 우리 그리스도인의 형제가 되고 싶어 합니까?

왜 세상 사람들이 하늘나라의 기쁜 소식의 복음을 듣고도 교회로 오고 싶어 하지를 않을까요?

그것은 우리가 주님께서 명령하신 말씀에 불순종하고 있어서가 아닐까요?

주님은 제자들에게 "너희는 가서 모든 민족을 제자로 삼아, 아버지와 아들과 성령의 이름으로 세례를 주고, **내가 너희에게 명령한 모든 것을, 그들에게 가르쳐 지키게 하라.**"(마28:19-20) 하셨습니다. 사도들은 주님께서 분부하신 대로 행하였으며, 편지로 기록하여 그 당시와 지나온 세대들과 우리에게까지 "주님께서 명령한 모든 것"을 가르쳐 지키게 하였습니다.

그러므로 오늘날 시대의 사람들은 더욱더 하나님께 감사를 드려야만 하는 것입니다. 그것은 하나님의 은혜로운 말씀을 사도들로 기록하여, 골고루 접할 수 있도록 오늘날 세대에게 허락하여 주셨기 때문입니다. 그것은 그동안에 사도들이 주님께 받아 쓴 편지들이 잘 제본되어 한 권의 성경책으로 출간된 것입니다.

이렇게 지나온 세대들보다 더욱 큰 은혜로, 누구나 한눈에 볼 수 있도록, 오늘날의 세대들에게 하나님께서는 자비를 풍성하게 베풀어 주신 것입니다.

이렇게 하나님께서 풍성한 자비를 베풀어 주셨는데도 불구하고, 오늘날 교회들이 이같이 큰 구원을, 너무나도 소홀히 대하고 있는 것입니다. 그것은 "주님께서 명령하신 말씀들을 지키지 않는 것입니다." 주님께서는 "나는 아버지의 명령이 영원한 생명임을 안다."(요 12:50) 하고 말씀하셨는데도 말입니다. 그렇습니다. 주님을 통해 전하신 "아버지의 명령은 영원한 생명인 것"입니다.

그리고 모세를 통해 이런 말씀도 하셨습니다.

"하나님이 여러분을 위해 여러분의 동족 가운데서 나와 같은 예언자 한 사람을 세우실 것입니다. 여러분은 그의 말에 순종해야 합니다. **'그의 말에 순종하지 않는 사람은 누구든지 멸망 당할 것입니다.'"**(행3:22-23; 현대인의 성경) 하고 말입니다. 그러므로 여러분들은 그리스도의 아버지께서 명령하신 말씀을 소홀히 여기지 마십시오. 이 큰 구원을 소홀히 여긴다면 어떻게 그분의 형벌을 피할 수 있겠습니까?

그러므로 여러분들은 주님께서 선포하신 말씀들을, 성령님을 의존하여 마음에 간직하고 실천하는 사람이 되십시오. 그러면 성령님께서 말씀에 관한 모든 것을 가르쳐 주시고, 주님께서 선포하신 모든 말씀을 생각나게 해 주실 것(요14:26)입니다.

그러므로 이제 여러분에게 다시 묻겠습니다. 주님께서 명령하신 말씀이 무엇이었습니까?

주님께서는 이렇게 명령하셨습니다.

"서로 사랑하여라.' '내가 너희에게 명령한 것이 바로 이것이다.'"(요 15:17; 현대인의 성경) 하고 말입니다. 새 번역 성경은 이렇게 해석하고 있습니다. **"내가 너희에게 명하는 것'**은 이것이다. **'너희는 서로 사랑**

하여라." 그렇습니다. 주님께서 우리에게 "명령하신 것"은 우리가 서로 사랑하라는 것이었습니다. 이렇게 아버지께서 자기 아들을 통해 서로 사랑하라고 명령하신 것이 영원한 생명임을 아는 것(요12:50)이었습니다.

그리고 이렇게 우리가 서로 사랑하는 것이 바로 그리스도의 계명을 지키는 것(요15:12)이었습니다. 그리고 이렇게 우리가 그리스도의 계명을 지킴으로써 "너희도 내 계명을 지키면 내 사랑 안에서 살게 될 것이다."라는 말씀과 같이 그리스도 안에서 사는 것(요15:10)이었습니다. 그리고 또한 이렇게 그리스도 안에서 사는 사람이, 바로 하나님의 계명을 지키는 것(요일3:23)이었습니다.

그것은 곧 "하나님의 계명을 지키는 사람은 하나님의 안에 살고 하나님도 그 사람 안에 계신다고 말씀하셨기 때문"(요일3:24)입니다. 이렇게 하나님 안에서 사는 사람이 바로 완성된 인생의 삶을 사는 것(요일4:16-17)입니다. 그러므로 여러분은 하나님의 계명을 지키십시오.

하나님의 계명은 바로 그리스도의 계명입니다.

"우리가 하나님의 아들 예수 그리스도를 믿고 **'그리스도께서 명령하신 대로 서로 사랑하는 것'**이 바로 **'하나님의 계명을 지키는 것입니다.**"(요일3:23) 그렇습니다. 예수 그리스도께서 "명령"하신 대로 서로 사랑하라는 것이 "하나님의 계명"인 것입니다. 그래서 주님은 또 사도 요한을 통해 "하나님의 계명을 지키는 사람은 하나님 안에서 살고 하나님께서도 그 사람 안에 계십니다."(요일3:24) 하고 말씀하신 것입니다. 하나님의 계명도 주님의 말씀과 다른 것이 하나도 없습니다. 여호와 하나님께서 이스라엘 백성들에게 명령하신 계명을 보십시오.

　"**나를 사랑하고 내 계명을 지키는 자**'에게는 천 대까지 은혜를 베푸느니라."(출20:6) 하고 말씀하시지 않았습니까? 그리고 "하나님을 사랑하는 방법"에 대해서는 사도 요한을 통해 이렇게 말씀하셨습니다.

　"**하나님을 사랑하는 것**'은 곧 그분의 계명을 지키는 것입니다."(요일 5:3) 하고 말입니다. 그러면 "하나님의 계명"은 무엇이었습니까?

　"**그리스도께서 명령하신 대로 서로 사랑하는 것**'이 바로 '하나님의 계명을 지키는 것입니다.'"(요일3:23) 하고 말씀하시지 않았습니까? 그러면 또 "그리스도의 명령"은 무엇이었습니까?

　"'너희는 서로 사랑하여라.' **내가 너희에게 명령한 것**'이 바로 이것이다."(요15:17) 하고 말씀하신 계명이 아닙니까? 위에 계명들을 하나로 종합한 계명이 바로, 그리스도께서 "이것이 내 계명이다."라고 말씀하신 것입니다. 바로 이 계명이 "하나님의 계명"인 것입니다.

　"내가 너희를 사랑한 것처럼 너희도 서로 사랑하여라. 이것이 내 계명이다."(요15:12) 그렇습니다. 하나님께서 외아들을 세상에 보내셔서, 우리가 그를 통해 살 수 있게 하심으로, 우리에게 자신의 사랑을 나타내신 것입니다. 이렇게 하나님이 우리를 사랑하신 것처럼, 우리도 서로 형제를 살리는 사랑을 해야만 하는 것입니다. 그와 같이 우리가 서로 사랑하는 것이 하나님을 사랑하는 사람이요. 하나님의 계명을 지키는 사람인 것입니다. 그런 사람에게 하나님께서는 천 대까지 은혜를 베푸시는 것입니다.

그리고 위와 같이 사는 사람들이 "그리스도 안에서 사는 사람"이며 "그리스도인으로서 완성된 인생의 삶을 사는 사람인 것"(요일4:15-17)입니다.

이렇게 그리스도 안에서 사는 사람(요15:9-10, 12)은 그리스도와 하나가 된 사람(갈3:26-28)입니다. 그리고 이렇게 그리스도와 하나가 된 사람은, **"아버지께서 내게 주신 영광'**을 나도 그들에게 주었습니다."(요17:22) 하고 기도하신 것과 같이, 하나님께서 그리스도에게 주신 하나님의 영광을 그리스도로부터 받은 사람인 것입니다. 이렇게 그리스도께서 아버지에게서 받으신 그 영광(벧전2:9; 놀라운 빛)을 주신 것은, "아버지와 그리스도가 하나이신 것"처럼, "그리스도 안에 있는 사람들도 하나가 되게 하려는 것"(요17:22; 현대인의 성경)입니다.

이처럼 "그리스도께서 그리스도와 하나가 된 사람들 안에 있고," "그리스도의 아버지께서는 그리스도 안에 계신 것은," "그리스도와 하나가 된 사람들을 **'완전히 하나가 되게 하려는 것'**"(요17:23)입니다.

또 한 이렇게 완전히 하나가 되게 하시려는 것은 "세상으로 하여금 아버지께서 나(예수님을)를 보내셨다는 것을 알게 하려는 것이며, 또 아버지께서 나(예수님)를 사랑하신 것처럼 이 사람들도 사랑하셨다는 것을 알게 하려는 것입니다."(요17:23) 하고 기도하심과 같이 "그리스도와 하나가 된 사람들도 '하나님께서 사랑하셨다는 것'을 세상으로 알게 하시려는 것"입니다.

그리고 또한 이렇게 "아버지께서 그리스도 안에 계시고 그리스도께서 아버지 안에 계신 것 같이 그리스도와 하나가 된 사람들이 하나가 되어 아버지와 그리스도 안에 있게 하시려는 것"입니다. 그것이 **"하나님의 영원한 계획이신 것"**(엡3:10; 공동번역)입니다. 그러므로 우리는 하나 되지 못하게 분열을 일삼는 사람들을 멀리하고, 서로 진실하게 사랑해야만 하는 것입니다. 그것으로 하나님께서 예수님을 사랑하신 것처럼 우리도 사랑하셨다는 것을 세상에 알게 해야만 하는 것입니다. 이와 같이 "하나님의 사랑을 받아 그리스도 안에서 사는 사람들이, 세상에 나가서 모든 사람을 제자로 삼아 아버지와 아들과 성령의 이름으로 세례를 주고, 주님께서 우리에게 **'명령한 모든 것'**을 '가르쳐 지키게 할 수 있는 것'"(마28:19)입니다. "이렇게 그리스도 안에 사는 사람들과 주님께서는 세상 끝날까지 함께 계시는 것"(마28:19)입니다.

그리고 이렇게 주님의 명령을 실천하는 사람들이 세상에 나가 선교한다면, 바로 그런 사람들이 올바르게 선교하는 사람들이 되는 것입니다. 그리하여 온 세상 사람들이 그리스도 안에서 사는 것입니다. 그러하지 아니하고 주님의 명령에 불순종하는 사람들이 세상에 나가 일한다면, 그것은 필시 자기보다 배나 더 지옥 자식을 만들 뿐인 것(마23:15)입니다.

그러므로 여러분은 잘 생각해 보십시오. 주님의 명령 어디에 세상 이웃을 사랑하면 그리스도 안에서 살 것이라고 말씀하셨습니까?

그리고 그리스도의 계명 어디에 내가 세상 이웃을 사랑한 것처럼, 너희도 세상 이웃을 사랑하라. 하고 "이것이 내 계명이다." 그렇게 제자들을 가르치신 말씀이 기록되어 있을까요?

그리고 또 "우리가 그리스도의 제자라는 것을 세상에 나타내는 것에서도," 그리스도의 말씀 어디에 "세상 이웃을 서로 사랑하여라. 내가 세상 이웃을 사랑한 것처럼 너희도 세상 이웃을 서로 사랑하면 모든 사람이 그것을 보고 너희가 내 제자라는 것을 알게 될 것이다." 하고 주님께서 그렇게 제자들을 가르치신 말씀이 있을까요?

이렇게 하나님의 말씀을 얼토당토않은 말로 해석하여 가르쳐서 멸망을 불러들이게 하는 것입니다. 주님께서 명령을 내리신 말씀이 위의 말씀뿐이겠습니까?

주님께서는 사도 바울을 통해 여자들에게 이렇게 명령하셨습니다. **"여자들'**은 **'교회 집회'**에서 **'말할 권리'**가 없으니 말을 하지 마십시오."(고전14:34; 공동번역) 하셨고 "내가 여러분에게 써 보내는 이 말이 **'주님의 명령'**이라는 것을 '깨달아야만 합니다.' 이것을 '깨닫지 못하는 사람의 말'은 인정할 수 없습니다."(고전14:37-38) 하셨습니다. 이렇게 주님은 앞에 내용으로 사도 바울을 통해 편지를 고린도 교회에 써 보내셨습니다. 그리고 여자들에게 이렇게도 명령하셨습니다.

"여자는 일체 순종하며 조용히 배우도록 하십시오."(딤전2:11; 현대인의 성경) 하고 말입니다.

왜 "주님께서는" 위와 같이 "여자들은 교회 집회에서 말할 권리가 없다"라고 하시고 "여자는 조용히, 언제나 순종하는 가운데 배워야 합니다."(딤전2:11; 새 번역 성경)라고 하셨을까요?

"그 이유에 대하여" 주님은 이렇게 말씀하셨습니다.

"이것은 '아담이 먼저 창조'된 다음에 '이브가 창조'되었으며, **'아담이 속은 것이 아니라,' '여자가 속아서 죄에 빠졌기 때문입니다.'"**(딤전2:13-14) 하셨습니다. 또 이렇게도 말씀하셨습니다.

"이브가 뱀의 간사한 거짓말에 속아 넘어간 것처럼"(고후11:3) 하고 말입니다.

그렇습니다. 아담이 속아서 죄에 빠진 것이 아니라. 여자가 속아서 죄에 빠졌기 때문입니다. 그래서 여호와 하나님께서는 죄에 대한 처벌기준의 순서대로 이브가 죄를 짓도록 가르친 교사범 **"뱀에게 제일 먼저 벌"**(창3:14-15)을 내리셨고, 다음에는 뱀에게 속아서 죄를 실행하여 죄의 빠진 **"여자에게 벌"**(창3:16)을 내리셨으며, 그리고 여자의 말을 듣고 죄를 지은 **"아담에게 벌"**(창3:17-19)을 내리시지 않았습니까?

이렇게 여자가 뱀에게 속아서 죄에 빠졌기 때문에, 주님께서는 사도 바울을 통해 "여자들은 교회 집회에서 말할 권리가 없으니 말을 하지 마십시오." 하셨고 "여자들은 일체 순종하며 조용히 배우도록 하십시오." 하셨으며 "여자가 가르치거나 남자를 지배하는 것을 나(사도 바울은, 곧 주님은)는 허락하지 않습니다." 하고 "명령하신 것"입니다. 주님께서 위와 같이 **"명령"**하셨는데요, 지금의 교회들은 어떻습니까? **"주님의 명령"**에 순종하고 있습니까? 아니면 **"주님의 명령"**에 불순종하고 있습니까?

그렇습니다. 대부분 불순종하고 있는 것입니다.

"나를 사랑하지 않는 사람은 내 말을 지키지 않는다."(요14:24) 하셨습니다. 이렇게 많은 교회가 하나님의 말씀에 불순종하여 지키지 않음으로 **"하나님을 사랑하지 않고 있는 것"**입니다.

현재 보도되고 있는 TV, 일간지에 의하면 한국교회 10개에 교단이 있다면, 3개에 교단을 뺀 나머지 약 70%가 여성 안수하는 일로 **"주님의 명령에 불순종하고 있는 것"**입니다. 왜 저들이 불순종하고 있습니까?

그것은 다른 성경과 같이 잘못 해석하고 있기 때문입니다. 그러므로 여러분들은 저들의 해석을 잘 들어보십시오. 저들은 인간적인 지혜의 방법을 채택하여 이렇게 해석하고 있습니다.

2022년 03월 08일 자, 한 어느 국민일보에 의하면 "여성 안수 않는 교단 3곳 '필요성에는 공감'"이라는 제목하에 이런 글을 보도하고 있었습니다. "여성 안수 반대에 대한 성경적 근거는 가부장적 관점으로 성경을 해석하는 오류"라며 "구약시대 드보라와 같은 여성 사사가 있었고 예수님의 제자 중에도 마리아 등 여성들이 있었다"라고 말합니다. 그러므로 "여성에게 잠잠하라고 한 본문(고전14:34)은 당시 고린도 교회의 독특한 상황에서 나온 것이라고 지적했다."라고 그렇게 해석하는 것입니다. 이렇게 저들은 "하나님의 능력에 의존하지 않고, 사람의 지혜에 의존하여"(고전2:5;) 자신의 교만함을 그대로 드러내고 있는 것입니다.

그렇게 해서 "여자들이 무법한 자들의 말을 듣고 속임수에 빠져들어 가"(벧후3:16-17; 공동번역) "또 죄에 빠진 것"(유1:11; 고라와 같이 하나님을 거역하여 멸망으로 치닫고 있습니다. 말씀과 같이)입니다.

이렇게 "하나님을 모르는 사람들"은 "하나님 앞에서" 그것도 "그분의 말씀을 자기들 마음대로 해석"(요7:17)하여 책임지지도 못할 말을 교인들에게 함부로 해대는 것입니다. 그러므로 자기들을 추종하는 교인들을 온통 멸망으로 치닫게 하는 것(벧후3:16)입니다.

이런 사람들의 입을 막아야만 합니다. 이렇게 그들은 성경 해석을 잘못함으로 온통 교인들을 죽음으로 몰아넣고 있는 것입니다. 그렇게 **"가인의 악한 길"**을 따르고 있으며, 자신들의 더러운 수입을 위해 **"발람의 잘못된 길"**로 달려가고 있는 것입니다. 그리고 **"은혜를 저버리고 제사장직을 찬탈하려던 고라처럼,"** 여자도 목사가 될 수 있다고 잘못 가르침으로써, 하나님을 거역하여 **"멸망으로 치닫고 있는 것"**(유1:11)입니다. 오늘날 교회가 사도 유다의 예언 그대로 성취하고 있는 것입니다.

이 해석은 확실한 것입니다. 그것은 "내(사도 바울)가 가르치거나 전도할 때 '지혜의 설득력 있는 말로 하지 않고' '성령님의 능력으로 한 것'은 **'여러분의 믿음'**이 **'사람의 지혜에 의존하지 않고 하나님의 능력에 의존하도록 하기 위해서였습니다.'"**(고전2:4-5; 현대인의 성경) 말씀과 같이 하나님의 능력에 의존하였고, 사람의 지혜에 의존하지 않았기 때문입니다.

그러므로 위와 같은 "무법한 자들을 따르는 사람들"도 하나님께서는 함께 멸망할 수 있다고 "거기에서 떠나라고"(민16:26, 롬16:17) 하셨고 "그들 가운데서 나오라고도"(고후6:17, 계18:4) 하셨습니다.

이렇게까지 말씀하셨는데도 알아듣지 못하고, 위에서 말씀드린 바와 같이 그렇게 "주님의 명령에 불순종하는 사람들"이, 세상에 나가 전도 또는 선교한다면, 그들을 만난 사람들은 어떤 사람들이 되겠습니까? 마찬가지로 하나님의 말씀에 자신보다 더 불순종하는 사람들이 되지 않겠습니까?

예수님 당시에 율법 학자들과 바리새파 사람들처럼 말입니다. 주님은 율법 학자들과 바리새파 사람들에게 이렇게 말씀하셨습니다.

"율법 학자들과 바리새파 사람들아, 너희 위선자들에게 불행이 닥칠 것이다. 너희는 겨우 **'한 사람을 개종'**시키려고 바다와 육지를 두루 다니다가 **'개종시킨 다음에는'** **너희보다 갑절이나 더 악한 지옥 자식으로 만들고 있다.**"(마23:15; 공동번역) 하셨습니다.

그러므로 주요 교단 여성 목사 안수 현황 보도 자료에 의하면, 하나님의 말씀에 불순종한 자들이 한두 사람으로 시작(위키백과; 1907-1985년; 전밀라, 명화용)하여, 다른 여성 목사를 낳고, 다른 여성 목사들로 또 다른 여성 목사들을 낳고, 또 다른 여성 목사들에 의하여 수많은 여성 목사들로 오늘날 교회를 채우고 있는 것입니다.

"나를 사랑하지 않는 사람들은 내 말을 지키지 않는다."(요14:24) 말씀과 같이, "그렇게 하나님을 사랑하지 않는 하나님의 말씀에 불순종하는 지옥 자식들을 대거 낳고 있는 것"입니다. 이렇게 "하나님의 말씀에 불순종하는 사람들은, 하나님을 사랑하지 않는 자들"인 것입니다. 그러므로 위와 같이 하나님을 사랑하지 않는 그런 사람들을 끊임없이 낳고 있는 것입니다.

오늘날 그렇게 "잘못된 해석을 그대로 믿고 세상에 나가 선교한 결과물"을 여러분들이 눈으로 똑똑히 보고 있는 것입니다. 그렇게 하여 현재 온 세상에 세워진 주님의 몸 된 교회들을 뒤흔들고 있는 것입니다.

이렇게 주님께서 명령하신 말씀을, 아무런 영향력이 없는 것처럼, 아무렇게나 되는대로 듣고 있는 것입니다. 그 말을 알아듣게 다시 확실하게 말한다면 하나님의 말씀에 불순종하는 자들이 **주님의 말씀을 멸시하며 은혜를 주시는 성령님을 모욕하고 있는 것**"입니다. 그러므로 "교인 하나를 얻기 위해 바다와 육지를 두루 돌아다니다가 개종시킨 다음에는 너희 보다 배나 지옥 자식이 되게 하는 도다."(마23:15) 하고 주님께서 율법 학자와 바리새파 사람들에게 하신 말씀이, 오늘날 "주님께서 명령하신 말씀을 멸시"하며, 잘못 해석하여 가르치거나 선교하는 자들에게 딱 들어맞는 말씀이 되는 것입니다. 그렇게 대거 지옥 자식으로 만들고 있는 것입니다.

부활하신 주님께서는 제자들에게 이렇게 명령하셨습니다.

"나는 하늘과 땅에 모든 권한을 받았다. 그러므로 너희는 가서 이 세상 모든 사람을 제자로 삼아, 아버지와 아들과 성령의 이름으로 그들에게 세례를 베풀고, **'내가 너희에게 명령한 모든 것을 지키도록 가르쳐라.'** 내가 세상 끝날까지 항상 너희와 함께 있겠다."(마28:18-20; 공동번역) 하고 말입니다. 그런데 외적 일 곧 아버지와 아들과 성령의 이름으로 세례를 베푸는 일은 하면서 "내가 너희에게 명령한 모든 것을 지키도록 가르쳐라." 하고 이렇게 주님께서 명령하신 내적 일은 하지도 못하고 지키지도 않고 있는 것입니다.

이런 사람들은 회칠한 무덤과 같아서, 안에는 죽은 사람 뼈와 썩은 것이 가득 차 있는 것(마23:27)처럼, 겉으로는 옳은 사람처럼 보일는지는 몰라도, 속은 위선과 불법으로 가득 차 있는 것입니다.

이렇게 주님께서 우리에게 명령하신 모든 말씀을 지키고, 그렇게 서로 사랑하도록 가르치는 것이, 그리스도 안에서 살도록 가르치는 일(요15:10)인데도 하지 않는 것입니다. 이렇게 그리스도 안에서 사는 사람들이, 그리스도와 하나가 되게 하는 일(요17:11, 21)인데도, 하지 않고 오히려 하나가 되지 못하게 분열을 일삼고 있는 것입니다.

그러면서 선교한다고 교인들에게 돈을 거두어, 믿지도 않은 이방인들에게 필요를 따라 나누어 주는 것입니다. 그와 같이 일하는 것이, 겉보기에는 주님의 일을 하는 것처럼 보일런지는 모르겠으나, 실상은 주님의 일을 하는 것이 아닌 것입니다.

그것은 왜냐하면 주님께서는 "너희는 세상 불우한 이웃을 서로 사랑하라." 하고 그렇게 가르치지 않으셨기 때문입니다. 주님은 "내가 너희를 사랑한 것같이 너희도 서로 사랑하라. 이것이 내 계명이다."(요15:12) 하고 가르치셨습니다. 이렇게 주님처럼 우리도 형제를 위하여 목숨을 버려 사랑하라고 가르치신 것(요일3:16)입니다.

이러한데도 형제 사랑하기를 등한시하는 것입니다. 오히려 형제를 업신여기기까지 하는 것입니다. 이렇게 형제를 업신여기고, 형제 사랑하기를 소홀하게 보아 넘기며 하는, 그와 같은 이웃사랑은 그리스도의 형제가 어떤 사람들인지를 모르고 함부로 대하는 사람(마5:21-24; "자기 형제더러 미련한 놈이라고 하는 사람은 '지옥 불의 위험'에 처하게 되리라.") 이며, 교회를 등에 업고 허세 부리는 사람에 가까운 것입니다.

그러므로 주님께서는 때가 되면 "또 거짓 예언자들이 많이 일어나서, 많은 사람을 홀릴 것이다."(마24:11; 새 번역 성경)라고 말씀하셨습니다.

"그리고 불법이 성하여 많은 사람의 사랑이 식을 것이다."(마24:12) 하셨습니다. "주님의 말씀대로 교회는 진정한 하나님의 사랑이 식어 가고 있는 것입니다." 그것은 서로 친형제처럼 서로 사랑하지 않는 것입니다. 우리는 그리스도의 보배로우신 피로 한 형제가 되어, 실제로는 친형제와 비교할 수 없는, 그와 같은 거룩한 형제가 되었는데도 말입니다.

이렇게 하나님의 뜻대로 서로 사랑하지 못하는 데는, 주님의 말씀대로 거짓 예언자들이 많이 일어나, 순진한 많은 교인을 속이고 있기 때문입니다. 그것이 주된 원인으로 작용하고 있는 것입니다.

그러므로 위와 같이 불법이 성행하여, 무법한 목사들이 허세 부리는 일만 늘어가고 있는 것입니다. 이렇게 허세를 부리는 무법한 사람들이 자기를 추종하는 교인들을 심판을 받게(마25:42-45) 하는 것입니다. 그리고 그렇게 그리스도의 심판을 받아 영원한 불에 들어가게 하는 것(마25:41, 46)입니다.

이렇게 마귀는 주로 자기가 사로잡은 목사들을 통해서, 우는 사자와 같이 잡히는 수가 많든 적든 잡히는 대로 삼키려고, 삼킬 자를 찾아 돌아다니고 있는 것(벧전5:8)입니다.

그러므로 우리가 정말 정신을 바짝 차려 깨어 있지 않으면, 마귀의 세상이 되고 말 것입니다. 그러면 주님께서 예언하신 말씀은 현실이 되는 것입니다. 주님은 마지막 시대에 대하여 이렇게 예언하셨습니다. **"내가 올 때에는 세상이 노아의 시대와 같을 것이다."**(마24:37) 하셨고 "홍수 이전 사람들은 노아가 배에 들어가는 날까지 먹고 마시고 장가가고 시집가다가 홍수가 나서 그들을 다 쓸어버릴 때까지도 그런 일이 일어나리라고는 전혀 예상하지 못했다. **'마찬가지로' '내가 올 때도 그럴 것이다.'**"(마24:38-39; 현대인의 성경) 하셨습니다. 주님께서 예언하신 것과 같이, 오늘의 세상이 "노아의 시대와 같이 되면" 어떻게 되겠습니까?

그렇다면 노아의 시대와 같이 경건한 사람 얼마만 구원을 받고, 나머지 수많은 사람은 모두 다 멸망하게 되는 것입니다. 말이 멸망이지, "악한 일을 행하는 자는 심판의 부활로 나오리라."(요5:29) 말씀과 같이 "부활"하여 그리스도의 심판을 받아 영원히 고통 받는 영원한 불에 들어가게 되는 것입니다. 주님의 말씀이 이러하니 사랑하는 형제 여러분, 우리가 어떻게 해야 하겠습니까?

우리가 서로 진실하게 사랑하지 못하는 것은, 마귀가 그렇게 서로 사랑하지 못하도록 홀리고 있기 때문인 것입니다. 왜 마귀는 우리가 서로 사랑하지 못하게 할까요?

그것은 우리가 행동으로 이렇게 진실로 사랑함으로써, 진리에 속한 것을 알게 되고, 하나님 앞에서도 마음을 편안하게 가질 수 있기 때문(요일3:19)입니다. 그리고 사랑이 우리 가운데서 완성되어 우리가 떳떳하게 심판 날을 맞이할 수 있게 되기 때문(요일4:17)입니다. 그리고 또한 "자비는 심판을 이깁니다."(약2:13) 하고 말씀하시지 않았습니까? 이렇게 자비를 베푸는 사람은 심판을 이기기 때문입니다. "이와 같이" **"서로 사랑하는 것이, 마귀를 대항하여 이기는 것입니다."** 그러므로 믿지 않는 악한 마음을 품고 자기 확신을 잃어서, 서로 진실함과 행동으로 사랑하지 않는 사람은, 마귀에게 지는 싸움을 하는 사람인 것입니다. 이렇게 "교회가 사랑이 냉랭하면, 마귀와의 싸움에서 지고 있는 교회인 것"입니다.

그것은 그리스도의 꽃을 피워 열매를 맺는 일을, 할 수 없도록 마귀가 조장하고 있기 때문입니다. 그러므로 아나니아와 삽비라처럼(행5:1-11; 공동번역; 왜, 사탄에게 마음을 빼앗겨 성령을 속이고라는 말씀처럼) 그리스도인은 누구라도 마음을 사탄에게 빼앗기지 말아야만 합니다. 사탄에게 마음을 빼앗겨 버린 사람들은 아나니아와 삽비라처럼 "성도를 돕는 것이 아까워서" 욕심을 부려 감추기 때문입니다. 그러기에 주님께서는 사도 바울을 통해 이렇게 말씀하시지 않았습니까?

"각자 마음에 정한 대로해야 하고, **'아까워하면서 내거나, 마지못해서 하는 일들은 없어야 합니다.'**"(고후9:7; 새 번역 성경) 하고 말입니다.

그 당시 고린도 교회는 성도 간에 나눔을 실천하는 교회(고후9:12-15)였습니다. 그러나 이제는 그 나눔의 사랑이 형식만 남았을 뿐, 계속적으로 실천하는 생활(히6:10-12)은, 언제 실종되었는지 모르게 실종되어 버렸습니다. 그러므로 **"영원히 남아 있을 의의 열매"**(고후9:9, 시112편)는 맺지 못하고 있는 것입니다. 이렇게 의의 열매를 맺는 것이 그리스도 안에서 사는 것이 건만, 그렇지 못한 사람이 많은 것입니다.

그래서 목사들은 헌금을 강조하게 되고, 헌금의 쓰임새는 목회 활동비 및 청원 보조비나, 목사들의 보수, 그들의 차량 지원비 등에 주로 쓰이고 있다고, 사회적 쓴소리가 세상에 보도되어 인터넷을 타고 흘러 돌아다니고 있는 것입니다. 이렇게 방송국에서 뉴스를 제공하는 기자들이 교회를 향하여 쓴소리를 내고 있다는 것은, 그만큼 교회가 정도에서 벗어나 탈선하고 있다는 것이며, 그리스도께서 명령하신 말씀(요13:34-35)에 정반대되는 길을, 걸어가고 있다는 것을 교회가 스스로 보여 주고 있는 것입니다. 그리고 그런 일에 관련된 목사들은 성도 사랑과 거리가 멀다는 것을 **"스스로"** 나타내고 있는 것입니다. 그만큼 그리스도를 알지 못하고 있는 것입니다. 그렇게 그리스도의 고난에 참여하지 않는 것입니다. 그렇게 그리스도의 죽음을 본받지 못하고 있는 것입니다.

이처럼 자기들의 욕심대로 살며, 더러운 이익을 얻기 위해 그럴듯한 언사와 아첨하는 말로, 순진한 사람들을 계속 유혹하는, 그와 같은 사람들을 향하여 주님은, 사도 바울을 통해서 "그들은 거짓되고 자기를 거짓 사도(오늘날에는 거짓 목사)로 가장하는 자들"(고후11:13)이라고 분명하게 말씀하시지 않았습니까?

교회가 이러하기에 성도들이 헌금할 때, 아까워하는 사람이 있는 것이며, 마지못해서 내는 사람들이 있는 것입니다. 그렇게 그들은 헌금을 하나님께 드리는 일에도, 성도들이 아나니아와 삽비라처럼 마음을 사탄에게 빼앗겨서, 기쁜 마음으로 하지 못하고, 사탄을 따라 마음을 저울질하게 하여, 악한 죄를 짓게 하는 것(행5:1-10)입니다. 그러므로 여러분들은 그렇게 멸망으로 치닫는, 제사장직을 찬탈하려던 고라와 부정한 소득을 위해 달려가는 발람과 같은 거짓 목사들(유1:11)을 쫓아다니지 마십시오.

만일 여러분이 듣지 않고 계속 고집부리다가는 여러분도 그들의 일에 동참하는 일(요이1:11)로 그들과 함께 멸망할 수 있습니다. 그러기에 주님은 **"너희가 배운 교리에서 역행"**하여 '분열을 일으키고 공박하는 자들'(공동번역; 죄짓게 하는 사람들)을 주의하고 **'그들에게서 떠나라.'**(롬16:17; 킹 제임스 성경) 하고 말씀하시지 않았습니까?

"그러한 자들은 '우리 주 예수 그리스도를 섬기는 것이 아니라, 자

기들의 배를 섬기는 것'이니 정중한 말과 그럴듯한 언변으로 순진한 사람들의 **마음을 미혹하느니라.**"(롬16:18; 킹 제임스 성경) 하고 말입니다. 그렇게 하나님의 말씀을 팔아 여러분의 마음을 유혹하는 것입니다. 그렇게 여러분의 호주머니를 털어 자기들의 배를 그들의 신으로 섬기는 것입니다.

그리고 위와 같이 "계속 죄를 짓는 사람은 그리스도를 보지도 못하였고 그분을 알지도 못한 것입니다."(요일3:6)라는 말씀과 같이, 계속 죄를 짓는 사람들은 하나님과 그분의 아들을 모르는 사람인 것입니다. 그러기에 하나님의 사랑이 그들에게 머물러 있지 않은 것입니다. 그와 같은 사람들은 하나님의 자녀들을 사랑할 수 없는 것입니다.

그러나 하나님의 자녀들은 다른 것입니다. 그와 같이 하나님의 자녀들이 다른 것은, 그들은 하나님의 자녀들을 참으로 사랑하기 때문입니다.

하나님의 자녀들이 형제를 사랑하는 것은 "사랑은 하나님에게서 오는 것이기 때문"(요일4:7)입니다. 그러므로 서로 사랑하는 그리스도인들은 "하나님에게서 나서 하나님을 알게 되는 것"입니다. 그것을 증명하는 말씀이 바로 "하나님은 사랑이시기 때문입니다."(요일4:8) 하는 말씀입니다. 이렇게 하나님의 자녀들은 "하나님의 본성"을 지니고 있어서, 그리스도인이 사랑하지 못한다는 것은, 그리스도인으로서는 그만큼 힘들고 괴로운 일인 것입니다.

그러므로 그와 같이 자기도 형제를 사랑하지 않으면서, 그리스도인들도 서로 사랑하지 못하도록 조장하는 사람들은, 사탄에게 마음을 빼앗겨 버린 사람들로서, 길가, 돌밭, 가시나무 숲에 떨어진 씨와 같은 사람들인 것입니다. 이렇게 좋은 씨가 심령 땅에 떨어졌으나, 마음을 사탄에게 빼앗겨 나쁜 열매를 맺는 그와 같은 사람들은, 의로운 일을 하지 못하는 것입니다. 그와 같은 사람에 대하여 주님은 사도 요한을 통해 이렇게 말씀하셨습니다.

"의로운 일을 하지 않거나 형제를 사랑하지 않는 사람은 하나님의 자녀가 아닙니다."(요일3:10) 이렇게 분명하게 "하나님의 자녀가 아니라 마귀의 자녀"(요일3:10)라고 말입니다. 말씀이 이러함으로 형제들을 사랑하는 것이 불편하다고 생각하는 사람들은 자신을 시험해 보십시오. 그리스도께서 자신 안에 계시는지(고후13:5)를 말입니다.

이렇게 교회 안에 하나님의 자녀와 마귀의 자녀가 함께 동거하고 있어서, 그리스도인들이 모두 고난을 다 당하고 있는 것입니다.

그러므로 주님께서 사도 베드로를 통해 "온 세상에 퍼져있는 여러분의 교우들도 같은 고난을 다 당해 왔습니다."(벧전5:9; 공동번역) 하고 말씀하시지 않았습니까?

그러므로 여러분들은 생각해 보십시오. 지금까지 세상에서 주로 "주님을 전혀 믿지 않는 이방인들이," 그리스도 형제들에게 박해를 가해 왔는지, 아니면 "하나님을 믿는다는 사람들이," 그리스도의 형제들에게 박해를 가해 왔는지를 말입니다.

지금도 변함없이 "주님을 믿는다는 사람들이" 주로 그리스도의 형제들을 괴롭히고 있는 것입니다. 그만큼 교회 안에 사탄의 유혹에 빠져 정신을 차리지 못하는 사람들이 많다는 증거인 것입니다. 그래서 마귀에게 미혹되어 그리스도에게서 떨어져 나가 교회 안에서 활동하는, 마귀의 종노릇을 하는 자들에게, 그리스도의 형제들이 같은 고난을 다 당하는 것입니다.

그래서 주님은 다윗을 통하여 아래와 같이 말씀하시지 않았습니까?

"나를 모욕하는 자가 원수였다면 차라리 견디기 쉬웠을 것을, 나를 업신여기는 자가 적이었다면 그를 비키기라도 했을 것을, 그러나 그것은 **내 동료, 내 친구, 서로 가까이 지내던 벗, 성전에서 정답게 어울리던 네가 아니냐!**"(시55:12-14; 공동번역) 하고 말입니다. 다윗은 이렇게 갑자기 뒤통수를 얻어맞듯 큰 충격에 빠졌습니다. 그것은 다름 아닌 내 동료, 내 친구, 서로 가까이 지내던 벗, 성전에서 정답게 어울리던 교우였기 때문입니다.

한순간에 주님을 배반하고 팔아 버린 주님의 제자였던 가룟 유다와 같았던 것입니다. 이렇게 한 형제로 자매로 함께 어울리던 목사와 교우가, 어느 때부터 마귀에게 미혹되어, 그들이 마귀의 종노릇을 함으로써, 형제들을 핍박하는 것입니다.

그래서 다윗은 그들이 이렇게 되기를 부르짖지 않았습니까?

"홀연히 사라져버려라. 죽음이 그들 위에 무너져 내려라. 산 채로 지하로 내려가 버려라. 그들이 사는 곳, 그들의 집은 죄악의 소굴이다."(시55:14-15; 공동번역) 하고 말입니다. 여호와를 거역했던 고라와 반역자들이 산 채로 지옥 불에 떨어진 것처럼(민16:31-33) 내려가 버리라고 한 것입니다. 고라와 반역자들도 한 동족이요, 형제요, 레위인이요, 교우들이 아니었습니까?

그들이 같은 동족이요, 형제요, 레위인이요, 교우들로써 자기들과 서로 같은 모세와 아론에게 대항한 것이 아닙니까?

하나님을 믿는다는 사람들이 자신과 같은 이스라엘 민족이요, 동족이요, 형제인데도 불구하고 사울은 어떠하였습니까? 주님의 제자를 죽이는데 찬성(행8:1)할 뿐만 아니라 다메섹에까지 가서 믿음의 형제들을 잡아 오려고까지 그렇게 핍박하지(행9:1-5) 않았습니까?

이렇게 하나님을 믿는다는 사람들이 마귀에게 미혹되어, 여전히 그리스도인들을 괴롭히고 핍박하는 것입니다. 그러니 사랑하는 형제 여러분, 여러분은 마귀에게 미혹 당하지 않게 조심하십시오. 그리고 서로 사랑하는 법을 배우십시오.

마귀는 믿음 위에 굳게 서서, 서로 사랑하는 사람들을 당해 내지 못합니다. 그러므로 서로 사랑하십시오. 그리스도께서 말씀하신 대로 형제를 서로 사랑하십시오. 그리스도께서 우리에게 서로 사랑하라고 명령하셨습니다.

"서로 사랑하여라. 내가 너희에게 명령한 것이 바로 이것이다."(요15:17) 하고 말입니다. 여호와 하나님께서는 모든 하나님의 백성들에게 이렇게 선포하셨습니다.

"나를 사랑하고 내 계명을 지키는 자에게는 천 대까지 은혜를 베푸느니라."(출20:6) 하고 말입니다. 하나님의 말씀이 이러함으로 우리 주님의 말씀대로 그리스도 안에 살면서 전도하고 선교하십시오. 그러면 "내가 세상 끝날까지 너희와 항상 함께 있을 것이다."(마28:20) 하고 주님께서 말씀하신 대로 여러분과 세상 끝날까지 함께 계실 것입니다.

주님의 은혜와 평안이 여러분에게 함께 하기를 우리 주 예수 그리스도 이름으로 기도합니다. 아멘.

마귀의 종노릇을 하는 목사들

오늘날 많은 신앙인들이 하나님의 능력에 의존하지 않고, 사람의 지혜에 의존함으로써, 주의 길에서 벗어나 있는 것을 볼 수 있습니다. 그들은 자신들이 터득한 이 세상 지혜를 말합니다. 박사, 석사, 학식, 고학력, 유창한 외국어, 대단한 약력, 대단한 지위 등등 이렇게 배움에 기대어, 하나님의 능력에 의존하지 않고, 사람의 지혜에 의존함으로써, 자신의 교만함을 하나님 앞에서 여지없이 드러내고 있는 사람들이 있는 것입니다. 사도 바울은 그리스도를 위하여, 그동안에 터득한 모든 지식을 해로 여길뿐더러, 배설물로 여긴다고(빌3:7-8) 고백하고 있는데도 말입니다.

　그러므로 한 KBS뉴스 보도의 의하면 어떤 사람은 "모 교회는 사회적 위치로 보면 대기업이나 마찬가지인데 담임목사 연봉(1억 5천여만

원)이 적다"면서, "은퇴했다고"하는 그런 말을 했다는 것입니다. 이렇게 하나님의 일을 하는 것에 있어서도, 교회를 사회처럼 생각하고 자신의 많은 배움의 대가를 바라다보고, 목사 자격증을 취득하는 사람들이 있는 것입니다.

이렇게 "하나님의 선물을 이용"하여, 부정한 이익을 탐내어, 그것으로 자신의 배를 섬기려고 하는 자들이 적지 않은 것입니다. 이렇게 진리에 역행하는 사람들이 적지 않은 것(롬16:17-18)입니다. 이런 사람들은 위험천만한 사람인 것입니다.

이런 잘못된 행동들이 벌어지고 있는, 오늘날의 교회 세상입니다.

오늘날 이렇게 사탄에게 마음을 빼앗겨서, 사탄의 뜻을 좇아 사는 사람들이 목사뿐만 아니라, 교인들도 많이 있는 것입니다. 어떤 한 교인의 예를 들어보겠습니다.

주님을 믿는 어느 청소년이 전동킥보드를 타고 가다가, 그만 길을 가던 사람과 부딪치는 사고가 났었답니다. 그래서 그 청소년은 치료비를 주고 보상을 하려고, 다친 사람을 만나 서로 의논하는 과정에서, 서로가 주님을 믿는 사람들임이 확인되었답니다. 그런데도 다친 사람 쪽에서는 "형제끼리 용서함은 없고," 오히려 치료비에 터무니없는 돈을 요구해 왔다는 것입니다. 그 이유는 사고를 낸 청소년이 무면허였다는 것으로 말입니다. 그렇게 형제의 약점을 잡은 것입니다. 아나니아와 삽비라가 사탄에게 마음을 빼앗긴 것처럼 돈 욕심에 마음을 사탄에게 빼앗겨 버린 것입니다.

이렇게 오늘날 교인들은 주님께서 가르쳐 주신 하나님의 계명을 지키지 않는 것입니다.

"서로 사랑하여라."(요15:17) 명령하셨고, 형제를 용서할 때는 "일흔 번씩 일곱 번이라도 용서하라."(마18:22) 그리스도께서 제자들을 가르치셨건만, 주님의 가르치심을 무색하게 만드는 것입니다. 그렇게 주님의 말씀을 멸시하는 것입니다. 형제를 미워하는 것입니다.

이렇게 오늘날 어떤 목사는 돈을 사랑하고 뽐내며 교만하고, 어떤 교인들은 "사랑이 없고 무자비한 것입니다."

그러므로 여러분은 주님의 말씀을 들으십시오.

주님은 말세에 교회에 위와 같은 어려운 때가 올 것이라고, 사도 바울을 통해 미리 말씀하시지 않았습니까?

"마지막 때에 어려운 때가 닥쳐오리라는 것을 알아 두시오."(딤후 3:1) 이렇게 말입니다. 이렇게 마지막 때에 교회에 아래와 같은 사람들이 있을 것이라고 말입니다.

"그 때에는 사람들이 **자기**를 사랑하고, **돈**을 사랑하며, **뽐내며, 교만**하며, **하나님**을 모독하고, **부모**에게 순종하지 않을 것입니다. 그들은 **감사**할 줄도 모르고, **거룩**하지도 않으며, **사랑**이 없고, **용서**하지 않고, **남**을 헐뜯고, **자제**하지 못하며, **사납고, 선한 것**을 싫어하고, **배반**하고, **조급**하며, **거만**하고, **하나님보다** 쾌락을 더 사랑하고, **겉으로는**(고전2:5; 믿음이 사람의 지혜에 의존하는 신앙인으로서 신앙인처럼) **신앙심**이 있는 듯이 보이지만, **그 능력**(고전2:5; 믿음이 하나님의 능력에 의존하는 신앙)은 거부할 것입니다."(딤후3:1-5; 현대인의 성경) 하고 말입니다.

이렇게 마지막 때에, 교회에 위와 같은 어려운 시기가 올 것이므로, 사도 바울은 믿음으로 낳은 아들 디모데를 통해서, 말세를 사는 우리에게 이렇게 권면을 하고 있지 않습니까?

"그대는 이런 사람들을 멀리하십시오."(딤후3:5; 새 번역 성경)라고 말입니다. 개역 성경은 같은 구절을 이렇게 해석합니다.

"이 같은 자들에게서 네가 돌아서라."(딤후3:5) 하고 말입니다.

위와 같은 사람들이 사탄에게 마음을 빼앗겨 버린 사람들의 유형인 것입니다. 그러므로 여러분은 위의 주님의 말씀에 여러분 자신을 한 번 비추어 보십시오. 자신을 비추어서 자신이 위의 말씀에 몇 가지나 해당하는지를 보십시오. 만일 한 가지라도 해당한다면, 빨리 회개하고 주님에게로 그 마음을 돌이키십시오.

이렇게 세상에는 거짓된 영들이 많이 나왔습니다.

이렇게 여러분들을 속이는 마귀의 영을 받은 목사들이 세상에 많이 나온 것(요일4:1)입니다. 그런 사람들은 대부분 마귀에게 사로잡혀서 마귀의 종노릇을 하는 자들(딤후2:26)입니다. 이런 사람들은 입으로는 형제를 사랑한다고 하지만(렘9:8; 공동번역; 입으로는 자기 이웃을 보고 "안녕하시오?" 하면서 속으로는 올가미를 씌우는 것들) 행동으로는 부인하는 자들인 것입니다. 주님께서는 사도 바울을 통하여, 이런 사람들을 **엄중하게 책망**하여 **올바른 믿음**을 갖게 하고, **진리를 떠난 사람들의 말에 귀를 기울이지 못하게 하라**고(딛1:10-16) 명령하고 있습니다.

여자 목사들은 회개하라

여자 목사들은 회개하십시오. 그리하여 멸망에서 벗어나십시오.

주님은 사도 유다를 통해 오늘날에 대하여 이렇게 말씀하셨습니다.

"그들에게는 불행이 닥칠 것입니다. 그들은 가인의 악한 길을 따르고 돈을 위해 발람의 잘못된 길로 달려갔으며 **'고라처럼 하나님을 거역하여 멸망으로 치닫고 있습니다.'**"(유1:11; 현대인의 성경) 하고 말입니다. 하나님의 말씀이 이러함으로 제사장직을 찬탈하려던 고라와 같이 하나님을 거역하여 멸망하지 말고 회개하고 주님에게로 돌아오십시오. 그리하여 멸망에서 벗어나십시오.

만일 여러분이 회개하지 않고 죽으면, 죽은 후에 육체는 땅에 묻히고, 그의 영혼은 지옥 불에 떨어져서, "영혼에도 감각이 살아 있어서" 혹독한 고통을 당하는 한 부자와 같이(눅16:19-31) 그렇게 지옥 불 속에서 후회할지도 모릅니다. 그러기 전에 회개하고 여러분의 영원한 생명이 되시고 목자와 감독자가 되시는 그리스도에게로 돌아오십시오.

오늘날 이렇게 교회가 가인과 같이, 발람과 같이, 고라와 같이, 사도 유다의 예언 그대로 행하고 있는데도, 그것도 모르고 있습니다. 그러하기에 무서운 예언의 성취를 따라, 오늘날의 교회가 여자들을 안수하여 목사로 세우느라고 교회들이 분주한 것입니다. 세상에 뒤처질세라 시대에 발맞춰서 가야만 한다고 말입니다.

세상은 여성을 대놓고 차별하거나 배제하는 일이 감소하고 있는 것에 반해, 교회 안에서는 여전히 여성에 대한 차별이 만연하게 이루어지고 있다는 것입니다. 그렇습니다. 그것은 세상에 관점에서 보았을 때 그렇다는 것입니다. 그러므로 여러분들이 아직도 세상의 자녀라면, 당연히 세상에 발을 맞추어서 가야겠지요.

그러나 하나님께서는 여러분을 세상에서 구원하여 하나님의 나라 자녀로 삼으셨습니다. 그러므로 하나님께서는 **"하나님의 자녀가 되게 하는 성령님"**을 우리 마음 가운데 보내셔서 하나님을 "나의 아버지"(롬8:15, 갈4:6)라고 부르게 하시지 않으셨습니까?

이렇게 하나님께서는 우리에게 "특별한 은혜"를 베풀어 주시고 계십니다.

"그러나 그를 맞아들인 사람들, 곧 그의 이름을 믿는 사람들은 **하나님의 자녀가 되는 특권을 주셨다.**"(요1:12; 현대인의 성경) 하고 이렇게 말입니다. 이렇게 하나님 아버지께서 특별한 은혜를 베풀어 주셨는데요, 여러분은 우리 주 예수 그리스도가 하나님의 아들이라는 것을 확실히 믿고는 있습니까?

여러분이 예수 그리스도가 하나님의 아들이심을 믿는다면, 여러분은 이제 "세상의 자녀"가 아니라 "하나님의 자녀"인 것입니다. 그러므로 이제부터는 여러분은 세상에 속한 어둠의 지배자의 자녀가 아니라, 하늘에 속한 하나님의 나라의 자녀인 것입니다.

여러분이 이러한 사람들이므로 이제부터 여러분은 그리스도의 나라 사람이지, 세상 나라 사람이 아닌 것입니다. 이렇게 여러분들이 하나님의 나라의 사람이라면, 하나님의 나라에 대한 새로운 법을 따라야 맞는 것이 아닙니까?

속담에도 "로마에 가면 로마의 법을 따르라는 말"이 있듯이 말입니다. 여러분들이 하나님의 백성이 아니라면 모를까? 하나님의 백성이라면 하나님의 새로운 법을 따르는 것이 맞는 것입니다. 그것이 하나님의 자녀가 된 도리인 것입니다.

성경은, 주님을 믿기 이전에 여러분에 대하여 이렇게 말씀하고 있습니다.

"전에 여러분이 세상에 악한 길을 따르고 **'하늘 아래 영역을 지배하고 있는 마귀에게 순종하며 살았습니다.'** '이 마귀는 현재 불순종하는 사람들 가운데서 활동하는 영입니다.'"(엡1:2; 현대인의 성경) 하고 말입니다. 이렇게 전에 여러분은 마귀의 지배 아래서 마귀가 지시하는 대로 그에게 순종하며 살았습니다. 그와 같이 마귀에게 순종하고 살던 여러분을, 하나님께서 불쌍히 여기시고, 이 세상 수많은 사람 가운데서 "특별히 부르셔서, 거룩하신 하나님의 자녀가 되게 하신 것"입니다. 그와 같이 죽을 수밖에 없었던 우리가 하나님의 은혜를 입었으면, 우리 그리스도인들은 그분의 은혜를 저버려서는 안 되는 것이 아닙니까?

여호와께서는 제사장에 대하여 "제사장들은 나 만군의 야훼가 보낸 특사라."(말2:7; 공동번역) 하고 말라기 선지자를 통해 말씀하셨습니다. 이렇게 여호와의 제사장들은 그분의 권위로 세우셨습니다.

그러므로 여러분들은 보십시오. "제사장의 직분"이 이러하기에 주님은 히브리서 기자를 통하여 "대제사장이라는 영광스러운 직분"을 받은 아론도 **"자기 스스로 대제사장이 된 것이 아니라"** 아론처럼 "하나님의 부르심을 받아야만 얻을 수 있습니다."(히5:4) 하고 말씀하시지 않았습니까?

그러므로 여러분들은 또 보십시오.

"'이와 같이 그리스도께서도 하나님의 아들이심에도' **대제사장의 영광스러운 직분'을 '스스로 얻은 것이 아니라' '하나님께서 멜기세덱의 계열에 속한 대제사장으로 세우셨습니다.'"**(히5:5; 현대인의 성경) 하고 히브리서 기자를 통해 성령님께서는 말씀하셨습니다. 이렇게 그리스도께서도 "하나님의 아들이심에도," 대제사장의 영광스러운 직분을 스스로 얻은 것이 아니라, 하나님께서 멜기세덱에 계열에 속한 대제사장으로 세우셨다고 하셨습니다.

그런데 여러분들은 어떻게 여자 목사가 되었습니까? 하나님께서 여러분들을 부르셔서 여자 목사로 세우셨습니까? 아니면 여러분 스스로 여자 목사가 되었습니까?

주님께서는 여자들에게 "교회 안에서의 질서에 대하여" 아래와 같이 사도 바울을 통해 말씀하셨습니다.

"여자들은 교회 집회에서 말할 권리가 없으니 말을 하지 마십시오."(고전14:34) 하고 말입니다. 이렇게 하나님께서는 여자들을 목사로 부르지 않으셨습니다. 오히려 하나님께서는 "교회 집회에서 말할 권리"마저 여자들에게는 허락하지 않으셨습니다. 그 말씀은 성도들이 다 함께 모여 하나님께 예배할 때(고전14:26) 여자들은 "설교할 권리"가 없다는 말씀입니다. 하나님의 말씀이 이러한데도 여자들이 **"하나님의 말씀에 불순종"**하고, **"하나님의 권위를 멸시"**하며 목사가 되려고 안간힘을 쓰거나, 기를 쓰고 여자 목사가 되었습니다.

그런 무모한 행동들이 얼마나 자기가 자신에게, 무서운 결과를 불러들이게 되는지도 모르면서 말입니다. 여러분이 이렇게 하나님의 말씀을 무시하고 하나님의 권위를 멸시하며 여자 목사가 되었다는 것은, 하나님의 말씀에 자신이 불순종하고 있다는 것을, 자신이 확실하게 증명하여 여실히 보여 주고 있는 것입니다. 그것으로 여러분은 하나님의 은혜를 저버리게 되었다는 것을 말입니다.

"아버지의 말씀은 진리이십니다."(요17:17) 하고 예수님께서 기도하실 때에 그와 같이 기도하셨습니다.

예수님의 기도하심과 같이 하나님의 말씀이 진리이시다면, 여러분은 또 한 진리를 거역하게 된 것입니다. 이렇게 진리를 거역하여 여자 목사를 세운 사람이나, 진리에 순종하지 않고 여자 목사가 된 사람들은, 여러분을 어둠에서 불러내어, 하나님의 나라에 놀라운 빛 가운데로 들어가게 하신, 그분의 은혜의 보답하는 사람일까요? 아니면 그분의 풍성한 은혜를 저버리는 사람일까요?

그렇습니다. 하나님의 풍성한 은혜를 저버리는 사람인 것입니다.

그런 사람들은 엄마의 말에 항상 반대로만 하는, 전래동화에 나오는 청개구리와 같은 사람들이 되는 것입니다. 성경에서는 하나님의 말씀에 불순종하여, 언제나 진리에 반대 방향으로 행하는 사람들을, **"악마에게 사로잡혀서 악마의 종노릇을 하는 자"**(딤후2:26; 공동번역)라고 말씀하고 있습니다. 그 말씀은 악마의 속임수에 빠져 악마의 말을 듣는 하와(고후11:3; "이브가 뱀의 간사한 말에 속아 넘어간 것처럼," 그리고 딤전2:14; "여자가 속아서 죄에 빠졌기 때문입니다.")와 같이 악마에게 사로잡혀서 악마의 뜻을 따르고 있는 사람들이라는 뜻입니다. 그런 사람들이기에 진리에 순종하지 않는다는 것입니다. 위와 같이 사람들이 진리를 거역하는 데도 하나님께서는 그들이 회개하기를 기다리시는 하나님이십니다.

너희는 회개하고 살아라

그만큼 우리 하나님은 자비가 풍성하신 분이심을 우리는 알 수 있습니다. 그것은 왜냐하면, 하나님께서는 선지자 요나를 통해 니느웨 성 사람들에게 악한 죄에서 떠나라고 선포하여 그들이 회개하기를 기다리신 것입니다.

이렇게 예언자 요나는 "니느웨 성이 40일 후에는 멸망할 것"이라고 그들에게 선포하였습니다. 요나가 그와 같이 선포하는 소리를 들은 12만여 명이나 되는 니느웨 성 사람들은, 왕과 함께 모두가 회개하는 것이었습니다. 하나님께서는 예언자 요나가 외치는 하나님의 음성을 듣고 위와 같이 회개한, 니느웨 성 사람들을 모두 용서하여(욘3:1-10) 주셨습니다.

오늘날 이렇게 진리를 깨닫지 못함으로써, 진리를 거역하여 죄를 짓는 사람들에게도, 하나님께서는 예언자 요나와 같이, 자기의 종들을 통해 온화한 마음으로 징계하게 하심으로써, 바로잡아 세우게 하시는 것입니다. 그렇게 하여 하나님께서는, 그들에게 은혜로운 자비를 베푸심으로, 회개할 기회를 주셔서, 진리를 깨닫게 해 주시는 것입니다.

하나님의 선지자 요나를 통해 니느웨 성 사람들이 회개함과 같이 말입니다. 그와 같이 하나님께서는 자기의 종들을 통해 전하시는 진리의 말씀을 듣고 그들이 회개함으로써, 진리를 깨닫게 되면, "악마에게 사로잡혀서 악마의 종노릇을 하던 사람들"이, "제정신으로 돌아가" "악마의 올가미에서 벗어나게 될 것"(딤후2:24-26; 공동번역)이라고 말입니다. 그와 같이 하나님께서는 사도 바울을 통해 말씀하신 것입니다. 그리고 하나님께서는 선지자 에스겔을 통해서 이렇게도 말씀하셨습니다.

"너희는 지금까지 범한 모든 죄를 버리고 마음과 심령을 새롭게 하라. 이스라엘 백성들아, 너희가 어째서 죽으려고 하느냐? 나 여호와가 말한다. 나 주 여호와는 그 누구도 죽는 것을 원하지 않는다. 그러므로 **너희는 회개하고 살아라.**"(겔18:31-32; 현대인의 성경) 하고 말입니다. 위와 같이 하나님께서 자기의 거룩한 선지자들을 통해 말씀하셨으므로, 여자 목사들은 지금까지 범한 모든 죄를 버리고 회개하고 사십시오.

하나님께서는 여러분들이 회개하기를 기다리고 계십니다.

이렇게 여러분의 생명이 다할 때까지 "여러분들이 다 **'회개'**하기를 기다리시는 하나님이십니다." 그와 같이 한없는 풍성한 자비를 베푸시는 분이시니, 그분의 은혜로우신 자비를 저버리지 말고, 성령의 도우심을 받아 주님의 이름을 부르는 사람이라면, 여러분 모두 그 모든 불의에서 떠나십시오.

"주님의 이름을 부르는 사람'은 다 **불의에서 떠나라**는 말씀이 새겨져 있습니다."(딤후2:19)라고 그렇게 성경에 기록되어 있습니다. 그러므로 회개하고 이제부터는 죄를 짓지 말고 주님을 믿는 사람이라면 죄에서 떠나십시오. 그리고 이렇게 놀라우신 은혜와 풍성한 자비를 베푸시는 우리 주 살아 계신 하나님께 영광과 감사와 찬양을 영원토록 돌리시기를 바랍니다.

그러나 만일 이렇게 하나님께서 풍성한 자비를 베풀어 주셔서, 회개할 기회를 주시는데도, 진리에 순종하지 않은 사람들이, 끝내 "오늘이라는 시간이 있는 동안에" 하나님의 은혜로우신 자비를 저버리고, 회개하지 않고 죽는다면, 그들은 정말로 불쌍한 사람들이 되는 것입니다.

그것은 왜냐하면, 사람들이 누구는 죄를 많이 지어서 먼저 죽고, 죄를 조금 지어서 나중에 죽는 것이 아니기 때문입니다. 사람들이 많은 죄를 짓든지, 적은 죄를 짓든지 죄를 짓고도, 회개하지 않아서(눅13:1-9; **"너희도 회개하지 않으면'** 다 그와 같이 망할 것이다."라는 말씀과 같이) 망하고, 죽는 것이기 때문입니다.

이렇게 "마귀에게 사로잡혀서 마귀의 종노릇"을 하며 "진리를 거역하는 자들"에게 하나님께서 한없는 은혜를 베풀어 주시고 계시는데도, 하나님의 넘치는 자비를 저버리고, 끝까지 회개하지 않고 죽는다면, 그들은 누구에게 속한 사람이기에 말씀도 듣지 않으며, 회개하지도 않고 죽는 것일까요?

주님은 그와 같은 사람에 대하여 이렇게 말씀하셨습니다.

"하나님께 속한 사람은 하나님의 말씀을 듣는다. 그러나 너희가 (하나님의 말씀을) **듣지 않는 것은, 하나님께 속하지 않았기 때문이다."**(요 8:47)라고 말입니다. 그리고 또 "너희는 너희 아비 마귀에게서 났으니"(요8:44)라고도 말씀하셨습니다.

하나님을 믿는다는 유대인들에게 주님은 그렇게 말씀하신 것입니다. 이렇게 마귀의 자녀가 되어 버린 사람들은 자신의 마음이 완고해서 회개할 생각도 하지 않기 때문에, 이런 자들은 "하나님의 공정한 심판이 내려질 진노의 날에 자기가 받을 형벌을 쌓아 올리고 있는 것입니다."(롬2:5; 공동번역)라고 말씀하고 있습니다. 이렇게 마음이 완악해진 자들은 앞의 말씀과 같이 고집이 세서 자기가 지은 죄를 회개하여 용서함을 받지 못하고 "자기가 받을 형벌을 차곡차곡 쌓아 올리고 있는 것"입니다.

그와 같이 마음이 완고한 자들은, 자기가 죄를 지어 자신의 죄를 탑처럼 쌓아 올려 죄의 탑을 만들어 놓고도, 마음이 완고해서 회개하여 죄의 탑을 무너뜨려 버리지 못함으로써, 하나님의 저주를 받게 되는 것입니다. 이렇게 자기가 쌓아 올린 죄로 인하여 하나님의 저주를 받는다면, 최후의 심판 때에 재판장이신 그리스도의 심판을 받아, 결국은 그들은 어디로 들어가게 될까요?

주님은 그와 같은 거짓 형제들에게 이렇게 말씀하신다고 하셨습니다.

"저주를 받은 자들아, 나를 떠나(고후1:9; 그들은 영원한 형벌을 받고 **주님 앞에서 쫓겨나**) 마귀와 그의 사자들을 위하여 예비 된 영원한 불에 들어가라."(마25:41) 그렇습니다. 마귀와 그의 사자들을 위해 준비된 영원한 불에 들어가게 된다고 말씀하신 것입니다.

그러나 위의 말씀을 "지구상에 살았던 모든 인류를 모아 놓고 심판하는 것"이라고 잘못 해석하는 사람들이 많은 것입니다. 그렇게 성경을 잘못 해석하는 사람들은 성경을 잘못 해석하는 그것으로 스스로 파멸을 불러들이고 있는 것(벧후3:16)입니다.

마태복음 25장에 그리스도의 최후 심판은, 예수님을 믿는다고 하는 모든 사람에 대하여 심판하시겠다는 말씀인 것(살후1:7-9)입니다. 이렇게 주님을 믿는다는 사람들(마25:44; "주님, 우리가 언제 주님께서," 이렇게 그들이 대답한다고 말씀하심과 같이)이 "육체에 머물러 있는 동안에 행한 일을 심판하신다는 말씀"(고전5:10; 현대인의 성경)이 **"확실하기에,"** 여러분들이 깨달을 수만 있다면, 몇 번이고 되돌려 말씀을 드리는 일이, 저자에게는 그리 어려운 일이 아닙니다.

왜 그런가 하면 예수님을 "주님"이라고 부르게 되는 것은, 성령의 도움을 받지 않고서는 아무나 예수님을 "주님"이라고 부를 수 없다고 주님은 사도 바울을 통해 말씀하셨기 때문(고전12:3; "성령님의 도움 없이는 아무도 예수님을 '주님'이라고 부를 수 없습니다." 이렇게 말입니다)입니다.

그리고 여러분은 또 보십시오. 주님은 사도 요한을 통해 믿음의 형제들이 서로 사랑할 것에 대하여 이렇게 말씀하셨습니다.

"우리가 **'하나님의 아들 예수 그리스도의 이름을 믿고 그리스도께서 명령하신 대로 서로 사랑하는 것'**이 '하나님의 계명을 지키는 것입니다.'"(요일3:23) 하고 말입니다. 이렇게 "우리가 '하나님의 아들 예수 그리스도의 이름을 믿고' 그리스도께서 명령하신 대로 서로 사랑하는 것이 하나님의 계명을 지키는 것입니다."라는 말씀과 같이 "예수 그리스도의 이름을 믿는 형제들"이라는 것을 말씀을 드리는 것입니다.

위의 말씀과 같이 그렇게 우리 주 예수 그리스도의 이름을 믿는다는 그런 형제들이, 그리스도께서 명령하신 대로 서로 사랑하지 않았다는 것(마25:42-43)입니다. 그와 같이 마태복음 25장에 거짓 형제들이 "하나님의 계명을 지키지 않은 것"입니다. "형제끼리 서로 사랑하는 것이, 하나님의 계명을 지키는 것"(요일5:2-3)인데 말입니다. 그렇게 하나님의 계명을 지키지 않음으로써, 하나님을 사랑하지 않고 오히려 하나님을 미워하는 자가 되는 것입니다. 그들이 곧 마태복음 25장에 거짓 형제들인 것입니다. 그렇게 믿지 않는 악한 마음을 품고 자기의 확신을 잃어서 살아 계신 하나님에게서 떨어져 나가는 자들의 죄를 아비로부터 아들에게로 삼사 대에 이르기까지 하나님 아버지께서는 갚는다고 이스라엘 백성들에게 말씀을 선포하신 것(출20:5)입니다.

그러므로 여러분들은 "오늘이라는 시간"을 하나님이 여러분에게 주셨을 때, 깨달으십시오. 거지 나사로에 나오는 한 부자처럼 죽어서 깨달으면, 때는 이미 완전히 지나가 버린 것입니다. 그러니 여러분의 생명이 "육체에 머물러 있는 동안"에 깨달으십시오. 그렇게 깨달아 알고 회개하고 사십시오. 회개하고 하나님께 돌아와서 회개한 증거를 행실로 보이십시오.

하나님 앞에서 거짓말쟁이가 되지 맙시다

그리고 마태복음 25장은, 위에서도 말씀을 드렸듯이 예수 그리스도를 믿는다는 모든 민족의 신앙생활을, 최종적으로 그리스도께서 심판하는 자리이기 때문에, 우리에게는 매우 중요한 말씀이 되는 그런 말씀의 장인 것입니다. 그러므로 마태복음 25장 그리스도의 최후 심판에 대한 말씀을, 우리는 신앙의 바탕으로 삼아 신앙생활을 해야만 한다고 생각하는 것입니다. 말씀이 이러함으로 구원받은 재판장 오른쪽에 있는 사람보다, 왼쪽에 있는 사람들을 주축으로 말씀의 문을 두드려 볼까 합니다.

그렇다면 마태복음 25장에 재판장으로 오신 그리스도의 왼쪽에 있는 사람들은 왜 저주를 받아 영원한 불에 들어가게 되는 것일까요?

위에서도 말씀을 드렸지만, 그것은 하나님 아버지의 저주를 받아 영원한 불에 들어가는 사람들은, 이런 죄를 지어 쌓아 놓고 있었기 때문입니다. "내가 굶주릴 때 먹을 것을 주지 않았고, 목마를 때 마실 것을 주지 않았으며, 나그네 되었을 때 영접하지 않았고, 헐벗었을 때 입을 것을 주지 않았으며, 병들고 갇혔을 때 돌보지 않았느니라."(마 25:42-43) 하고 말씀하신 것처럼, 주님이 굶주리고 있을 때 먹을 것을 주지 않은 죄, 주님이 목마르실 때 마실 것을 주지 않은 죄, 주님이 나그네 되셨을 때 영접하지 않은 죄입니다.

그리고 주님이 헐벗었을 때 옷을 입혀 주지 않은 죄, 주님이 병들었을 때 간호해 주지 않은 죄, 주님이 옥에 갇혔을 때 와서 돌보지 않은 죄를 재판장 왼쪽에 있는 사람들이 지어 쌓아 놓고 있었기 때문입니다.

그러나 혹자는 위 말씀을 교인뿐만 아니라 사회적 약자 즉 세상 불우한 이웃을 말씀하신 것이라고, 그렇게 해석하는 사람도 있지만, 그 해석은 맞지 않는 "무서운 해석인 것"입니다. 그와 같은 해석은 마귀의 종노릇을 하는 목사들이 "자기의 의"를 드러내고 싶어서 그렇게 해석하는 것입니다.

그리고 그와 같은 해석은 "집들을 온통 뒤엎는 해석"이며, 하나님 아버지의 저주받아 영원한 불에 들어가는 자들과 같이, 저주를 받아 영원한 불에 들어가게 하는 "최악의 해석인 것"입니다. 그것은 왜냐하면 마태복음 25장 40절에서 보면 주님께서 "내가 분명히 말하지만, 너희가 이들 **내 형제 중에**"라고 분명하게 말씀하고 있기 때문입니다. 그러므로 여러분들은 히브리서를 보십시오. 히브리서 기자를 통해 예수님께서는 자신을 믿는 사람들을 하나님께 "자신의 형제"라고 부르시고 있지 않습니까?

"사람을 거룩하게 해 주시는 분(예수님)과 거룩하게 된 사람들은 모두 같은 근원에서 나왔습니다. 그래서 예수님께서는 거리낌 없이 그들을 '형제라 부르는 것'을 조금도 부끄러워하시지 않고 하나님께 **'내가 내 형제들에게'** 주의 이름을 선포하고 회중 가운데서 주를 찬양하겠습니다."(히2:12; 현대인의 성경, 공동번역) 하고 이렇게 예수님께서는 자기를 믿는 사람들을 하나님께 "내가 '내 형제들'에게 주의 이름을 선포하고"라고 분명하게 말씀하셨습니다.

그리고 이렇게도 말씀하셨습니다.

"주님은 천사들을 도우려고 오신 것이 아니라 **'아브라함의 후손들'**을 도우려고 오셨습니다.' 그러므로 주님은 모든 점에서 **'자기 형제들과 같이'** 되셔야만 했습니다.' 이것은 하나님을 섬기는 일에 자비롭고 충성스러운 대제사장이 되어 **'백성들의 죄'**가 용서받도록 하기 위한 것입니다."(히2:16-17; 현대인의 성경) 하고 말입니다. 이렇게 주님께서 육신이 되어 오신 것도 순전히 "자기 형제들 때문"이었습니다. 그리고 "자기 형제들(백성들)의 죄"를 없이 하시려고, 말씀 되시는 그리스도께서 육신이 되어 오셨다고 말입니다.

그러므로 여러분은 마태복음 25장에서 예수님께서 말씀하신 그 말씀을 다시 한번 잘 되새겨 보십시오. 예수님께서는 분명하게 이렇게 말씀하셨습니다.

"내가 분명히 말하지만, 너희가 이들 **'내 형제 중에'** 지극히 작은 자 하나에게"라고 말입니다. 이렇게 "내 형제 중에"라는 말씀 안에는 "세상 어려운 이웃이 낄만한 자리는 조금도 없습니다." 그런데도 무법한 자들은 다른 성경을 잘못 풀듯이 세상 이웃으로 "그것도 억지로 해석을 하는 것"입니다.

그렇게 다른 성경을 잘못 해석하듯이 잘못 해석하여, 하나님의 말씀에 불순종하게 함으로써, 가르치는 자신이나 배우는 자가 스스로 멸망을 불러들이게 하는 것(벧후3:16)입니다. 주님은 이런 사람들을 보고 "악한 사람들"(벧후3:17; 현대인의 성경) "무법한 자들"(벧후3:17; 개역 성경, 공동번역) "불의한 자들"(벧후3:17; 새 번역 성경)이라고 말씀하고 있습니다.

그러므로 그리스도 재판장 앞에 서 있는, 의로운 사람에 반대가 되는 악한 사람들 또한 형제이기는 합니다만, 갈라디아서 2장 4절에서 주님께서 사도 바울을 통해 "내가 이렇게 한 것은, 몰래 들어온 '거짓 형제들' 때문이었습니다."(갈2:4; 현대인의 성경) 하고 말씀으로 "거짓 형제들"이라고 지칭하고 있는 것으로 보면 알 수가 있듯이, 재판장 왼쪽에 서 있는 그들 또한 심판에 부활로 나온 "거짓 형제들"(벧후2:1; **"여러분 가운데도 거짓 교사들이 나타날 것입니다.'** 그들은 파멸을 가져오는 이단을 **'몰래'** 끌어 들일뿐만 아니라," 하셨으며 벧후2:3; **"하나님께서는 오래전에 이미 그들을 단죄'**하셨으며 **'그들은 반드시 파멸하고 말 것**(유1:4; 성경은 **그들이 받을 심판을 이미 오래전에 예언하였습니다)입니다."**) 이라는 것을 확실히 알 수 있는 것입니다.

이렇게 재판장으로 오신 주님께서는 그런 거짓 형제들에게 마태복음 25장 43절과 같이 말씀하신다는 것입니다. 그와 같은 거짓 형제들은 굶주린 형제, 목마른 형제, 나그네가 된 형제, 헐벗은 형제, 병든 형제, 옥에 갇힌 형제를 "보고," 제사장 레위인과 같이 "자신이 돕지 않으면 '고통 속에서 살게 되는 줄을 알면서도,' 그 형제가 '서서히 죽어가게 되는 줄을 알면서도,' '그렇게 그 형제를 피해서 지나가 버려서, 고통받게 하고 죽도록 놓아두어 살인하는 행위'"를 하는 것을 말씀하시는 것입니다.

그런 사람들을 가리켜서 주님께서는 사도 요한을 통해 **"형제를 미워하는 자는 누구나 살인자입니다."**(요일3:15) 하고 말씀하시지 않았습니까? 이렇게 "죽어가는 형제를 사랑하지 않는 자는 그 형제를 살인하는 자"인 것입니다.

"'내 형제 중에' '지극히 작은 자' 하나에게 하지 않은 것이 곧 '내게 하지 않는 것이다.'"(마25:45)라는 말씀과 같이 그렇게 "주님을 다시 죽이는 행위를 하는 것"입니다. 그렇게 **가인의 악한 길을 따르는 것입니다.** 그래서 악한 거짓 형제들이 하나님의 은혜를 저버리고, "하나님의 아들을 다시 십자가에 못 박아 공공연하게 수치를 당하게 하는 죄로," 그리고 "은혜를 주시는 성령님을 모욕한 죄"로 심판을 받아 영원한 불에 들어가게 되는 것입니다.

반면에 사마리아인은 죽어가는 형제를 보고서 불쌍한 생각이 들어

데려다가 자신의 여비를 들여서(눅10:34-35; "간호해 주었으며,") 이렇게 "간호해 주었다고 말씀을 하시지 않았습니까?"

마태복음 25장에서 "(내가) 병들었을 때 간호해 주었고"(마25:36) 하고 의인들에게 주님께서 말씀하신 것처럼 말입니다.

그러나 거짓 형제들은 어떻게 행하였다고 주님은 말씀하시고 있습니까? 제사장 레위인처럼 강도를 만나 죽어가고 있는 형제를 보고서도, 그렇게 자신들이 도와주지 않으면 죽는 줄을 알면서도, 그를 피해서 지나갔다.라고 말씀하신 것처럼, 주님 왼편에 있는 자들에게도 **"(내가) 병들었을 때 간호해 주지 않았고"** 하고 말씀하시지 않았습니까?

이렇게 강도를 만나 죽어가고 있는 자기들의 동족을 보고서, 그를 피해서 지나가 버린 제사장 레위인에 대한 예화에서처럼, 마태복음 25장에서도 가난한 자기의 형제가 돈이 없어서 치료받지 못해 죽어가는 줄을 알면서도 간호해 주지 않은 것입니다. 그렇게 형제를 무언의 살인을 하는 것입니다. 그러므로 "(내가) 병들었을 때 돌아보지 않았느니라."(마25:43) 하고 주님은 악한 거짓 형제들에게 그렇게 말씀하신 것입니다. 그런데 형제 여러분, 왜 이렇게 형제에게 하지 않는 것이 예수님에게 하지 않은 것이 될까요?

그것은 왜냐하면 "예수님의 형제는 그리스도의 지체이기 때문"(엡4:25; "우리는 모두 한 몸의 지체들입니다." 하셨고 엡5:30; "우리는 그리스도의 몸의 지체들입니다." 하고 말씀하셨기 때문임)입니다. **"우리가"** 이렇게 **"그리스도의 몸의 지체들"**이기 때문에 주님께서 악인들에게 아래와 같이 말씀하시지 않았습니까?

"그때 왕은 그들에게 '내가 분명히 말하지만, (공동번역; **'똑똑히 들어라.
여기 있는 내 형제 중에'**라고 기록되어 있듯이) 너희가 이 보잘것없는 사람
(보잘것없는 형제) 하나에게 하지 않은 것'이 곧 **나에게 하지 않은 것이
다.**"(마25:45; 현대인의 성경) 하고 말입니다. 말씀이 이러한데도 많은 성
경 학자들은 앞에 거짓 형제들에게 하신 말씀을 "지금까지 지구상에
살았던 온 인류를 다 모아 놓고 심판하는 것"이라고, 그렇게 해석을
하는 것입니다. 그런 해석은 엄청난 오류의 해석인 것입니다. 재판장
왼쪽에 있는 사람에 대하여 앞에서도 여러 번 말씀을 드렸듯이 그들
은 예수님을 부를 때 이렇게 불렀습니다.

"그 때 그들도 이렇게 말할 것이다. **'주님,'** 우리가 언제 **'주님께서'**
굶주린 것이나, 목마르신 것이나, 나그네 되신 것이나, 헐벗으신 것이
나, 병드신 것이나, 옥에 갇히신 것을 보고도 돌보아 드리지 않았다는
것입니까?"(마25:44) 하고 말입니다. 이렇게 재판장 왼쪽에 있는 자들
이 예수님을 부를 때 "주님, 우리가 언제 주님께서" 하고 예수님을 부
를 때 "주님"이라고 부르고 있는 것입니다. 위에서도 여러 번 말씀을
드렸지만, 예수님을 "주님"이라고 부르게 되는 것은, 그들이 예수님
의 위엄에 압도되어 예수님을 "주님"이라고 부르는 것이 아니라, 성
령님의 도움을 받아 부르게 된 것이라고 위에서도 말씀을 드린 바가
있습니다. 이렇게 말입니다.

"성령님의 도움 없이는 '아무도' '예수님을 주님'이라고 말할 수 없습

니다."(고전12:3; 현대인의 성경) 하고 말입니다. 앞의 말씀과 같이 예수님을 "주님"이라고 부르는 사람들은, 누구나 성령체험을 하는 사람인 것입니다. 그러므로 성령님의 인도를 받지 않고서는 아무도 "예수는 주님이시다" 하고 고백할 수 없다고 공동번역은 해석합니다. 이렇게 예수님을 "주님"이라고 고백하는 사람들은, 여전히 하나님께서 살아계심을 자신의 마음을 통해서, 자신이 직접 고백하며 체험하고 있는 것입니다.

이렇게 예수님을 "주님"이라고 부르는 거짓 형제들도 살아생전에 성령체험을 한 사람인 것입니다. 말씀이 이러한데 어떻게 "지금까지 지구상에 살았던 온 인류를 다 모아 놓고 심판하는 것이라고 그렇게 해석할 수가 있단 말입니까?"

"**하나님의 집**'에서 심판을 시작할 때가 왔습니다."(벧전4:17; 현대인의 성경) 하고 주님은 사도 베드로를 통해 말씀하시지 않았습니까? 이렇게 그리스도의 최후 심판에 대한 말씀을, "하나님의 집에서 심판을 시작할 때가 왔습니다." 하고 사도 베드로를 통해 전하신 주님의 말씀이, 뒷받침하고 있지 않습니까?

"**주께서 자기 백성을 심판하실 것이다.**"(히10:30; 현대인의 성경) 하고 이렇게 주님은 히브리서 기자를 통해서도 말씀하셨습니다.

"**부활에는 각자 자기 차례가 있습니다.**' '첫째는' '**첫 열매이신 그리스도**'(공동번역; 먼저 그리스도께서 살아나셨고)이고 '다음은' '**그리스도께서 다시 오실 때 그분을 믿었던 모든 성도들입니다.**'"(고전15:23; 현대인의 성경) 하고 주님은 사도 바울을 통해 말씀하시지 않았습니까? 주님의 말씀이 이러하신데 어떻게 "지금까지 지구상에 살았던 온 인류를 다 모아 놓고 심판하는 것"이라고 그런 해석이 나올 수가 있단 말입니까?

그리고 주님께서는 "남을 죄짓게 하는 자들과 악행을 일삼는 자들은 모조리 **'자기 나라'**에서 추려 내어 불구덩이에 처넣을 것이다."(마 13:41-42; 공동번역) 하고 말씀하시지 않았습니까?

그와 같이 재판장 왼쪽에 있는 사람들도 마태복음 7장에 권능을 받아 행하는 "주여, 주여,"하는 자들과 같은 부류의 사람인 것입니다. 그러므로 그들을 보십시오.

"주님의 이름으로 예언을 하고, 주님의 이름으로 귀신을 쫓아내고, 주님의 이름으로 많은 권능을 행하지 않았습니까? 라고 말할 것이다."(마7:22) 하시지 않았습니까? 이렇게 주님의 이름으로 예언하고, 주님의 이름으로 귀신을 쫓아내고, 주님의 이름으로 많은 권능을 행한 저들이, 왜 능력 있는 영광스러운 주님 앞에서 쫓겨난다고 하셨습니까? 그 이유는 이렇습니다.

"그 때에 내가 저희에게 밝히 말하되 '내가 너희를 도무지 알지 못하니 **불법을 행하는 자들아,** 내게서 떠나가라.' 하리라."(마7:23) 그렇습니다. 그들은 불법을 행하는 자들이기 때문입니다. 이렇게 그들은 하나님의 법을 어기는 것입니다. 그리고 공동번역은 같은 구절을 이렇게 해석합니다.

"그러나 그 때에 나는 분명히 그들에게 **'악한 일을 일삼는 자들아,**

나에게서 물러가라. 나는 너희를 도무지 알지 못한다.'라고 말할 것입니다."(마7:23) 하고 말입니다. 이러한 죄를 짓는 그들은 또 마태복음 13장에 가라지 비유와 같은 부류의 사람인 것입니다.

그러므로 여러분은 가라지인 그들을 심판하는 장면을 보십시오. 그들의 죄목도 주여, 주여, 하는 자들과 별반 다르지 않습니다.

"그날이 오면 사람의 아들이 자기 천사들을 보낼 터인데 그들(천사들)은 **'남을 죄짓게 하는 자들'**과 **'악행을 일삼는 자들'**을 모조리 **'자기 나라에서 추려 내어'** 불구덩이에 처넣을 것이다."(마13:41-42; 공동번역)라고 하신 말씀입니다.

말씀이 이러한데 "심판 날까지 온 인류"라든가 "세상 어려운 이웃에 관한 말씀으로 잘못 해석하면 어떻게 되겠습니까?" 그것은 불을 보듯 뻔한 것입니다. 저주를 받고 마귀와 그 부하들을 위해 준비된 영원한 불에 들어가게 되는 것입니다. 아래의 말씀처럼 말입니다.

"그런 다음 그는 왼편에 있는 사람들에게 '저주를 받은 사람들아, 너희는 내게서 떠나 마귀와 그 부하들을 위해 준비된 영원한 불에 들어가거라.'"(마25:41; 현대인의 성경)

이렇게 마귀의 종노릇을 하는 목사들은 성경을 잘못 해석하여 자신을 따르는 온 교인들을 멸망으로 인도하여 죽이고 있는 것입니다. 그렇게 **"가인의 악한 길을 따르고 있는 것"**입니다.

이런 사람들은 참으로 불쌍한 사람들인 것입니다. 그것은 왜냐하면 "여러분을 어두움에서 불러내어 놀라운 빛 가운데로 들어가게 하신 하나님의 복"(벧전2:9)을 자신이 자기 발로 차 버리는 사람들이기 때문입니다.

"그들은 **'영원한 형벌을 받고'**(마25:41; '저주를 받은 자들아,') **'주님 앞에서 쫓겨나'**(마25:41; '내게서 떠나' 말씀과 같이) **'그의 능력 있는 영광'**(요17: 공동번역; '아버지께서 천지 창조 이전부터 나를 사랑하셔서' **나에게 주신 그 영광을 그들도 볼 수 있게 하여 주십시오.'** 이렇게 기도하셨는데 안타깝게도)을 **'보지 못할 것입니다.'**"(살후1:9; 현대인의 성경) 이렇게 영원한 형벌을 받고 주님 앞에서 쫓겨나 그리스도의 능력 있는 영광을 볼 수 없게 되었으니 말입니다. 이렇게 영광의 자리에서 저주의 자리로 옮겨지는 것입니다.

그러므로 마태복음 25장에 악인들도 주님을 믿는다는 사람들로서, 악행을 일삼는 자들이 분명한 것입니다. 그러하기에 자기의 형제가 궁핍하게 생활하는데도, 마음 문을 닫고 도와주지 않은 것(마25:42-43)입니다. 하나님의 사랑을 궁핍한 형제들에게 나타내지 못하는 것입니다. 이렇게 하나님께서 예수님처럼 우리도 사랑하셨다는 것을, 세상이 알 수 있도록 드러내어야 하는데(요17:23), 세상이 알게 하지 못하는 것입니다.

그러므로 여기서 질문을 하나 하겠습니다.

만일 "아버지 아브라함이여,"(눅16:24) 하고 부르는 부자와 서로 같은 형제로서, 부스럼투성이의 나사로라는 거지가, 부자인 자기 집 문 앞에서 거처하여 사는 것(눅16:19-21)을 보고서도, 그를 도와주지도 않고, 자기만 값진 옷을 입고 날마다 즐기며 호화스럽게 사는 것이, 하나님의 뜻이겠습니까? 아니면 거지 나사로라는 형제를 불쌍히 여기고, 거지 생활로부터 빠져나오도록 도와주어, 건강하게 살게 해 주는 것이 하나님의 뜻이겠습니까? 그렇습니다.

이렇게 하나님의 뜻은 먼 곳에 있지 않습니다.

"하나님의 나라가 너희 안에 있다."(눅17:20-21)라고 말씀하심과 같이, 하나님의 뜻도 여러분 마음 안에 있는 것입니다. 이렇게 "하나님의 말씀이 바로 여러분 곁에 있으며 여러분의 입술과 마음에 있습니다."(롬10:8; 현대인의 성경) 하고 말씀하신 주님의 말씀처럼 하나님의 뜻도 여러분 마음속에 있는 것입니다. 그러므로 아나니아와 삽비라처럼 사탄에게 마음을 빼앗겨(행5:3) 욕심부리다가 생을 마감하지 마시고, 하나님을 사랑하는 마음으로 자비를 베풀어, 눈에 보이는 형제들에게 하나님의 뜻을 행하십시오. 그렇게 하나님께 대하여 부요한 사람이 되십시오.

그리하여 여러분 모두가 그리스도 안에서 사는 사람이 되십시오.

그러나 거짓 형제들은 그렇게 "궁핍한 형제를 보고서도 자신이 돕지 않으면, 그 형제가 힘이든 줄을 뻔히 알면서도, 마음을 숨기고 그 형제를 피해서 지나가 버리는 것"입니다. 그와 같이 행하면서도 자신은 하나님을 사랑한다고 말하는 사람이 많은 것입니다.

성경에서는 이런 사람들을 보고 "거짓말쟁이"라고 말씀하고 있는 것입니다. 이렇게 눈에 보이는 형제를 사랑하지 못하는 사람이 어떻게 보이지 않는 하나님을 사랑할 수 있겠습니까? 하고 말씀하시지 않

있습니까? 그와 같이 눈에 보이는 형제를 사랑하지 못하는 사람은, 사람 눈에 보이지 않는 하나님을 사랑할 수 없다고 말씀하시는 것입니다. 이렇게 말입니다.

"하나님을 사랑한다고 하면서 형제를 미워하는 사람(형제를 사랑하지 않는 사람)은 **'거짓말쟁이입니다.'** '눈에 보이는 형제를 사랑하지 못하는 사람'이 **'보이지 않는 하나님을 사랑할 수 없습니다.'**"(요일4:20) 하고 말입니다. 이처럼, 눈에 보이는 형제를 사랑하지 못하는 사람은 보이지 않는 하나님을 사랑할 수 없는 것입니다. 말씀이 이러한데도 보이지 않는 하나님을 사랑한다고 말하는 사람은 "거짓말쟁이가 맞는 것"입니다.

이렇게 "위에 형제 사랑에 대한 강력한 말씀이, **마태복음 25장의 최후의 심판에 대한 확실한 답변서'**로서, 여러분이 그리스도 안에서 살고 있는지 아니면, 그리스도 밖에 살고 있는지를 확실하게 드러나게 해 주는 말씀이 되는 것"입니다. 그러므로 우리는 "거짓말쟁이 형제들이" 되지 맙시다. 우리는 **"하나님 앞에서 거짓말쟁이가 되지 맙시다."**

이렇게 "거짓말쟁이 형제들"은 생활이 궁핍해진 가난한 형제를 보고서도, 그 형제를 도와주지 아니하고, 제사장 레위인처럼 그의 앞을 지나가 버리는 것입니다. 그렇게 그들은 제사장 레위인과 같이 선한 일을 실천하지 못하는 것입니다. 그러므로 마태복음 25장의 거짓말쟁이 형제들처럼, 그리고 제사장 레위인과 같이 자기 동족에게 선한 일을 실천하지 못하는 사람들처럼, 마귀에게 사로잡혀서 마귀의 종 노릇(딤후2:25-26; 공동번역)을 하는 목사들은 교인들에게 아래와 같이 가르치며 행하라고 말하는 것입니다.

"네 이웃을 네 몸처럼 사랑하라."(눅10:25-37) 하고, 이스라엘의 동족이요 그들의 이웃에 대하여, 예수님께서 사마리아 사람의 비유를 들어 가르치신 말씀을, 교인뿐만 아니라 세상 어려운 이웃까지 포함한다고 그것도 억지로 해석하여 그와 같이 행하라고 가르치는 것입니다.

이렇게 하여 형제 사랑은 등한시하도록 만들고, 세상 어려운 이웃을 돕는 일에 치우치게 하는 것입니다. 그렇게 불우한 세상 이웃을 돕는 것도, 예수님께 한 것(마25:40)이라고 그렇게 잘못 해석하여 가르치는 것입니다.

말로는 형제를 사랑하라고 하면서, 실제로는 형제 사랑을 실천하지 않는 것입니다.

"내 안에 살아라. 나도 너희 안에 살겠다."(요15:4) 하고 말씀하셨건만, 그리스도 안에서 살지 않는 것입니다. 그리스도께서 명령하신 것을 실천(요15:14)하지 않는 것입니다.

그와 같이 그리스도의 말씀에 불순종함(요14:24)으로써 그리스도를 사랑(요14:23-24)하지 않는 것입니다. 그렇게 그리스도의 계명(요15:12, 요일2:4)을 지키지 않는 것입니다.

거룩한 선지자들이나 사도들이 전한 하나님의 말씀(고후5:20; "하나님은 우리를 통해 여러분에게 말씀하고 계십니다." 하고 말씀하고 있는데도)을, 하나님의 말씀으로 듣지 아니하고 사람의 말(살전2:13)로 듣는 것입니다.

성경에 이해하기 어려운 대목들이 더러 있는데, 그 사실을 바르게 해석하지 않고 왜곡하여 해석(벧후3:16)하는 것입니다. 그렇게 하여 스스로 파멸을 불러들이고 있는 것(벧후3:16)입니다. 이런 자들을 가리켜서 "무법한 자들의 속임수"(벧후3:17; 공동번역) "불의한 자들의 유혹"(벧후3:17; 새 번역 성경) "악한 사람들의 꼬임"(벧후3:17; 현대인의 성경)이라고, 그렇게 멸망을 스스로 불러들이는 자들에 대하여, 주님은 사도 베드로를 통해 말씀하신 것입니다.

이렇게 무법한 사람들은 자기들이 하나님의 종으로서 그분을 공경하지 않고, 자신들을 하나님께서는 어둠에서 불러내어서, 그분의 빛의 자녀로 삼아 주셨는데도 존경하지 않음으로써, 그렇게 여호와의 이름을 멸시(말1:6)하는 것입니다. 하나님을 사랑하지 않으면서 하나님을 사랑한다고 거짓말(요일4:20)을 하는 것입니다. 빛의 자녀(살전5:5) 삼아 주셨음에도 어둠에 살고(요일2:9,11) 있는 것입니다. 남을 헐뜯(요삼1:10)는 것입니다.

"돈을 사랑하는 것이, 모든 악의 뿌리입니다."(딤전6:10; 공동번역) 하고 말씀하셨는데도 물질에 욕심(골3:5)을 내고 돈을 탐하는 것입니다.

그러므로 성경은 앞에 열거한 사람들에 대하여 이렇게 교훈하고 있는 것입니다.

"악인은 부정한 이득을 탐하여도 의로운 사람은 노력의 대가로 만

족한다."(잠12:12; 현대인의 성경)라고 말입니다. 이렇게 말씀하고 있는
데도, 그들은 말씀을 듣지 않고 오히려 더 많이 가지려고 재물에 욕심
을 내며, 끊임없이 죄를 짓고 있는 것입니다. 이렇게 그리스도와 고
난을 같이 나누지 못하고 오히려 세상을 사랑하는 것입니다.

이렇게 "이기적이며 진리에 순종하지 않고 불의를 따라 행하는 사
람들은, 모두 마귀에게 사로잡혀서 마귀의 뜻을 좇아 마귀의 종노릇
을 그렇게 하는 것"(딤후2:26; 공동번역)입니다.

그러므로 어떤 이들은 자기들이 받을 보수보다 터무니없이 교회
돈을 많이 받아가는 것입니다. 그렇게 그들은 **발람의 잘못된 길로
달려가고 있는 것입니다.** 그런 사람들을 향하여 사도 바울은 아래와
같이 주님의 말씀을 선포하고 있지 않습니까?

"그들은 거짓되고 속이며 자기를 그리스도의 사도로 가장하는 자
들입니다."(고후11:13) 하고 말입니다. 그리고 "사탄도 자기를 빛의 천
사로 가장합니다."(고후11:14) 하고 말입니다.

위와 같이 거짓되고 속이며 자기를 그리스도의 사도로 가장하는
자들에게 딱 맞는 비유가 예수님께서 밭에 좋은 씨를 뿌리셨는데 그
속에서 가라지가 나온다는 말씀입니다.

밭에 가라지 비유

그러므로 여러분은 예수님의 "밭에 가라지 비유"를 보고 배우십시오. 예수님은 제자들에게 밭에 가라지 비유에 대하여 이렇게 설명을 하셨습니다.

"좋은 씨를 뿌리는 농부는 사람의 아들이요, 밭은 세상이다. 그리고 **'좋은 씨는 하늘나라의 자녀요,' '가라지는 악한 자의 자녀를 말하는 것이다.'** 가라지를 뿌린 원수는 악마요, 추수 때는 세상이 끝나는 날이요, 추수꾼은 천사들이다. 그러므로 '추수 때에 가라지를 뽑아서 묶어 불에 태우듯이' 세상 끝날에도 그렇게 할 것이다."(마13:37-40; 공동번역) 하고 말입니다.

그러기에 성경에 "의로운 일을 하지 않거나 자기 형제를 사랑하지 않는 자는 하나님께로 난 자가 아닙니다. 이와 같이 하나님의 자녀와 악마의 자식은 분명하게 구별됩니다."(요일3:10) 하고 말씀하지 않았습니까? 위의 말씀이 예수님을 전혀 믿지 않는 세상 사람들에게 하신 말씀이었습니까? 주님을 믿는다는 사람들에게 하신 말씀이 아니었습니까?

위에 불법을 행하는 자들에 대한 말씀은 가라지 비유와 같은 말씀입니다. 가라지 비유는 예수님을 믿는다는 사람들 가운데 하나님의 자녀와 악마의 자식이 있다는 말씀입니다. 그러므로 하나님의 자녀는 의로운 일을 행하거나 자기 형제를 사랑하지만, 악마의 자식은 의로운 일을 하지 않거나 자기 형제를 사랑하지 않는다는 것입니다. 그렇게 하나님의 자녀들과 악마의 자식들이 분명하게 구별된다는 것입니다.

그래서 주님께서 이렇게 말씀하시지 않았습니까?

"**'가라지'**(마13:38; '가라지는 악한 자의 자녀들을 말하는 것이다.')를 **'모아다가 불에 태워 버리는 것과 같이'** '세상 끝날에도 그렇게 할 것이다.'"(마13:40) 하고 말입니다. 그리고 바로 이어서 밭에 가라지 비유에 대한 해석으로 아래와 같이 해석하여 말씀하시지 않았습니까?

"인자가 천사들을 보낼 터인데, 그들(천사들)은 '죄짓게 하는 모든 일들'과 '불법을 행하는 사람들'(마13:38; 곧, 악한 자의 자녀들; '가라지는 악한 자의 자녀들이다.')을 **'자기 나라'**(벧전4:17; 하나님의 집)에서 **'모조리 끌어모으다가 불 아궁이에 처넣을 것이다.'**"(마13:41-42) 하고 말입니다.

이렇게 "주님을 믿는다고 하면서도 남을 죄짓게 하는 자들과 불법을 행하는 자들"이 바로 "가라지들"이고 "악한 자의 자녀들"인 것입니다.

그러므로 여러분은 성령님의 인도를 받아 예수님을 주여, 주여, 하고 부르며 예언을 하고, 귀신을 쫓아내고, 많은 권능을 행하였다고 하는 자들을 잘 보십시오. 이 사람들도 예수님을 믿는다는 사람들이 아닙니까? 그런데도 이들은 주여, 주여, 주님을 부르면서도 불법을 행하는 것입니다.

그러므로 주님께서는 이렇게 주여, 주여, 하고 부르면서도 불법을 행하는 사람들을 "자기 나라"에서 모조리 끌어모으다가 불 아궁이에 처넣을 것이라고 하신 것입니다.

"그 날에는 많은 사람이 나를 보고 '주님, 주님! 우리가 주님의 이름으로 예언을 하고, 주님의 이름으로 귀신을 쫓아내고, 또 주님의 이름으로 많은 권능을 행하지 않았습니까?' 하고 말할 것이다. 그러나 그 때에 나는 분명히 그들에게 **'불법을 행하는 자들아, 나에게서 물러가라.** 나는 너희를 도무지 알지 못한다.'라고 말할 것이다."(마7:22-23) 하고 말입니다.

이렇게 그리스도의 심판 날에 불법을 행하는 자들은 **"영원한 형벌을 받고 주님 앞에서 쫓겨나"**(살후1:9) 마귀와 그 사자들을 위하여 준비된 영원한 불에 들어가게 되는 것(마25:41)입니다.

살아 계신 하나님에게서
떨어져 나가는 사람이 없도록

사도 바울의 시대에도 그런 사람들이 있었습니다.

그래서 그와 같이 남을 죄짓게 하고, 불법을 행하는 사람들을 경계하고 멀리하고 그들에게서 떠나라고 말씀하셨습니다.

"형제 여러분, '여러분이 배운 교훈을 거슬러서,' **'분열을 일으키며,'**(딛1:11; 더러운 이득을 얻기 위해서 가르쳐서는 안 될 것들을 가르쳐 가정들을 온통 뒤흔들어 놓고 있습니다. 이렇게 그리스도의 몸인 교회 안에서 분열을 일으키고) **죄짓게 하는 사람들을 경계하고**(롬16:17; 킹 제임스 성경; '공박하는 자들을 주의하고 그들에게서 떠나라.') 멀리하시기를 바랍니다. **'그런 자들은 우리 주 예수 그리스도를 섬기는 것이 아니라,' '자기네 배를 섬기는 것이며,'** 그럴듯한 말과 아첨하는 언사로 '순진한 사람들의 마음을 속이는 것입니다.'"(롬16:17-18; 새 번역 성경, 공동번역) 하고 말입니다.

성경에서는 이렇게 "한 사람이 잘못되면 여러분 전체가 영향을 받습니다."(갈5:9; 현대인의 성경)라고 말씀하고 있습니다. 그러니 "마귀에게 사로잡혀서 마귀의 종노릇을 하는 목사"를 여러분들이 만나게 되면 어떻게 되겠습니까?

만일 그렇게 된다면, 재판장이신 그리스도의 말씀과 같이 "하나님의 저주를 받아, '영광의 주님을 떠나'(살후1:9; 새 번역 성경; '그들은 **주님 앞과 주님의 권능의 영광에서 떨어져 나가서** '영원히 멸망하는 형벌을 받을 것**'입니다.라는 말씀과 같이), '마귀와 그의 사자들을 위해 예비 된, 영원한 불'에 들어가게 되는, 정말 무섭고도 끔찍한 일이 '자신에게 일어나게 되는 것'"입니다.

하나님은 위와 같이 여러분들이 무법한 자들의 속임수에 빠져들어가 멸망에 이르라고 부르신 것이 아닙니다. 하나님께서는 "예수님의 고난을 통하여 완전하게 하셔서 하나님이 많은 사람을 **영광으로 인도하시려고**"(히2:10) 그리고 "자기의 놀라운 빛 가운데로 인도하시려고"(벧전2:9) 여러분들을 부르신 것입니다.

그러므로 누구라도 무법한 자들의 속임수에 휩쓸려서, 자기 확신을 잃고 살아 계신 하나님에게서 떨어져 나가는 사람이 없도록 조심하라고 히브리서 기자를 통해 주님은 우리에게 경고하고 있지 않습니까? 아래와 같이 말입니다.

"'여러분들 가운데서 믿지 않는 악한 마음을 품고, 자기의 확신을 잃어서' '살아 계신 하나님에게서 떨어져 나가는 사람'이 없도록 조심

해야 합니다. 성경에 '오늘'이라고 한 말은 '우리에게도 해당하는 말'이니 '날마다 서로 격려해서' '아무도' '죄에 속임수에 넘어가' '고집부리는 일'이 없도록 해야 합니다."(히3:12-13; 현대인의 성경, 공동번역) 하고 이렇게 말입니다.

이렇게 주님께서는 히브리서 기자를 통하여 불의한 자들의 유혹에 휩쓸리지 말고 "그들의 말에 주의하라고" 지금 우리에게 위험의 소리로 요란한 사이렌 소리와 함께 빨간색 경광등을 켜서 경고하고 계신 것입니다.

그리고 때가 되면 "또 많은 사람들이 '믿음에서 떠나'(떨어져 나가) 서로 배반하고 서로 미워하겠으며' 많은 거짓 예언자들이 여기저기 나타나서 많은 사람들을 '속일 것이다.'"(마24:10-11; 현대인의 성경, 공동번역) 하고 주님께서 마지막 시대에 대하여 그렇게 예언하셨습니다.

그런데 안타깝게도 오늘날 교회가 주님께서 예언하신 말씀대로 되어가고 있는 것입니다. 그것은 다른 성경을 잘못 해석하듯이 하나님의 말씀을 잘못 해석하는 무법한 자들에 의해 여러분을 속이는 일들이 실제로 교회 안에서 일어나고 있는 것입니다.

그와 같이 주님의 예언을 증명이라도 하듯이 무법한 자들이 다른 성경을 잘못 해석하듯이 고린도전서 14장 34절의 말씀을 잘못 해석하여 "고라처럼 하나님을 거역하는 여자 목사들"이 우후죽순처럼 생겨나도록 하는 것입니다. 그리하여 마침내 여자 목사들뿐만 아니라 소속된 교인들까지 고라와 그의 추종자들처럼(민16:26 ; "여러분은 '이 악한 자들의 천막'에서 '떠나고' 그들의 물건에 일체 손을 대지 마시오. 그렇지 않으면 여러분도 '그들의 죄로 함께 멸망'하게 될 것입니다." 말씀과 같이) 함께 멸망에 이르도록 하는 것(유1:12)입니다. 그렇게 **"고라처럼 하나님을 거역하여 멸망으로 치닫고 있는 것입니다."**

그러므로 여러분들은 여러분들을 인도하는 주의 종들을 잘 "분간"(분간하다; 위키낱말사전; 사물이나 사람의 옳고 그름, 좋고 나쁨 따위와 그 정체를 구별하거나 가려서 앎,)해야만 하는 것입니다. 그리고 "이기적이며 **진리에 순종하지 않고 불의를 따르는 사람**에게는 **분노**와 **형벌**로 갚으실 것입니다."(롬2:8; 현대인의 성경)라고 하나님께서 말씀하신 것을 여러분들은 기억해야만 하는 것입니다.

그런 후에 진리에 순종하지 않고 불의를 행하는 그와 같은 사람들을, 자신이 행여나 따라가고 있는 것은 아닌지를 잘 점검해 보아야만 하는 것입니다. 그렇게 하여 자신뿐만 아니라 여러분과 함께하고 있는 형제들을 위해서라도, 여러분들에게 선포되고 있는 말씀들이 여러분들이 들었을 때, 무엇이 선한 말씀이고 무엇이 악한 말인지를 구별해야만 하는 것입니다.

그와 같이 형제 여러분들이 구별해야만 하는 것은, 그리스도의 최후 심판에서 주님께서 악인들을 심판하심과 같이, 심판받는 당사자가 될 수도 있기 때문입니다. 그리고 그와 같이 여러분들의 소중한 영적 생명이, 여러분들을 인도하는 주의 종들에 의해 그리고 그들과 함께, 어떤 이는 생명의 부활로 어떤 이는 심판의 부활로, 나갈 것이기 때문입니다.

그러므로 여러분은 주님께 지혜를 구하여 확실하게 구별하십시오.

그러나 여러분에게 선포하는 말씀이 무엇이 선한 말씀이고, 무엇이 악한 말인지를 구별하기 어려우시다면, 가장 알기 쉬운 방법은, 여러분의 주의 종들이 "그리스도의 계명을 실천하는 사람인지," "실천하지 않는 사람인지"만 알면 됩니다. 그것은 왜냐하면, 아무리 명성이 자자한 목사라고 하더라도 "악한 사람들은," "그리스도의 계명을 실천하지 않기 때문입니다."

그러므로 여러분들은 그리스도의 계명에 대하여 알아야만 하는 것입니다.

그리스도의 계명은 누누이 말씀드렸다시피 "내가 너희를 사랑한 것처럼, 너희도 서로 사랑하여라. 이것이 내 계명이다."(요15:12; 현대인의 성경) 하고 말씀하신 말씀이 바로 그리스도의 계명인 것입니다.

"그리스도의 계명"은 곧 "하나님의 계명"이기도 한 것(요일3:23)입니다. 그러므로 "하나님의 계명을 지키지 않는 사람"에 대하여, 성경은 "어떤 사람"이라고 말씀하고 있는지를, 여러분들이 알면 되는 것입니다. 그 사람은 바로 아래와 같은 사람임을 말씀하는 것입니다.

"하나님을 안다고(갈4:9; 현대인의 성경; 여러분이 하나님을 알고, 다른 말로는 그리스도를 믿는다고) 하면서 '그분의 계명을 지키지 않는 사람'은 '거짓말쟁이'이며 '진리가 그 속에 있지 않습니다.'"(요일2:4; 현대인의 성경) 하고 말씀하고 있습니다. 그렇습니다. 하나님을 안다고 하면서도 하나님의 계명을 실천하지 않는 사람은 **"거짓말쟁이"**이며 **"진리"**가 그런 사람 속에 없다는 것을 말씀하신 것입니다.

그와 같이 **"하나님의 계명을 지키지 않는 사람"**이 바로 "거짓말쟁이이며 진리가 그 속에 없는 사람들"인 것입니다. 그러므로 거짓말쟁이이며 진리가 없는 그와 같은 사람들을 따라다녀 보십시오. 그러면 여러분의 최후는 어떻게 되겠습니까?

위에서도 말씀드린 바와 같이 불을 보듯이 뻔한 일인 것입니다. 여러분들이 그 거짓말쟁이와 함께 지옥 불에 들어가게 되거나 **"그리스도의 심판을 받아 영원한 형벌을 받고 주님 앞에서 쫓겨나 그분의 영광을 보지 못하고"**(살후1:8-9; 공동번역) 마귀와 그의 사자들을 위해 준비된 영원한 불에 들어가게 되는 것(마25:41)입니다.

이런 사람들은 성경에서 "형제를 사랑하지 않는 사람은 '하나님을 모릅니다.'"(요일4:8) 하고 말씀하심과 같이, 그리고 주님께서 유대인들에게 "너희는 나를 알지 못하고 내 아버지도 모른다."(요8:19) 하고 말씀하심과 같이, 그런 거짓말쟁이들은 "하나님을 알지 못하는 사람"이며, 입으로는 주님을 믿는다고는 말하지만 실제로는 "주님을 믿지 않는 자들로서 믿음을 헛되이 받아들인 사람들인 것"입니다. 그런 사람들이 "믿지 않는 악한 마음을 품고 자기 확신을 잃어서 **'살아 계신 하나님에게서 떨어져 나가는 사람'**이 되는 것"(히3:12)입니다. 그와 같이 무서운 일이 자신에게 벌어지게 되는 것입니다.

위와 같은 사람들은 제일 먼저 하나님의 말씀을 받은 이스라엘 사람들과 같이, 그분의 말씀을 "믿음으로 받아들이지 않았기 때문에," 하나님을 알지 못함으로써 불순종하는 것입니다. 아래와 같이 말입니다.

"제일 먼저 하나님의 말씀을 들은 이스라엘 사람들이 하나님의 말씀에 불순종한 것은, 그들이 전해 들은 하나님의 말씀을 **'믿음으로 받아들이지 않았기 때문'**입니다."(히4:2,6; 현대인의 성경) 하고 이렇게 말입니다.

이렇게 하나님을 안다고 하면서도 알지 못하는 사람들은, 위에 구절 이스라엘 사람들처럼, 주님의 말씀을 "믿음으로 마음에 받아들이지 않았기 때문에," 하나님께서 놀라운 기적과 여러 가지 능력을 일으키심을, 그들의 눈으로 똑똑히 보고 온몸으로 체험하면서도, 주님을 믿지 못하는 율법 학자들과 바리새인들과 같이 하나님을 믿지 못하는 것입니다.

그래서 주님께서는 예수님을 믿는 여러분에게 아래와 같이 말씀하시지 않았습니까? 하나님을 믿는다고 하면서도 율법 학자와 바리새인과 같이 주님을 믿지 않는 사람들에게서 "나오라" 하고 "떨어져라" 하고 "만지지 말라" 하고 그렇게 말입니다.

"그러므로 너희는 그들 가운데서 나오너라. 그들과 떨어져라. 부정한 것을 만지지 말아라. 나 주가 말한다."(고후6:17; 새 번역 성경) 이렇게 말입니다.

우리 하나님께서는 앞에 와 같이 말씀하시고 나서 이렇게도 말씀

마귀의 종노릇을 하는 목사들

하셨습니다.

"그리하면 내가 너희를 영접할 것이다. 그리하여 나는 너희 아버지가 되고 너희는 내 자녀가 될 것이다. 나 전능한 주가 말한다."(고후 6:18) 하고 말입니다. 하나님은 이렇게 우리가 영과 육의 모든 더러움에서 떠나서 자신을 깨끗하게 하면, 하나님 자신이 우리의 아버지가 되시고, 우리는 하나님의 자녀가 될 것이라고 그와 같이 약속하셨습니다.

그래서 사도 바울은 우리가 이런 "약속을 받았으니" 육과 영을 조금도 더럽히지 말고 깨끗하게 지켜서 하나님을 두려워하는 생활을 하며 완전히 거룩한 사람이 됩시다. 하고 복음의 자녀들에게 권면하는 것입니다.

"그러므로 사랑하는 여러분 **'우리에게 이러한 약속이 있으니'** '육과 영의 모든 더러움에서 떠나서 자신을 깨끗이 하며' '하나님을 두려워하는 가운데 온전히 거룩하게 됩시다.'"(고후7:1; 새 번역 성경) 이렇게 말입니다.

"거룩한 생활은" 예수님이 우리를 사랑한 것같이 우리도 서로 사랑하며 사는 것입니다. 그것이 거룩한 생활입니다. 그것은 "남을 사랑하는 사람은 이미 율법을 완성했습니다."(롬13:8; 공동번역)라고 말씀하고 있기 때문입니다. 이렇게 율법을 완성 한 사람들이 거룩한 사람인 것입니다.

그러므로 여러분과 서로 진실하게 사랑하지 않는 그런 거짓말쟁이를 만나면, 여러분들을 거짓으로 가르쳐서 그들의 거짓말을 믿게 하여, 살아 계신 하나님의 심판에 대상이 되게 하는 것입니다. 그러므로 "그런 악한 자들을 여러분 가운데서 쫓아내야 하는 것"(고전5:13)입니다.

주님은 사도 바울을 통해서 그런 악한 자들을 여러분 가운데서 쫓아내라고 명령하셨습니다. 그러므로 여러분은 그들을 두려워하지 말고, 여자 목사를 세운 사람들과 죄에 속임수에 넘어가 고집부리는 여자 목사들처럼, 하나님의 권위를 멸시하고, 그리스도의 계명을 지키지 않으며, 서로 형제처럼 사랑하지 않는, 그런 거짓말쟁이들을 교회 밖으로 내어 쫓으십시오. 하나님의 말씀에 불순종하는 여자 목사들을 내어 쫓으십시오. 그리하여 살아 계신 하나님에게서 떨어져 나가는 사람이 없도록 하십시오.

그러나 여러분이 정말로 그와 같이 악한 자들을 교회 안에서 쫓아내는 일이 어려우시다면 주님의 말씀대로 그들에게서 나오고, 그들에게서 떨어지고, 그들의 부정한 물건들을 만지지 말아야 합니다.

그런 후에 그리스도 안에서 살면서, 서로 나누며 도와줌으로써 사랑을 실천하는, 그런 진실한 형제들의 교회로 가십시오. "그리스도 안에서 사는 교회"는 말씀 그대로 "예수님이 우리를 사랑하신 것처럼, 그곳 형제들이 서로 자신의 형제와 같이 사랑하는 교회입니다." (요15:12)

남자나 여자나 직분 받는데 차별이 없다?

그렇게 친형제들처럼 서로 사랑함으로 자신의 것을 스스럼없이 나누고, 도우면서 슬픔과 기쁨을 함께하는 그와 같은 형제들이 "그리스도의 고난에 참여한 사람들이며"(빌3:10) "그리스도의 계명을 지키는 사람들이고,"(요15:9) "그리스도 안에 사는 사람들"(요15:9)입니다.

그리고 "그리스도께서 명령하신 것을 실천하는 사람들이고,"(요15:14, 고후9:13) 그리고 또한 "주님의 명령대로 실천하여 그리스도의 친구가 된 사람들이며,"(요15:14) 이렇게 주님의 친구가 된 이런 사람들이 "주님의 명령이 영원한 생명이라는 것을, 아는 그런 사람들인 것"(요12:50)입니다.

위와 같이 그리스도 안에서 사는 사람들은 "아버지와 내가 하나인 것처럼 이 사람들도 하나가 되게 하소서"(요17:11; 현대인의 성경, 공동번역) 하고 유대인들을 위하여 기도하신 것처럼, "서로 사랑하는 사람들은 그리스도 안에서 여러 지체가 한 몸이듯이 서로 하나가 되는 사람들이 되는 것"입니다.

그리고 또 예수님께서는 아버지께 기도하셨는데 이렇게도 기도하셨습니다.

"나는 그들뿐만 아니라 '그들의 말을 듣고 나를 믿는 사람들'을 위해서도 기도합니다. 아버지, 아버지께서 내 안에 계시고 내가 아버지 안에 있는 것같이 **'그들도 하나가 되어 우리 안에 있게 하소서'**(요 17:21; 현대인의 성경) 하고 말입니다. 위 기도는 이방인들을 위해서 기도하신 것입니다.

이렇게 예수님께서 아버지께 기도하신 위에 기도가 그리스도께서 사도 바울을 통해 말씀하신 아래에 내용과 같은 맥락의 말씀인 것입니다.

"여러분은 다 **'그리스도 예수 안에서 하나가 되었으므로'** 유대인이나 그리스 사람이나 종이나 자유인이나 남자나 여자나 차별이 없습니다."(갈3:28; 현대인의 성경)

그렇습니다. 예수 그리스도를 믿음으로 하나님의 자녀(갈3:26; 공동번역; "여러분은 모두 '믿음'으로 그리스도 예수와 함께 삶으로써 **'하나님의 자녀가 되었습니다.'**"라는 말씀과 같이 하나님의 자녀가 되는 일에)가 되는 일에 남자나 여자나 유대인이나 그리스 사람이나 종이나 자유인이나 누구든지 차별이 없다는 말씀입니다.

그와 같이 "**누구든지**' 예수님을 믿으면 멸망하지 않고 영생을 얻는다."(요3:16)라는 그 말씀입니다. 말씀이 이러한데도 그러한 진리의 말씀을 억지로 해석하는 사람들이 있는 것입니다. 그것도 위에서도 잠깐 말씀드렸지만 무법한 사람들은 "하나님의 직분을 받는데 남자나 여자나 차별이 없다고" 그렇게 성경을 잘못 해석하는 것입니다.

이런 사람들은 "신앙을 이익의 수단으로 생각하는 사람들에게는 다툼이 그칠 날이 없습니다."(딤전6:5)라는 말씀처럼, "하나님의 말씀을 자신의 이익이 되는 쪽으로 해석하기 때문에," 그렇게 다른 성경을 잘못 해석하듯이 잘못 해석하는 것입니다. 그래서 "직분을 받는 것"도 남자나 여자나 차별이 없다고 그렇게 강조하는 것입니다. 하나님께서는 남녀를 차별하시지 않는다고 말입니다.

그러므로 위와 같이 신앙을 이익으로 생각하는 자들은 "**여러분은 모두 믿음으로 그리스도 예수와 함께 삶으로써 하나님의 자녀가 되었습니다.**"(갈3:26; 공동번역)라고 하신 말씀을 "**쏙**" 빼버리고 그렇게 잘못 해석하는 것입니다.

그러나 만일 위와 같이 잘못 해석하는 자들이, "여러분은 모두 믿음으로 그리스도 예수와 함께 삶으로써 하나님의 자녀가 되었습니다." 하고 주님께서 사도 바울을 통해 선포하신 말씀을 보아서 알고, 확실하게 "믿음으로 예수 그리스도와 함께 삶으로써, 그렇게 '**하나님의 자녀가 되는데,**' 남자나 여자나 누구든지 차별이 없다고 하신 말씀으로 깨달았었더라면," 그렇게 잘못 해석하지는 않았을 것입니다.

그렇습니다. "예수 그리스도를 믿음으로 하나님의 자녀가 되는데 누구든지 남자나 여자나 차별이 없습니다."(갈3:28)라는, **"그 말씀을,"** "하나님을 믿는 사람은 누구든지 사도 즉 목사 직분을 받는데도, 남자나 여자나 차별이 없습니다."라고 그렇게 억지로 해석하지는 않았을 것입니다.

이렇게 거짓 목사들이 위와 같이, 다른 성경을 잘못 해석하듯이 억지로 해석하여, "많은 사람이 스스로 파멸을 불러들이게 하는 것"(벧후 3:16; 공동번역)입니다.

직분상 만인 제사장인가?

    이렇게 성경에 종종 어려운 부분들을 잘못 해석하는, 그런 무법한 자들에 대하여 위에서도 잠깐 말씀을 드렸었습니다.

    여기서도 성경 말씀 가운데 종종 이해하기 어려운 부분들을, 잘못 해석하는 사람들이 많으므로, 그와 같이 성경에 기록된 말씀을 억지로 해석하는 자들이, 어떠한 사람들에 해당하는지에 대하여 다시 말씀을 드리겠습니다.

    이렇게 하나님의 말씀을 억지로 해석하는 사람들을 가리켜서, 주님은 사도 베드로를 통해 어떤 사람들이라고 말씀하셨을까요?

    주님은 사도 베드로를 통해 이런 사람들이라고 말씀하셨습니다.

    "무식하고 믿음이 약한 사람들이 다른 성경처럼 그것도 억지로 해석하여 스스로 멸망을 불러들이고 있습니다. 그러므로 사랑하는 여러분, 이 사실을 미리 알고 **'무법한 자들의 속임수'**에 빠져들어 가(현대인의 성경; 늘 조심하여 **'악한 사람들의 꼬임'**에 빠지지 않도록 '믿음을 굳게 지키십시오.' 새 번역 성경; **'불의한 자들의 유혹'**에 휩쓸려서) 자기 확신을 잃는 일이 없도록 조심해야 합니다."(벧후3:17; 공동번역) 하고 무법한 사람들, 악한 사람들, 불의한 자들이라고 말씀하셨습니다.

그러므로 하나님의 말씀을 억지로 해석하는 사람들은, 말씀에 의하면 "무식한 사람"이고, "믿음이 약한 사람"이며, "스스로 멸망을 불러들이는 사람"이고, "무법한 사람들"이며, "악한 사람들"이고, "불의한 자들"인 것입니다.

위에 성경 말씀으로 비추어 본다면. 주님께서 자기 사도들을 통해 말씀하신 주님의 말씀을, 다른 성경을 잘못 해석하듯이 그것도 억지로 해석하여, 여자 목사를 세워 고라와 같이, 살아 계신 하나님께 대항하게 하는 사람들이, 얼마나 무법한 자들이며, 얼마나 악한 자들이며, 얼마나 불의한 자들입니까?

그러므로 "여러분 가운데 믿지 않는 악한 마음을 품고, 자기 확신을 잃어서, 살아 계신 하나님에게서 떨어져 나가는 사람이 없도록 조심해야 합니다."(히3:12) 이미 주님은 말씀하셨고 "그들의 속임수에 빠져들어 가, 자기 확신을 잃는 일이 없도록 조심"하라고(벧후3:17) 그렇게 일찍이 주님께서 말씀하셨는데도, 여자들이 무법한 사람들의 속임수에 빠져들어 가, 자기 확신을 잃고 자기 스스로 여자 목사가 됨으로써, 하나님께서 은혜로 주신 믿음을, 그와 같은 행동으로 스스로 져버리고 마는 것입니다.

그렇게 여자 목사들이 하와가 뱀의 간사한 거짓말에 속아서 죄에 빠진 것(딤전2:14, 고후11:3)처럼, "무법자들의 속임수에 속아 또 죄에 빠져버린 것입니다."

그러므로 사도 유다의 예언이 이 시대에 정확하게 맞아떨어진 것입니다.

"고라처럼 하나님을 거역하여 멸망으로 치닫고 있습니다."(유1:11; 현대인의 성경) 이렇게 말입니다.

위에서도 말씀을 드렸습니다만 이렇게 무법한 사람들은 여자 목사를 세우는 일이, 그리스도 안에서 정당한 것처럼, 만인 제사장 설을 들먹입니다. 그러므로 그와 같이 "여자 목사를 세우려고 만인 제사장 설을 들먹이는 사람들"을 여러분들은 잘 보십시오.

만인 제사장 설에서도 마찬가지로, 진리의 말씀을 잘못 해석하여, 신앙을 이익의 수단으로 생각하는 여자 목사들이, 악한 사람들의 꼬임에 빠져 믿음을 저버림으로써, 자기들이 버린 모퉁이 돌(예수 그리스도의 산 돌)에, 걸려 넘어지게 놓아두시는 것(벧전2:7-8)을 말입니다.

그렇게 하나님의 말씀을 보고 듣고서도, 불의한 일을 하는 사람들은, 하나님께서 (행5:1-10; 성령님을 속이고 땅을 판 값의 일부를 감춘 아나니아와 삽비라처럼) 자기 꾀에 자기가 넘어지게 하시는 것을, 성경 말씀에서 찾아볼 수 있습니다. 이렇게 하나님의 말씀을 듣고도 하나님을 믿지 않는 자들에 대하여도 위에서도 다음과 같이 말씀을 드렸었습니다.

"우리도 그들과 마찬가지로 기쁜 소식을 전해 들었습니다. 그러나 그들이 들은 말씀이 **'자기들에게 유익이 되지 못했던 것'**은 그 말씀을 **'믿음으로 받아들이지 않았기 때문입니다.'**(히4:2; 현대인의 성경) 하고 말입니다.

한마디로 하나님께서 놀라운 기적과 여러 가지 능력 있는 일들을 그들 앞에서 행하셨으나, 제일 먼저 하나님의 말씀을 받고서도 광야에서 죽은 이스라엘 사람들은, 그와 같은 놀라운 일들을 실제로 몸으로 체험하고 눈으로 보고서도, 그러하신 "하나님을 믿지 않았다는 것입니다."

그렇다면 제일 먼저 하나님의 말씀을 받은 그들은 하나님을 어떻게 믿지 않았을까요? 그들은 이렇게 하나님을 믿지 않았습니다.

"그들은 아론에게 '우리를 인도할 신들을 만들어 주십시오. 우리를 이집트에서 이끌어서 내어 온, 이 모세라는 사람은 어떻게 되었는지 전혀 소식이 없소' 하고 말했습니다. 그러고서 그들은 송아지 모양의 우상을 만들어 거기에다 제물을 바치고 자기들의 손으로 만든 것을 기뻐하고 있었습니다. 그래서 하나님은 그들에게서 돌아서시고 그들이 하늘에 별들을 섬기도록 버려 두셨습니다. 이것은 예언서에 기록된 것과 같습니다. **'이스라엘 백성들아, 너희가 40년 동안 광야에서 정말 나에게 희생제물을 드렸느냐? 너희는 몰록의 천막과 레판 신의 별들과 그들을 섬기려고 만든 우상의 형상을 메고 다녔다.** 그러므로 내가 너희를 바빌론 밖으로 옮겨 버릴 것이다.'"(행7:40-43; 현대인의 성경) 하고 말입니다.

이렇게 맨 처음 하나님의 기쁜 소식을 전해 받은 이스라엘 백성들이 40년 광야 생활하는 동안 하나님을 믿지 않았던 것입니다.

오늘날 주님의 부르심을 받은 사람들도, 하나님께서 구원 계획의 실현을 위하여, 표징과 놀라운 일과 여러 가지 기적을 나타내시고, 또한 자기의 뜻을 따라 성령님의 은혜로운 선물을 나누어 주심으로서 (고전12:4-11, 히2:4; 현대인의 성경, 공동번역), 하나님께서 모든 만물 안에서 여전히 일하고 계심을 보고 알게 되었음에도, 맨 처음 기쁜 소식을 전해 받은 이스라엘 백성들처럼 믿지 않는 사람들이 많은 것입니다.

그러나 처음 하나님의 아들 예수 그리스도를 믿을 때, 하나님께서는 성령님을 통해 각 사람에게 "성령님이 계시는 증거"로, 성령님의 은혜로운 선물을 나누어 주셨다고 하시지 않았습니까?

"어떤 사람에게는 성령님이 지혜의 말씀을 주시고, 어떤 사람에게는 같은 성령님이 지식의 말씀을, 어떤 사람에게는 믿음을, 어떤 사람에게는 병 고치는 능력을, 어떤 사람에게는 기적을 행하는 능력을, 어떤 사람에게는 예언하는 능력을, 어떤 사람에게는 영들을 분별하는 능력을, 어떤 사람에게는 여러 가지 방언하는 능력을, 어떤 사람에게는 방언을 통역하는 능력을 주십니다. '이 모든 것은 같은 성령님이 하시는 일입니다.' 성령님은 자기가 원하시는 대로 각 사람에게 이런 은혜의 선물을 나누어 주십니다."(고전12:8-11) 이렇게 말입니다.

그렇다면 위와 같이 성령님께서는 우리 주 예수 그리스도의 이름을 믿는 각 사람에게 성령님의 은혜로운 선물을 왜 나누어 주시는 것일까요?

그것은 여러분들이 교회 안의 그리스도의 지체로서 그리스도의 몸을 세우기 위해서입니다.

"그리고 하나님께서는 교회 안에 이런 지체들을 세우셨는데 첫째는 사도요, 둘째는 예언자이며, 셋째는 교사요, 그다음은 기적 행하는 사람, 다음은 병 고치는 사람, 남을 돕는 사람, 다스리는 사람, 방언하는 사람들입니다."(고전12:28; 현대인의 성경) 이렇게 성령님께서는 성령님의 은혜로운 선물을 나누어 주시고 교회 안에서 봉사하고 일할 지체들을 세우시는 것입니다.

말씀이 이러한데도, 그들은 주님께서 같은 직분을 나누어 주셔서, 모두 다 사도로 세우신 것처럼, 만인 제사장 설을 주장하는 것입니다.

그러므로 여러분은 잘 보십시오. 만인 제사장 설을 주장하는 사람들에게, 이러한 대답으로 주님께서는 일축하셨습니다.

이렇게 믿는 사람 모두가 다 만인 제사장 직분(목사 직분)을 받을 수는 없지 않습니까? 하고 그런 말씀으로 아래와 같이 말입니다. 그러므로 주님의 음성을 듣고 여러분들은 깨달으시기를 바랍니다.

"모든 사람이 다 사도나 예언자나 교사나 기적을 베푸는 사람은 될 수 없지 않겠습니까? 또 모든 사람이 다 병 고치거나 방언을 하거나 통역할 수도 없지 않습니까?"(고전12:29; 현대인의 성경) 하고 말입니다. 또 이렇게도 말씀하셨습니다.

"우리가 한 몸에 많은 지체를 가졌으나, '이 지체들이 다 같은 기능을 가진 것은 아닙니다.' 이와 같이 우리 많은 사람이, 그리스도 안에서 한 몸이 되어 서로, 서로 지체가 되었습니다."(롬12:5) 하고 이렇게 말입니다. 말씀이 이러한데도 여자 목사를 세운 사람들이나 여자 목사들은 "성령님께서 모두 다 사도로 세우신 것처럼, 만인 제사장 설"을 말하고 주장하는 것입니다.

"우리가 그리스도 안에서 한 몸이 된 성도들 모두가 그리스도를 통해 하나님께 제사 드리는 제사장들"인데도 말입니다. 이렇게 "그리스도 안에서 사는 사람 모두가 그리스도를 통해 하나님께 제사 드리는 제사장으로서 만인 제사장인 것"입니다. 그래서 주님께서 아래와 같이 말씀하시지 않았습니까?

"여러분도 신령한 집을 짓는 데 쓰일 산 돌(산 제물)이 되십시오.' 그리고 '거룩한 제사장이 되어' 하나님께서 기쁘시게 받으실 신령한 제사를 '예수 그리스도를 통하여 드리십시오.'"(벧전2:5; 공동번역) 하고 말입니다. 그리고 이렇게도 말씀하시지 않았습니까?

"여러분의 몸을 하나님이 기뻐하시는 거룩한 산 제물(산 돌)로 드리십시오.' 이것은 '여러분이 드릴 영적 예배(진정한 예배)입니다."(롬12:1; 현대인의 성경) 하고 말입니다. 그렇다면 산 제물이 무엇입니까?

그 말씀은 말씀 그대로 "죽은 제물"이 아니라 "살아 있는 제물"이라는 말씀입니다. 다시 말씀을 드린다면 "깨어 있어서 자신을 드리는 제물"이라는 뜻이며, 여러분이 제일 알아듣기 쉬운 말로 말씀을 드린다면, "그리스도 안에서 살면서 자신을 드리는 제물"이라는 말씀입니다.

그러므로 여러분은 주님께서 하신 말씀을 보십시오. 주님은 사도 바울을 통해 이렇게 말씀하셨습니다.

"여러분은 이 세상을 본받지 말고 마음을 새롭게 하여 **'새사람**(변화 받은 사람)**이 되십시오.**"(롬12:2; 공동번역) 하고 말입니다. 그리고 마음을 새롭게 하여 변화 받은 새사람에 대하여 이렇게도 말씀하셨습니다.

"누구든지 그리스도 안에 있으면 새로운 존재입니다.' 옛사람은 없어지고 **'새사람**(변화 받은 사람)**이 된 것입니다.**"(고후5:17; 현대인의 성경) 이렇게 말입니다.

성령님은 이렇게 새사람이 된 사람들에게 자기가 원하시는 대로, 여러 사람이 서로 도와서 일할 수 있도록, 각 사람에게 여러 가지 은혜의 선물을 나누어 주시는 것(고전12:11)입니다. 이렇게 성령님께서 각 사람에게 나누어 주신 것이, 자기가 받은 은사요, 자신의 직분인 것입니다.

그래서 주님께서는 사도 베드로를 통해 자신이 받은 은사로 형제들이 서로 도와 가며 일하는 것에 대하여 이렇게 말씀하시지 않았습니까?

"여러분이 각자 받은 은혜의 선물(은사가)이 무엇이든 간에 하나님의 여러 가지 은혜를 맡은 선한 관리인답게 서로를 섬기는 데 그것을 사용하십시오."(벧전4:10; 현대인의 성경) 하고 말씀하셨고 "설교의 직분을 맡은 사람은 하나님의 말씀을 전해야 하고, 봉사하는 사람은 하나님이 주시는 힘으로 하는 것처럼 하십시오. 그리하면 하나님이 모든 일에 예수 그리스도(벧전2:4; 보배로운 산 돌이신 예수 그리스도)를 통해서 영광을 받으시게 될 것입니다."(벧전4:11; 새 번역 성경, 공동번역) 하고 말입니다.

이렇게 "선한 관리인답게 서로를 섬기는 데 그것을(자신이 받은 은사를) 사용하여 '예수 그리스도를 통해서' '하나님께서 영광을 받으시도록 거룩한 산 제사를 하나님께 드리는 것'"입니다. 그것이 거룩한 산 제사요 영적인 진실한 예배인 것입니다.

그리고 그와 같이 "자신이 받은 은사로 그리스도를 통해 하나님께서 영광을 받으시도록 거룩한 산 제사를 하나님께 드리는 사람들이 다 '왕 같은 제사장'이라고 말씀하시는 것"입니다. 그러므로 여러분들은 성경을 잘 보십시오.

주님은 사도 베드로를 통해 "왕 같은 제사장들"에 대하여 이렇게 말씀하셨습니다.

"여러분은 이미 주님의 인자하심을 맛보지 않았습니까? '주님께로 가까이 오십시오.' **'그분은 살아 있는 돌입니다.'** 사람들에게는 버림을 받았지만, '하나님께는 선택을 받은 귀한 돌입니다.' 여러분도 '신령한 집을 짓는 데 쓰일'(마7:24-25; 내 말을 듣고 실천하는 사람은 **반석 위에 집을 짓는 지혜로운 사람**과 같다) **'산 돌이 되십시오.'** 그리고 **'거룩한 제사장이 되어' '하나님께서 기쁘게 받을 만한 신령한 제사를 예수 그리스도를 통하여 드리십시오.'"**(벧전2:5; 공동번역) 하고 말씀하셨습니다.

그렇다면 우리가 신령한 집을 짓는 데 쓰일 산 돌로서, 거룩한 제사장이 되어, 어떻게 하나님께서 기쁘게 받을 만한 신령한 제사를, 예수 그리스도를 통해 드릴 수 있겠습니까?

그것은 바로 위에서도 말씀을 드렸습니다만, 깨달음에 있어서 중요함으로, 여기서도 말씀을 또 드리겠습니다. 하나님께서 기쁘게 받을 만한 신령한 제사를, 우리는 예수 그리스도를 통해 이렇게 드릴 수 있습니다.

먼저 "여러분의 몸을 하나님이 기뻐하시는 거룩한 산 제물로 드리십시오. 이것은 여러분이 드릴 영적인 진실한 예배입니다."(롬12:1) 말씀하시지 않았습니까? 그리고 이어진 본 절에서 "우리가 한 몸에 많은 지체를 가졌으나 이 지체들이 다 같은 기능을 가진 것이 아닙니다. 이와 같이 우리 많은 사람이 그리스도 안에서 한 몸이 되어 서로, 서로 지체가 되었습니다. 그래서 **우리에게 주신 은혜에 따라 우리가 받은 선물이 각각 다릅니다.' '**우리는 이것을 분수에 맞게 사용해야 합니다."(롬12:4-6; 현대인의 성경) 하고 그렇게 말씀하시지 않았습니까? 그렇습니다. 바로 그 말씀입니다.

이렇게 우리에게 성령님께서 나누어 주신 은혜에 따라, 우리가 받은 선물로, 하나님께서 기쁘게 받을 만한 거룩한 산 제사를, 예수 그리스도를 통해 드리는 것을 말씀하시는 것입니다. 아래와 같이 말입니다.

"가령, 그것이 '예언'이라면 자기 믿음 정도에 따라 써야 하고, 그것이 '봉사하는 일'이라면 봉사하는 데 써야 하고, '가르치는 일'이라면 가르치는 데 써야 하고, '권면하는 일'이라면 격려하는 데 써야 합니다. '남을 구제하는 사람'은 순수한 마음으로 해야 하고, '지도하는 사람'은 열성을 다해서 해야 하며, '자선을 베푸는 사람'은 기쁜 마음으로 하십시오."(롬12:6-8; 현대인의 성경, 공동번역) 이렇게 말입니다.

그리고 위와 같이 "거룩한 산 제사를 하나님께 드릴 때" 꼭 있어야 할 것은, **"사랑입니다."** 하고 말입니다. 그래서 주님은 사도 바울을 통해 바로 이어서 아래와 같이 말씀하시지 않았습니까?

"사랑은 거짓이 없어야 합니다.' 악을 미워하고 **'꾸준히 선한 일을 하십시오."**(롬12:9; 공동번역) 하고 말입니다.

이렇게 성도라면 누구나 위와 같이 "거룩한 산 제사"를 "그리스도 예수님 안에서 우리 주 예수 그리스도를 통해 하나님께 꾸준히 드릴 수 있는 것"입니다.

이렇게 우리가 "예수님처럼 산 돌로서, '영적인 집을 짓는 거룩한 제사장'이 되어, 하나님께서 기쁘시게 받을 만한 신령한 제사(영적 제사)를, 예수 그리스도를 통하여 드릴 수 있는 것입니다. 이런 사람들이 모두가 다 제사장인 것"입니다. 이렇게 예수 그리스도 안에서 전부가 직분상 사도가 아니라, 각각 산 돌과 같은 존재로서 집을 짓는 데 사용되어, 신령한 집을 짓는 그런 건축가(고전3:10-12)로서의 만인 제사장이라는 것입니다. 그러므로 여러분은 직분상 차별이 없다는 말에 더는 속지 마시기를 바랍니다.

그러므로 여러분들이 남자나 여자나 직분을 받는데 차별이 없다고 주장하는 것도 직분상에 관한 말씀이 아니라, "주님을 믿는 사람이라면 그리스도 예수 안에서 누구든지 하나님의 자녀가 되는 것에 차별이 없다는 말씀"(갈3:26)이라고 이미 위에서도 말씀을 드렸습니다.

이렇게 "그리스도를 믿는 성도들이 모두가 다, 신령한 집을 짓는데 사용되는 산 돌이 되고, 거룩한 제사장이 되어," "성령님께서 나누어 주신 여러 가지 은혜의 선물로 서로를 섬기는 데 사용하는 것입니다. 그렇게 서로 사랑함으로써 하나님을 알고 그리스도 안에서 모든 일에 합력하여 그리스도를 통해서 하나님께서 받으시도록 드리는 일이 바로 '거룩한 산 제사'인 것이요, 그렇게 드리는 것이 '신령한 제사'인 것입니다."

그래서 예수님께서 사마리아 여자에게 이렇게 말씀하시지 않았습니까?

"너희는 '너희가 알지 못하는 것을 예배하고' '우리는 우리가 아는 분을 예배한다.' 구원은 유대 사람들에게서 나기 때문이다. 아버지께 진정으로 예배하는 사람들이 진실한 예배를 드릴 때가 오는데 (공동번역; '바로 지금이 그때이다.')바로 이때이다. 아버지께서는 이렇게 예배하는 사람들을 찾으신다. 하나님은 영이시다. 그래서 **예배하는 사람은 영적인 진실한 예배를 드려야 한다.**"(요4:23-24; 새 번역 성경, 현대인의 성경) 하고 말입니다.

사랑하는 형제 여러분, "영적인 진실한 예배가 무엇입니까?" 그것은 하나님을 아는 사람들이 성령님으로부터 각자 받은 은혜의 선물로 합력하여 서로를 섬기는 데 사용하는 그것입니다. 그리하면 하나님이 모든 일에 예수 그리스도를 통하여 기뻐 받으신다고(벧전4:11) 계속하여 말씀드리지 않았습니까? 그와 같이 드리는 예배가 **"영적인 진실한 예배인 것"**입니다.

그러므로 여러분은 주님께서 히브리서 기자를 통해 말씀하신 "영적 제사에 관한 말씀"을 잘 보십시오.

"그러므로 예수님을 통해서 언제나 찬양의 제사를 드립시다."(히 13:15) 하셨고 "선을 행하는 일과 서로 나누어 주는 것을 잊지 맙시다. 이런 제사는 하나님이 기뻐하십니다."(히13:16) 하고 말씀하셨습니다. 그리고 또 보십시오.

"하나님은 불의한 분이 아니시므로, '여러분이 지금까지 성도들에게 봉사해 왔고,' **'지금도 봉사하면서 당신의 이름을 위해서 보여 준 선행과 사랑을 결코, 잊지 않으십니다.'** 우리는 여러분 각 사람이 희망을 성취하기까지, **'끝내 같은 열성을**(새 번역 성경; **열성을 끝까지** 나타내서) **보여 주기를 바랍니다.'** 게으른 자가 되지 말고 믿음과 인내로써 '하나님께서 약속해 주신 것'을 '상속받는 사람들을 본받으십시오.'"(히 6:10-11; 공동번역) 하고 말입니다. 그렇습니다.

위와 같이 예배하는 것이 하나님께서 찾는 사람들이 드리는 "영적 제사요, 영적인 진실한 예배"인 것입니다. "이러한" "영적 예배를 우리는 우리 주 예수 그리스도를 통해 하나님께 드리는 것"입니다. 아래와 같이 말입니다.

　　"**여러분이 각자 받은 은혜의 선물'**(각 사람은 은사를 받은 대로)이 무엇
이든 간에 하나님의 여러 가지 은혜를 맡은 선한 관리인답게 '**서로
를 섬기는 데 그것을 사용하십시오.'** 설교 직분을 맡은 사람은 하나
님의 말씀을 전해야 하고, 봉사하는 사람은 하나님께서 주시는 힘으
로 봉사하는 사람답게 하십시오. 그리하면 무슨 일이든지 '**하나님께
서 예수 그리스도를 통해서 영광을 받으시게 될 것입니다.'"**(벧전4:10-
11) 하셨고 이어서 "하나님은 영원토록 영광과 권세를 누릴 분이십니
다."(벧전4:11; 현대인의 성경, 새 번역 성경, 공동번역) 하고 그렇게 말씀하셨
습니다.

　　이렇게 "영적인 진실한 예배를 '**예수 그리스도를 통해 하나님께 드
리는 모든 성도가 다 제사장"**인 것입니다. 그래서 하나님의 나라에
속하는 여러분 모두를 보고, "여러분은 하나님이 '선택한 민족'이며
'왕의 사제들'이며 '거룩한 겨레'이고 '하나님의 소유가 된 백성'입니
다."(벧전2:9) 하고 말씀하시지 않았습니까?

　　이렇게 각자가 받은 은사로, 하나님의 여러 가지 은혜를 맡은 선한
관리인답게, 서로를 섬기는 데 그것들을 사용하는 사람들(고전3:10-12;
건축가들)이, 모두가 다 왕의 사제들로서 왕 같은 제사장인 것입니다.
이렇게 "성령님께서 나누어 주신 은혜의 선물(고전12:8-11)로, 충실하
게 '**서로를 섬기는데 사용하는 모든 성도가 다 제사장들'**로서 여러분
들이 유식하게 말하고 있는 '**만인 제사장들'**인 것"입니다. 만인 제사

장에 대한 말씀이 이러한데 "만인 제사장이 목사라는 직분으로 알고" 여자 목사가 된 사람들은 어떻습니까?

그런 행위가 주님의 말씀에 순종하고 있는 행위일까요?

"그러므로 '내 말을 듣고 실천하는 사람'은 '반석 위에 집을 짓는 지혜로운 사람'과 같다."(마7:24) 말씀하셨는데 말입니다. 여기서 반석은 "그분은 살아 있는 돌입니다."(벧전2:4) 말씀하신 대로 산 돌 되시는 예수 그리스도를 가리키는 말씀입니다. 그런고로 여러분은 또 보십시오.

"이미 놓인 기초는 예수 그리스도이시므로' 아무도 다른 기초를 놓을 수 없습니다."(고전3:11; 현대인의 성경) 하고 말씀하셨습니다. 이렇게 "이미 놓인 기초는 예수 그리스도이시다고" 말씀하셨습니다. 그런고로 "이미 놓인 기초" 또 한 '반석 되시는 예수그리스도를 말씀하는 것"입니다. 이렇게 반석이 되시는 그리스도 위에, 예수 그리스도를 믿는 우리도 신령한 집을 짓는 데 쓰일 산 돌이 되어, 집을 짓는데 사용되는 것(벧전2:5; 새 번역 성경)입니다.

그러므로 위와 같이 반석 되시는 예수 그리스도 위에 집을 지을 때 금이나 은이나 보석이나 나무나 풀이나 짚으로 짓는 사람이 있는 것입니다. 그러나 주님은 사도 바울을 통하여 "심판 날에는 불을 몰고 오겠고, 각자 일한 결과가 밝혀질 것입니다." 하고 말씀하시지 않았습니까?

그리고 이어서 "만일 그 기초 위에 세운 집이 불을 견디어 내면 상을 받고, 만일 그 집이 불에 타 버리면 그는 낭패를 볼 것입니다. 그러나 그 자신은 불 속에서 살아 나오는 사람과 같이 구원을 받습니다."(고전3:12-15) 말씀하시지 않았습니까?

그런데 저자는 "만일 그 집이 불에 타면 그는 낭패를 볼 것입니다. 그러나 그 자신은 불 속에서 살아 나오는 사람과 같이 구원을 받습니다." 하는 말씀을 볼 때마다 생각나게 하는 사람들이 있습니다.

그 사람들은 다니엘의 세 친구 "사드락과 메삭과 아벳느고입니다." 여러분들도 너무나도 잘 아시는 내용이시겠지만 놓치지 말아야 할 중요한 내용이 있어서 그것에 대하여 말씀을 전하려고 합니다. 다니엘의 세 명의 친구들은 느부갓네살왕이 세운 금 신상 앞에 엎드려 절을 하지 않고, 오히려 용광로 불 속을 택할 정도로 하나님을 믿는 믿음이 굳건하였습니다. 그런 그들을 보고 느부갓네살왕은 잔뜩 화가 났습니다. 그래서 느부갓네살왕은 자기 보좌관들에게 용광로 불을 7배나 더 뜨겁게 하라고 명령하였습니다. 그리고 또 건장한 군인 몇 사람에게 사드락과 메삭과 아벳느고를 단단히 묶어 뜨겁게 타는 용광로 속에 던져 넣으라고 불같이 명령하였습니다. 그래서 그 군인들은 다니엘의 세 명의 친구들을 용광로 속에 던져 넣었습니다. 왕의 명령이 너무 엄하고 용광로 불길은 너무 뜨거웠기 때문에 이 세 친구를 붙든 군인들은 그 불길에 그만 타서 죽고 말았습니다. 그런데 바로 그때 느부갓네살왕은 깜짝 놀란 것이었습니다. 그것은 불 속에 던져진 그들이 타서 죽지 않았을뿐더러, 불에 던져 넣은 사람은 세 사람이었는데, 불 가운데서 걸어 다니는 사람은 네 사람이었기 때문입니다. 그래서 느부갓네살왕은 깜짝 놀라 황급히 일어나면서 자기 보좌관들에게 물었습니다.

"우리가 묶어서 불에 던진 사람이 세 명이 아니었느냐?" "그렇습니다, 폐하."

"그런데 어째서 네 사람이 불 가운데 걸어 다니고 있느냐? 저 사람들은 묶여 있지도 않고 상한 흔적도 없으며 더구나 네 번째 사람은 그 모습이 신들의 아들 같구나."(단3:8-30; 현대인의 성경) 하고 말입니다.

위의 말씀을 여러분들에게 드리는 것은 이미 놓인 예수 그리스도 기초 위에 여러분들이 집을 짓고 있기에 말씀을 드리는 것입니다. 그 집을 지을 때 집을 짓는 방법에 대해서는 각자가 어떻게 지을지 아주 신중히 생각하라고 말입니다. 주님은 그와 같은 말씀을 사도 바울을 통하여 우리에게 아래와 같이 말씀하셨습니다.

"각자가 집을 지을 때 신중히 생각해야 하는 것"은, "심판의 날은 불을 몰고 오기 때문이라고" 말입니다. 마침내 심판의 날이 되어 그 기초 위에 세운 집이 그 불을 견디어 내면 상을 받는다고 하셨고, 그러나 그 기초위에 세운 집이 불에 타 버리면 낭패를 볼 것이라고도 하셨습니다. 그러나 그 자신은 불 속을 헤치고 나오는 사람같이 구원을 받는다고 말입니다.

말씀이 이러함으로 다니엘의 세 친구 사드락과 메삭과 아벳느고를 새롭게 소개하는 것입니다. 여러분들이 알고 있는 바와 같이, 그들은 하나님께서 예언자들을 통하여 여러 가지 방법으로, 수없이 그들의 조상들에게 말씀하신 말씀을, 믿음으로 받아들여 완전히 하나님을 믿는 믿음으로 살았던 것입니다. 자신들이 살거나 죽게 되는 것은 모두 다 하나님께 있다는 것을 믿고서 말입니다.

"또 불 가운데서 구원을 받았고"(히11:34) 이렇게 말입니다. 히브리서 믿음의 장에 기록된 바와 같이 다니엘의 이 세 친구는 이렇게 "믿음으로 그 뜨거운 용광로 불 가운데서 온전히 구원을 받았다는 것"을 우리는 알 수 있는 것입니다. 이 말씀은 상상도 아니고 예화도 아니며 "역사"이고 "사실"이며 "실화"인 것입니다.

그들의 믿음은 "이 세상은 그들에게 아무 가치가 없었습니다."(히11:38) 하신 말씀과 같이 그리고 "믿음으로 그는 약속받은 낯선 땅으로 가서 같은 약속을 받은 이삭과 야곱과 함께 나그네처럼 천막생활을 하였습니다. 그것은 하나님께서 설계하여 세우신 견고한 하늘에 도성을 바라고 있었기 때문입니다."(히11:10; 현대인의 성경) 이렇게 하늘에 도성을 바라고 나그네처럼 천막생활을 하였던 아브라함과 같이, "이 땅에 소망을 둔 것이 아니라 하나님의 나라에 소망을 두고 살았음을 우리는 알 수 있는 것"입니다.

이러한 믿음이 있었기에 "그들의 믿음을 심판하는 용광로 불길 속도 마다하지 않고, 걸어 들어가는 그들이었습니다." 그러한 그들의 믿음을 이미 아셨기에, 엄청나게 뜨거운 용광로 불 속을 걸어 들어가기 전부터, 그들에게는 이미, 주님께서 함께하심으로, 주님의 완전한 보호 속에서, 그 어떠한 불이라도 태우지도 못하고, 뚫을 수도 없는 철옹성 같은 방어막을 치셔서, 주님께서는 사드락과 메삭과 아벳느고를 안전하게 구원하셨던 것입니다. 이 일은, 우리에게 사드락과 메삭과 아벳느고처럼 하늘에 소망을 두고, 거짓 없는 믿음으로 살라고, 영적인 교훈에 관한 것을 미리 보여 주신 경고성 교훈인 것입니다.

이렇게 집을 짓는 사람들에 대하여 심판하는 그날의 심판도, 다니엘의 세 친구가 용광로 불 속에서 심판받는 것과 같을 것이라고 보는 것입니다. 그것은 왜냐하면 "심판의 날은 불을 몰고 오기 때문"(고전 3:13; 공동번역)이라고 분명하게 주님은 사도 바울을 통해서 말씀하고 있기 때문입니다. 이러하므로 금과 은과 보석과 나무와 풀과 짚으로 집을 짓는 사람들도 이에 해당한다고 생각합니다. 그와 같이 생각하는 것은, 여러분들이 금이나 은이나 보석이나 나무나 풀이나 짚으로 집을 짓는 것이라고, 성경에 말씀하고 있기 때문입니다.

이런 까닭으로 심판 날에 여러분들이 지은 집만 불로 심판을 받는 것이 아니라, 사드락과 메삭과 아벳느고처럼, 불 속에서 자신이 지은 집과 함께, 불의 시험을 받게 된다는 것을 알려드리려고 하는 것입니다.

그러므로 심판의 날이 이르러 불을 몰고 오면, 금과 은과 보석으로 집을 지은 사람은 다니엘의 세 친구처럼, 주님의 온전한 보호 아래서, 머리털 하나도 불에 그슬리지 않고 완전하게 구원을 받겠지만, 나무와 풀과 짚으로 집을 지은 사람은, (욥2:6-7; "좋다. 네가 그를 마음대로 하여

라. 그러나 **그의 생명만은 해하지 말아라.**" 그래서 사탄은 여호와 앞에서 물러가 욥을 쳐서 "그의 발바닥부터 머리끝까지 악성 종기가 나게 하였다.") 욥과 같이 생명 외에는 주님의 어떤 보호도 없이, 지은 집이 불에 탈 때 자신이 불에 타 버리는듯한 불의 고통을, 고스란히 받고 난 후에야, 겨우 구원을 받게 될 수 있다는 것을 알려드리려는 것입니다.

"만일 그 집이 불에 타 버리면 그는 낭패를 볼 것입니다. 그러나 그 자신은 불 속에서 살아 나온 사람같이 구원을 받습니다."(고전3:14; 공동번역) 이렇게 말입니다. 그러므로 "집을 지을 때 어떻게 지을지 신중히 생각해야 합니다."(고전3:10; 새 번역 성경, 공동번역)라고 사도 바울을 통해서 우리 주님은 우리에게 미리 엄히 경고해 두고 계신 것입니다.

이렇게도 그리스도 기초 위에 집을 짓는 일이 우리 주님을 믿는 형제들에게 엄청나게 중요한 일인데도 집을 짓는 방법에 대하여 확실하게 가르치는 사람들이 거의 없습니다. **"하나님의 백성들이 금과 은과 보석들로서 찬란하게 빛나는, 집을 짓는 데 쓰이는 영적 건축 자재들"**인데도 알아보는 사람이 없습니다. 그렇게 "고통받는 구원"을 받게 하는 것 빼고는 거의 말입니다.

그만큼 불법이 성행함으로 많은 사람의 사랑이 식어가고 있는 것(마24:12)입니다.

그러나 "더욱더 최악인 것은" 어떤 사람들은 "고통받는 구원조차도 아예 없도록 가르치고 있다는 것"입니다. 그런 사람들은 주님의 말씀을 듣고서도 실천하지 않는 사람들이며, 그분의 말씀을 믿지도 않고 오히려 하나님의 말씀에 불순종하는 사람들인 것입니다. 그렇습니다.

"그들은 복음의 말씀을 듣고도 **'그것을 믿지 않음으로'** 그 말씀이 그들에게 아무런 소용이 없었습니다."(히4:2; 공동번역)라는 말씀과 같이 하나님의 말씀을 듣고도 말씀대로 실천하지 않는 사람이거나, 예수님의 말씀을 들었어도 유대인들과 같이 믿지 않는 사람들에게는, 복음의 말씀이 그들에게 아무런 "유익"이 되지 못하는 것입니다. 그러나 복음의 말씀을 믿는 사람에게는 하나님의 말씀이 그 사람들에게는 확실한 "유익"이 되는 것입니다. 그러므로 여러분들은 말씀을 듣고 깨달으십시오.

"성경에 이런 말씀이 있습니다. '내가 귀중한 돌 하나를 골라 머릿돌로서 시온에 두었다. 그를 믿는 사람은 결코 부끄러움을 당하지 않을 것이다.' 그러므로 **'이 돌이 믿는 여러분에게는 귀한 것입니다."**(벧전2:6-7; 공동번역) 하고 말입니다. 그렇습니다.

주님을 믿는 사람들은 신령한 집을 짓는 데 사용되는 산 돌로서, 이미 놓인 기초 위에 집을 짓는 사람들이기에, 머릿돌 되시는 주님은 우리에게는 아주 아주 귀한 것입니다. 그러나 예수 그리스도를 믿는다고 하면서도 믿지 않는 사람들에게는, 하나님께서 시온에 두신 머릿돌이, 믿지 않는 유대인들과 같이, 오히려 걸려 넘어지게 하는 돌이 되는 것입니다. 아래의 말씀과 같이 말입니다.

"그러나 **'믿지 않는 자들'**에게는 '집 짓는 자들에게 버림을 받았다가 모퉁이에 머릿돌'이 된 돌이며, '그들을 걸려 넘어지게 하는 돌이요, 장애물이 된 바위'입니다."(벧전2:7-8) 이렇게 말입니다.

"나(바울은)는 '**하나님의 은혜**'로 지혜로운 '**건축가**'가 되어 기초를 놓았으며"(고전3:10) 이렇게 사도 바울과 같이 베드로전서 2장 7절에 나오는 "집 짓는 자였던 사람들"은, 예수님 당시에는 하나님이 자신들의 아버지라고 말하는 대제사장들과 바리새인들(마21:45) 등을 지칭하는 말씀이었습니다. 그들에게 주님은 버림을 받아 십자가에 못 박혀서 돌아가신 것입니다. 그렇게 예수님을 십자가에 못 박을 만큼 "그들은 주님을 믿지 않았습니다." 그래서 하나님께서 시온에 두신 모퉁이 머릿돌은, 그들을 걸려 넘어지게 하는 돌이 되게 하셨고, 눈으로 본다고 하는 그들을 소경 되어(요9:39), 그들의 장애물(벧전2:8)이 되게 하셨던 것입니다.

위와 같이 그들의 손에 죽게 되는 것을, 이미 다 알고 계시는 예수님은, 대제사장들과 바리새인들에게 아래와 같이 말씀하지 않았습니까?

"너희는 '**건축자들이 버린 돌이 집 모퉁이에 머릿돌**이 되었으니 이것은 주께서 행하신 것이요 우리 눈에 기이한 일이다.'라고 한 성경 말씀을 읽어보지 못하였느냐? 그러므로 내가 너희에게 말해 둔다. 너희는 하나님의 나라를 빼앗기고, '**그 나라에 합당한 생활을 하는 백성이**,' 그 나라를 얻을 것이다. 이 돌 위에 떨어지는 사람은 깨어질 것이며, 이 돌이 사람 위에 떨어지면 그를 가루로 만들어 버릴 것이다."(마

21:42-44; 현대인의 성경) 하고 말입니다.

이렇게 하나님을 믿는다는 대제사장들과 바리새인들도, 예수님을 믿지 않음으로써, 하나님의 나라를 빼앗기고 집 모퉁이 머릿돌이 되신 예수님이신, 산 돌에 저들은 걸려 넘어지게 된 것입니다.

고라처럼 하나님을 거역하여
멸망으로 치닫고 있습니다

오늘날 예수님을 믿는다고 하는 사람들 안에서도, 성령님의 도움을 받아(고전12:3) 예수님을 부르기를 주여, 주여, 하고 부르면서도, 주님을 믿지 않는 사람들이 참으로 많이 있는 것입니다. 그러나 그런 사람들 가운데서도 더 안타까운 일은, 하나님을 믿는다고 하는 유대인들처럼, 자신들도 주님을 철석같이 믿고 있는 것으로 알고 있다는 것입니다.

그러는 자신이 "복음의 말씀을 보거나 듣고도 그 말씀을 믿음으로 받아들이지 않았다는 것"을 "모르고 있다는 것"입니다. 그러하기에 거룩한 사도들로 전하신 하나님의 말씀에, 자신이 불순종하고 있다는 것도, 모르고 있는 것입니다.

여러분들이 교회 안에서 눈으로 보고 알고 있듯이, "여자 목사들이 대표적으로 그렇다는 것"입니다. 그러므로 여러분들은 아래의 말씀을 사실 그대로 한번 해석해 보십시오. 주님은 사도 바울을 통해서 이렇게 말씀하셨습니다.

"**'여자들은 교회 집회에서 말할 권리가 없으니** 말을 하지 마십시오.'"(고전14:34; 공동번역) 하고 말입니다. 교회에 집회는 예배뿐만 아니라 교회가 주관하여 성도들이 모이는 모든 집회를 말씀하시는 것입니다. 거기서 여자들은 "말할 권리"가 없다는 것입니다. "말할 권리가 없다는 말씀은"(벧전4:11; "설교의 직분을 맡은 사람은 하나님의 말씀을 전해야 하고" 말씀과 같이 "설교할 권리가 있는 사람은 하나님의 말씀을 전하는 사람임을 말씀하는 것입니다." "그러나") 곧 "**여자들은 '설교할 권리'가 없다**는 것을 말씀하신 것"입니다. 이렇게 해석하는 것이, 주님께서 전하고자 하신 말씀대로 올바르게 해석한 것입니다.

이렇게 주님께서 사도 바울을 통해서 여자들에게 명령하신 말씀을, 사실 그대로 교회에 그리고 교회 안에 여자들에게(고전14:37; "내가 여러분에게 써 보내는 이글이 '**주님의 명령**'이라는 것을 알아야 합니다.") "**주님의 명령을 받고 사도 바울은 전하였던 것**"입니다. 그러나 사도 바울은 "자신의 개인적인 말"에는 이렇게 고린도 교회에 편지를 썼습니다.

"거듭 말해 두지만 아무도 나를 어리석은 사람이라고 생각하지는 마십시오. 만일 어리석은 사람이라고 생각되거든 그런 사람으로 쳐주어도 좋습니다. 그러면 나는 어리석은 사람으로서 좀 자랑할 수 있겠습니다. 물론 내가 지금 하는 말은 '**주님의 명령을 받고 하는 말은**

아닙니다.”(고후11:16-17; 공동번역) 하고 이렇게 말입니다.

그러나 고린도전서 14장 37절에서는 “내가 여러분에게 써 보내는 이글이 **‘주님의 명령이라는 것을 알아야 합니다.”**라고 고린도 교회에 편지를 써서 보낸 것입니다.

이렇게 주님께서 “여자들은 교회에서 여러분이 함께 모여 예배할 때나 집회에서 함께 모일 때에도 말할 권리 곧 설교할 권리가 없다고 명령”을 내리셨는데도 **“주님의 명령을 고라처럼 거역”**하여 여자들이 목사가 된 것입니다.

이렇게 여자들이 목사가 되도록 안수한 목사들과 여자 목사가 된 사람들은 하나님의 말씀에 불순종하여 **“고라처럼 멸망으로 달려가고 있는 것”**(유1:11; “고라처럼 하나님을 거역하여 멸망으로 치닫고 있습니다.”라는 말씀과 같이)입니다.

주님은 사도 바울을 통해 **“교회 안에서의 질서”**에 대하여도 여자들에게 위에서 말씀드린 바와 같이 이렇게 명령하셨습니다.

“성도들의 모든 교회가 하고 있는 대로 ‘여자들은 교회 집회에서 말할 권리가 없으니 말을 하지 마십시오.’”(고전14:33-34; 공동번역) 하고 말입니다. 이렇게 주님께서 “여자들은 교회 집회에서 말할 권리가 없으니 말을 하지 마십시오.” 하고 “교회 안에서의 질서에 대하여” 주님께서는 여자들에게 **“명령”**(고전14:37; 공동번역; 내가 여러분에게 써 보내는 이 말이 **“주님의 명령”**이라는 것을 깨달아야 합니다)을 내리셨습니다.

이렇게 주님께서 “교회 안에서의 질서”에 대하여, 여자들에게 “명령"을 내리셨어도, 여자들이 목사가 되도록 안수한 목사들과 여자 목사가 된 여자들은, 그와 같이 명령을 내리신 주님의 말씀에도 아랑곳하지 않고, "교회 안의 질서마저 깨어버린 것"입니다.

그와 같이 "불순종"하여 "자기들 스스로 말할 권리가 여자들에게도 있다."라고, "남자들만 목사 하라는 법이 어디에 있는가? 여자도 목사가 될 수 있다."라고 하며, "만인 제사장 설"(벧전2:9; 왕과 같은 제사장들이요)을 앞세워, 여자들이 고라와 같이(민16:1-3) 하나님께 반기를 든 것입니다.

그렇게 여호와 하나님께서 "이스라엘 백성들 가운데서 특별히 구별하여, 레위인이라는 영광스러운 직분을 주셨건만, 그것으로도 부족하여 '우리도 제사장을 할 수 있다.'(민16:3)라고, 여호와께 반역한 이스할의 아들 고라와 같이," 오늘날 여자들도 "여자도 목사가 될 수 있다." 하고, 어둠에서 불러내셔서 "하나님의 자녀가 되는 특권"(요1:12)을 주셨건만, 그러하신 하나님의 은혜를 저버리고 "하나님께 반역하여 자기들 스스로 여자 목사가 되었습니다."

이런 일로써 **"마지막 때에 일어날 성경에 기록된 무서운 예언의 말씀들"**을, 여자 목사들을 세운 목사들과 여자 목사가 된 여자들이, **"그대로 성취하고 있는 것"**(유1:11; 현대인의 성경; "그들에게는 불행이 닥칠 것입니다. 그들은 가인의 악한 길을 따르고 돈을 위해 발람의 잘못된 길로 달려갔으며 고라처럼 **'하나님을 거역'**하여 멸망으로 치닫고 있습니다.")입니다.

그러므로 성경은 이렇게 하나님께 대항하는 여자 목사들과 같이,

하나님의 말씀에 불순종하는 자들에 대하여, 그것도 저들이 반역으로 앞세운 "만인 제사장이라는 대목"에서 다음과 같이 말씀하시지 않았습니까?

"그들이 '걸려서 넘어지는 것은' '말씀에 순종하지 않기 때문'이며, 또한 '그렇게 되도록 정해 놓으셨기 때문'입니다."(벧전2:8; 새 번역 성경) 하고 말입니다. 이렇게 앞에 기록된 말씀은 진리를 거역하는 자들에게는, 참으로 무서운 말씀이 되는 것입니다.

새 번역 성경 외에 성경들도 그들이 "산 돌"에 "걸려서 넘어지는 이유"를 아래와 같이 해석하고 있습니다.

"그러므로 이 돌이 '믿는 여러분에게는 귀한 돌입니다.' 그러나 '믿지 않는 자들에게는' '집 짓는 자들에게 버림을 받았다가 모퉁이의 머릿돌이 된 돌'이며 '그들을 걸려 넘어지게 하는 돌이요, 장애물이 된 바위'입니다. '그들이 걸려서 넘어지는 것은' '하나님의 말씀에 불순종하기 때문이며' '또 이렇게 되는 것이 하나님의 뜻입니다.'"(벧전2:7-8; 현대인의 성경, 공동번역) 하고 말입니다. 그렇습니다. "하나님의 말씀에 불순종하는 사람들에게는" "모퉁이에 머릿돌은 그들을 걸려 넘어지게 하는 살아 있는 돌인 것"입니다.

"누가 이렇게 성경 예언대로 하라고 시킨 일도 아닐 텐데!!" 마지막 때에 일어날 일에 관한 예언의 말씀들이 하나하나 그대로 이루어져 가는 일들을 보니, 하나님의 말씀이 살아 있으매 두렵고 떨리기까지 합니다.

그러기에 예수님을 "주님, 주님," 하고 부르는 것도, 자신이 예수님을 그렇게 부르고 싶어서 부르는 것이 아니라, 성령님의 인도를 받아 예수님은 "주님이시다" 하고 부르는 것(고전12:3; "성령님의 도움 없이는 아무도 예수님을 '**주님**'이라고 말할 수 없습니다.")이라고 말씀하는 것을 보면, 성령님께서 우리 안에서 각 사람을 지도하시고 계신 것(엡4:16; 현대인의 성경; "그리스도의 지도를 통하여 온몸이 완전하게 조화되고")이 확실한 것입니다.

이렇게 실제로 자신들이 "성령체험"을 하고 있으면서도, 여자 목사가 된 여자들은 스스로 여자 목사가 됨으로써, 믿지 않는 악한 마음을 품고 자기 확신을 잃어서, 자신이 스스로 하나님의 말씀에 불순종하고 있다는 것을 보여 주고 있는 것입니다.

"순종하는 것이 제사보다 낫고 여호와의 말씀을 듣는 것이 숫 양의 기름보다 더 나은 것이오."(삼상15:22)라고 말씀하셨는데도 진리에 순종하지 않고, 여자들이 목사가 되어 오히려 "하나님의 말씀(고전14:34; '여자들은 교회 집회에서 말할 권한이 없으니 말을 하지 마십시오.' 하고 그렇게 주님께서 명령(고전14:37; '**명령**')까지 하셨는데도)을 멸시하며 거역하는 것"입니다.

이렇게 하나님의 말씀을 거역하는 죄는 어떠한 죄와 같을까요? 여호와 하나님께서는 사무엘을 통하여 말씀을 거역하는 것에 대하여 이렇게 말씀하셨습니다.

"**거역하는 것**'은 '마술의(새 번역 성경; 점을 치는 죄) 죄'와 같고 '완고한 고집'은(롬2:5; 이런 사람들은 '**고집이 세고**' '회개하지 않기 때문에') '우상을 섬기는 죄'와 같습니다."(삼상15:23) 하고 말씀하셨습니다. 또 이렇게도 말씀하셨습니다. "왕이 '여호와의 말씀을 버렸으므로' 여호와께서도 '왕을 버려' '왕 되지 못하게 하셨습니다.'"(삼상15:23)라고 말입니다. 그렇습니다. 하나님께서 포도나무로부터 거역하는 가지를 잘라 버리시는 것(요15:2; "아버지께서 모조리 쳐내시고," 롬11:22; "여러분이 계속 하나님의 은총 가운데 거하지 않을 때는 여러분도 잘리게 될 것입니다.")입니다. 생명책에서 그의 이름을 지워버리시는 것(계3:5)입니다. 사울 왕처럼, "반역의 무리를 버려" "왕 같은 제사장이 되지 못하게 하시는 것"입니다.

이렇게 무법한 자들은 하나님의 말씀에 불순종하면서, 그렇게 "자신들에 더러운 이득을 위해서" 만인 제사장 설을 운운하는 것입니다. 이렇게 무식하고 믿음이 굳세지 못한 사람들이 성경의 다른 부분들을 그것도 억지로 해석하여 스스로 멸망을 불러들이고 있는 것(벧후3:16)입니다. "**고라처럼 하나님을 거역하여 멸망으로 치닫고 있습니다.**" 말씀처럼 말입니다.

그러므로 사랑하는 형제 여러분, 여러분은 이 사실을 미리 알고 "무법한 사람들의 꼬임에 빠지지 않도록" "여러분의 믿음을 굳게 지키십시오."(벧후3:17) 말씀하지 않았습니까?

그러므로 여러분은 어떤 여자들이, 무법한 사람들의 속임수에 빠져들어 가, 믿지 않는 악한 마음을 품고 자기 확신을 잃어서, 스스로 여자 목사가 되어 믿음에서 떠나는 것처럼, 믿음에서 떠나는 일이 생기는 일이 없도록 믿음을 굳게 지키시기를 바랍니다.

그리고 여러분들은 우리 주님을 보십시오. 무법한 사람들은 자기 스스로 제사장이 되었으나 우리 주님은 하나님의 아들이셨음에도 자기 스스로 대제사장이 되지 않으셨습니다.

"이 **'영광스러운 직분을 얻은 대제사장 아론'**도 자기 스스로 대제사장이 되지 않았고, **'하나님의 아들이신 예수님'**도 대제사장의 영광스러운 직분(히5:4-6; 현대인의 성경; "이 영광스러운 직분은 **자기 스스로 얻는 것이 아니라**' 아론처럼 하나님의 부르심을 받아야만 얻을 수 있습니다. 이와 같이 **'그리스도께서도 대제사장의 영광스러운 직분을' '스스로 얻은 것이 아닙니다.'** 하나님은 그에게 '너는 내 아들이다. 오늘 내가 너를 낳았다.' 하셨고 또 다른 곳에서는 '너는 멜기세덱의 계열에 속한 영원한 대제사장이다.'라고 말씀하셨습니다.")을 자기 스스로 얻지 않으셨습니다."(히5:4-6; 현대인의 성경)

이렇게 하나님의 아들이신 주님도, 영광스러운 대제사장의 직분을, 자기 스스로 얻지 않으셨는데도 불구하고, 여자들이 무슨 권한이 그렇게도 그리스도보다도 막강하기에, 하나님께서 목사 직분으로 여자들을 부르시지도 않았는데, 여자들이 어떻게 목사가 되었습니까?

"여러분은 다 함께 그리스도의 몸을 이루고 있으며 한 사람 한 사람은 그 지체가 되어 있습니다."(고전12:27) 말씀하시지 않았습니까? 그리고 **"하나님께서는 교회 안에 다음과 같은 직책을 두셨습니다."**(고전12:28; 공동번역) 하고 말씀하시지 않았습니까?

"첫째는 사도요 둘째는 하나님의 말씀을 받아 전하는 사람이요 셋째는 가르치는 사람이요 다음은 기적을 행하는 사람이요 또 그다음은 병 고치는 능력을 받은 사람, 남을 도와주는 사람, 지도하는 사람, 이상한 언어를 말하는 사람 등입니다."(고전12:28)

이렇게 첫째는 사도요, 둘째는 하나님의 말씀을 받아 전하는 사람이요, 셋째는 가르치는 사람이요, 등등 이와 같은 방식으로 하나님께서는 교회 안에 질서를 세우셨습니다. **"이렇게 하나님께서 세우신 질서 속에는"** "여자들은 교회 집회에서 말할 권리가 없으니 말을 하지 마십시오." 하고 주님께서 여자들에게 명령하신 말씀도 **"포함이 되어 있는 것"**입니다.

하나님께서 세우신 교회 안에서의 질서가 이러한데도, 여자들이 주님께서 세우신 질서를 깨뜨리고, 예수 그리스도를 믿는 모든 사람에게, 첫째는 사도요 하고 말씀하신 것처럼, 교회 안에서 만인 제사장이 되어 **"스스로 첫째가 되었습니다."**

그렇게도 첫째가 되고 싶었던(민16:3; "당신들은 지나치오. 여호와께서 온 회중 가운데 계시어 온 회중이 다 거룩한데, 어찌하여 당신들만이 여호와의 회중 위에 군림하오?" 이렇게 여호와께서 세우신 질서를 깨뜨려서 우두머리의 자리를 꿈꾸던) 고라의 욕망을, 그대로 복사하여 하나님께 대항하고도 그것도 모자라서, 고라의 악한 욕망의 꿈을 성취하여, 고라보다 더 악한 모습(마23:15; "너희보다 두 배나 더 악한 지옥 자식으로 만들고 있다.")으로 지금 교인들 위에 군림하고 있는 것입니다.

그런 모습을 지금 여러분들이 성령님의 도우심을 받아 예수님을 "주님"이라고 부르면서도, 그와 같이 하나님의 말씀은 살았고 운동력이 있음을 실제로 체험하면서도, 살아 계신 하나님 앞에서, 아나니아와 삽비라와 같이 마음에 사탄이 가득하여 성령님을 모욕하고 있음을, 똑똑히 보여 주고 있는 것입니다. 그러므로 여러분은 잘 보십시오.

고라와 한 무리가 되어, 하나님께서 세우신 이스라엘 지도자 모세와 대제사장 아론을 향하여 반역하는 이들에게, 하나님께서는 모세를 통해 어떻게 선포하셨습니까?

"너희는 한 패거리가 되어 '여호와를 거역하고 있다.'"(민16:11) 이렇게 선포하셨습니다. 그렇습니다. 제사장직까지 맡으려고 고라와 한 패거리가 된 그들은, "여호와를 거역하고 있었던 것"입니다. 마찬가지로 오늘날 스스로 여자 목사가 된 여자들도, 여자 목사를 세운 사람들과 한 패거리가 되어, **"여호와를 거역하고 있는 것"**입니다.

주님은 사도 바울을 통해 "하나님의 은혜를 헛되이 받지 마십시오."(고후6:1) 하고 말씀하셨습니다. 그런데도 지금 여러분들의 위와 같은 행동이, 하나님의 은혜를 헛되이 받는 행동이 아니고 무엇이겠습니까?

그렇게 하나님께 대항함으로써, 믿지 않는 악한 마음을 품고 자기의 확신을 잃어서 하나님의 은혜를 헛되이 받는 여러분은, 영원히 변치 않으시는 하나님의 말씀이 시대에 따라서, 그 당시 문화적 배경에 따라서, 변하는 말씀이라고 생각합니까?

아니면 사도들을 통하여 기록한 하나님의 말씀이, 사도들이 그 당시 시대와 문화적 배경과 그 시대의 독특한 상황에 따라서 기록한 개인적인 서신이라고 생각합니까?

모세 시대에는 "천사들이 전하여 준 하나님의 말씀"을 모세가 받아 기록한 것(갈1:19, 히2:2)입니다.

모세의 시대를 지나 마지막 날에는 하나님의 아들 예수님이 오셨고, 우리를 위하여 십자가에서 목숨을 버리셨으며, 우리를 살리시기 위하여 예수님은 부활하셨으며, 부활하신 예수님은 오백여 형제들이 보는 앞에서 하늘로 올라가셔서, 오순절 날에 약속대로 성령님을 제자들에게 보내셨습니다.

그러므로 "지금은 은혜를 받을 만한 때이며 구원의 날이로라."(고후 6:2) 하고 이렇게 주님은 우리에게 성령님의 시대가 온 것을 알리시지 않았습니까?

그렇습니다. 지금은 은혜를 받을 만한 때이며 구원의 날입니다. 이렇게 은혜를 받을 만한 때이며, 구원의 날이 오순절 날에 임하신 성령님(행2:1-11)으로부터 시작된 것입니다. 성령님이 오신 그때부터 2,000년이 흐르고 있는 오늘날까지도 여전히, 그리고 앞으로도 영원히 성령님의 역사는 현재 진행형이십니다. 이렇게 앞에 와 같이 성령님이 임하신 이후로부터 영원히 성령님 시대인 것입니다.

예수님께서는 "하나님은 영이시다."(요4:24) 하고 말씀하셨습니다. 이렇게 하나님께서는 자기의 영을 우리에게 보내 주신 것입니다. 그러므로 성령님은 거룩한 삼위일체이시며, 그분은 곧 하나님이십니다. 이렇게 하나님에게서 오신 성령님은, 자기를 받아들이는 자 안에서 일하고 계심에 대하여, 사도 바울을 통해 이렇게 말씀하셨습니다. **"하나님은 우리를 통해 여러분에게 말씀하고 계십니다."**(고후5:20; 현대인의 성경) 하고 말입니다. 이렇게 성령 하나님께서 자기를 섬기는 사도 바울 안에서, 사도 바울을 통해 말씀하시며, 가르치시기도 하시고, 편지를 통해서도 말씀하시며, 우리를 가르치시기도 하시는 것입니다. 그러므로 여러분은 잘 보십시오.

성령 하나님께서는 그와 같이 자기의 전권 대사들을 통하여, 이렇게 역사하신다고 말씀하셨습니다.

"그리고 또 한 가지 우리가 늘 하나님께 감사하는 것은, 여러분이 우리가 전한 말을 받을 때, **'사람의 말로 받아들이지 않고,'** **'하나님의 말씀으로 받아들인 점입니다.'** 그 말씀은 **'믿는 여러분 속에서,'** **'지금 역사하고 있습니다.'"**(살전2:13; 현대인의 성경) 이렇게 말입니다.

이렇게 성령 하나님은 사도 바울을 통하여 전하시는 하나님의 말씀을, 사도 바울의 말로 받아들이지 아니하고, 하나님의 말씀으로 받아들인 사람들 안에서 일하신다고 하셨습니다. 그와 같이 사람의 말로 받아들이지 아니하고, 하나님의 말씀으로 받아들이는 사람 안에서, 성령 하나님께서는 역사하신다고 말입니다. 그래서 여러분이 성령님의 도우심을 받아 예수님을 "나의 주님"이라고 부르게 되지 않았습니까?

그와 같이 살아 계신 하나님께서는 믿는 여러분 속에서 지금 역사하고 계신 것입니다.

　그런데도 "성경 하나님의 말씀을, 하나님의 말씀으로 받아들이지 않는, 거듭나지 못한 사람들"(고전2:14)이 있는 것입니다. 그렇게 하나님의 은혜를 헛되이 받는 사람들이 있는 것입니다. 그와 같이 하나님의 말씀을, 하나님의 말씀으로 받아들이지 않는, 거듭나지 못하는 사람들은 뭔가 불리하면, "그 구절들이(고전14:26-40, 엡5:22-33, 딤전2:1-15) 후대에 기록이 되었다." 하고 주장을 합니다. 그리고 성경이 그 당시의 시대나 문화적 배경에 따라 저자들이 기록한 것이라고 주장하며, 시대가 변화하고 있는 만큼 믿는 사람들도 뒤로 처지지 말고, 시대에 발맞추어 가야만 한다. 하고, 그럴듯하게 그렇게 주장을 하며 순진한 사람들을 유혹하는 것입니다.

　그러나 위와 같이 주장하며 잘못 해석하는 사람들에 대하여, 사도 베드로는, 사도 바울의 편지를 인용하여, 이렇게 말씀을 기록하고 있지 않습니까?

　"바울은 어느 편지에서나 이런 말을 하고 있습니다. 그러나 그 가운데는 이해하기 어려운 것이 더러 있어서 '무식하고 믿음이 약한 사람들'이 성경의 다른 부분들을 곡해하듯이 그것을 곡해(곡해하다; naver korean사전; 사실을 바르지 않게 해석하다)함으로써, '**스스로 파멸**'을 불러들이고 있습니다. 그러므로 사랑하는 여러분은 이것을 미리 알고 '**무법한 자들의 속임수**'에 빠지지 않게 '믿음을 굳게 지키십시오.'"(벧후3:16-17; 공동번역, 현대인의 성경) 하고 말입니다.

예수님께서는 마지막 날에 일어날 일에 대하여 이렇게 말씀하셨습니다.

"또 많은 사람이 **'믿음에서 떠나** 서로 배반하고 서로 미워할 것'이며, **'많은 거짓 예언자들이 일어나 많은 사람을**(여자도 목사가 될 수 있다. 하는 등등) **속일 것이다."**(마24:10-11; 현대인의 성경) 하고 말입니다.

이렇게 예수님께서 예언하신 말씀대로 오늘날 많은 거짓 예언자들이 일어나 "여자도 목사가 될 수 있다." 하고 성경에 없는 말을 자기 마음대로 지어 내어 많은 사람을 속이는 것입니다. 그리고 "성경을 억지로 해석하여 믿음에서 떠나 형제 사랑을 등한시하게 하는 것"입니다. 그렇게 하면서도 선교라는 도구를 만들어서, 온 세상에 그리스도의 사랑을 전한다고 헌금을 거두어 보내고, 선물을 만들어 믿지 않는 사람들에게 보내는 것입니다. 그렇게 하여 몇몇 사람이 믿었다고 자랑까지 하는 것입니다.

그리고 그렇게 하는 일이 믿지 않는 사람들을 구원하는 것이고, 죽어가는 사람들을 살리는 것이며, 그리스도를 사랑하는 일이라고 말입니다. 누가 듣고 보아도 정말 하나님의 일을 하는 것처럼, 손색없이 들리고 그렇게 보이는 것입니다. 그렇습니다.

만일 그와 같이 선교하는 교인들이 "그리스도 안에서 살면서 선교를 한다면 정말 손색이 없는 것"입니다. 그러하지만 그런 말과 일들이 모두 다 거짓된 말과 일들이라는 것을 모르는 것입니다. 그래서 순진한 사람들은 거짓 목사들의 그런 거짓된 가르침에 속아, 서로 속고 속이고 있다는 것도 모르는 것입니다. 그렇게 하여 "순진한 여러분들을 조롱하고 있다는 것"을 말입니다. 그러므로 "친구 따라 강남 간다."라는 속담이 있듯이, 그리고 성경에도 "악한 친구와 사귀면 좋은 버릇마저 그르치게 됩니다."(고전15:33) 하고 말씀하고 있듯이 악한 친구를 사귀어서 악한 친구를 따라 멸망으로 들어가고 있는데도 모르고 있는 것입니다. 그렇게 **가인의 악한 길을 따르고 있는데도 말입니다."**

그러므로 만일 여러분들이 위와 같이 "그리스도 안에서 살지도 않으면서" 그리스도의 사랑을 전한다고, 믿지 않는 세상 이웃들에게 돈을 보내고, 선물을 보내고 한다면, 그렇게 하는 일들이 다 사람들을 속이며 거짓된 일을 하라고 그들을 돕는 일이 되는 것입니다.

그것은 왜냐하면 자신이 그리스도 안에서 살지도 않으면서 전도한다는 것은, 자신과 같이 그리스도 안에서 살지도 않는, 거짓된 사람들을 계속 양성하라고 그들을 돕는 일이 되기 때문입니다. 그러므로 그렇게 일하도록 도와주는 사람은 자신도 결국은, 그들의 악한 일에 동참하는 사람이 되는 것(요이1:10-11)입니다. 그것은 왜 그렇습니까?

그 이유에 대하여 주님은 이렇게 말씀하셨습니다.

"내 안에 살아라. 나도 너희 안에 살겠다. 가지가 포도나무에 붙어 있지 않고서는, 스스로 열매를 맺을 수 없듯이, **너희도 내 안에 있지 않으면, 열매를 맺지 못할 것이다."**(요15:4; 현대인의 성경) 하고 말씀하셨기 때문입니다.

그러므로 "그리스도 안에서 살지 않으면서 하는 모든 일"은 다 거짓되고 허울 좋은 일에 불과할 뿐입니다. 그것은 또한 예수님을 믿는다고 해서, 다 그리스도에게 속한 사람이 아니기 때문이며, 목사라고 해서 다 참 목사가 아니기 때문입니다. 오히려 마음에 참된 변화를 받은 사람이라야 그리스도에게 속한 사람이며, 지혜의 설득력 있는 말로 설교하는 목사가 아닌, 하나님의 능력에 의존하여 설교하는 목사가 참 목사이기 때문입니다.

그런고로 자신이 믿음으로 살고 있는지 자신을 시험해 보고, 만일 자신이 그리스도 안에서 살지 않는다면, 회개하여 그리스도 안으로 돌아서십시오. 그리고 회개하고 악에서 떠나십시오.

그리고 회개한 증거를 행실로 보이십시오. 그런 후에 만일 여러분들을 스스로 멸망의 길을 가도록, 부추기는 거짓 목사들이 회개하지 않는다면, 그들을 교회 밖으로(고전5:13) 쫓아내십시오.

그러나 만일 그런 거짓 목사들을 교회 밖으로 쫓아낼 수 없다면, 하나님께서 주의 백성들에게 이렇게 말씀하셨습니다.

"너희는 그들 가운데서 나오너라. 그들과 떨어져라. 부정한 것을 만지지 말아라."(고후6:17; 새 번역 성경)라고 말입니다. 그러므로 여호와께 반역하던 고라와 그의 추종자들에게 형벌을 내리실 때와 같이, 여러분도 그런 무법한 자들에게서 떠나야만 하는 것(민16:26; "여러분은 이 악한 자들의 천막에서 떠나고 그들의 물건에 일체 손을 대지 마시오." "그렇지 않으면" "여러분도 그들의 죄로 함께 멸망할 것"입니다. 하고)입니다.

그렇게 그들을 떠나서 그들의 물건에 손을 대지 않게 됨으로써, 그들이 받을 재앙을 받지 말아야만 하는 것입니다. 아래의 말씀처럼 말입니다.

"또 내가 들으니 하늘로서 다른 음성이 있어 가로되 **'내 백성아, 거기서 나와 그의 죄에 참여하지 말고 그의 받을 재앙들을 받지 말아라.'**"(계18:4) 하셨습니다. 그러므로 여러분들은 그런 무법한 자들에게서 떠나든지 아니면, 그런 악한 자들을 여러분 가운데서 교회 밖으로 (고전5:13; "여러분은 그 악한 사람을 여러분 가운데서 내쫓으십시오.") 내쫓으십시오. 그래서 그들이 받을 재앙을 받지 마십시오.

그러므로 하나님의 말씀을 사실과 다르게 해석하는, 그런 "무법한 자들의 해석하는 해석의 말만을 믿고," 그렇게 하나님의 말씀을 거역하여 그분의 은혜를 저버리고, 여자 목사가 되었다는 것은, 하나님을 배반하는 행위이고, 하나님의 권위에 도전하는 악한 행위이며, 하나님을 멸시하는 행위이고, 은혜를 주시는 성령님을 모욕하는 행위이며, 스스로 제사장이 되고 싶어서 이스할의 아들 고라와 같이, 하나님께 대항하여 그분의 은혜를 저버리는 천하에 잘못된 행위에 속한 것입니다.

그러기에 주님께서는 사도 유다를 통해서도 **"고라처럼 '하나님을 거역'하여 멸망으로 치닫고 있습니다."**(유1:11; 현대인의 성경) 하고 2,000년 후에 일어날 일인 오늘날에 대하여 예언하시지 않았습니까?

그것도 **"'그들은' '마지막 때에'** 경건치 않은 정욕을 따라 살며, 여러분을(경건한 말씀을 지키는 사람들을) **'조롱하는 사람들이 있을 것이라고 말했습니다.**"(유1:18) 하고 말입니다. "이렇게 '마지막 때에 경건치 않은 정욕을 따라 살며, 여러분을 조롱하는 사람들이 있을 것이라고 예언한 예언들'을 오늘날 많은 거짓 목사들이 일어나서(마24:11; '또 거짓 예언자들이 많이 일어나서, 많은 사람을 속일 것이다.') 그대로 성취하고 있는 것"입니다.

그렇게 마귀는 자기가 사로잡은 자신의 종들을 통하여 여러분들의 구원을 조롱하고 있는 것입니다. 그래서 헛된 교훈을 가르쳐서 여러분들의 신앙을 온통 뒤흔들어 분열을 일으키는 것(유1:19; 이들은 분열을 일삼는 육적인 사람들이며)입니다. 사도 바울 당시에는 특히 할례를 주장하는 자들이 자신들의 더러운 수입을 위하여 분열을 일으켰습니다. 이렇게 말입니다.

"그들의 입을 막아야 합니다. 그들은 **더러운 이익을 얻기 위하여** **'가르쳐서는 안 될 것을 가르쳐'** 신자들의 가정을 온통 뒤엎고 있습니다."(딛1:11) 그리고 이렇게도 말입니다.

"여러분이 배운 교훈과는 달리, 분열(하나 되지 못하게 영적 분열)을 일으키고, 죄짓게 하는 자들을 경계하고, '저희에게서 떠나라.' '이 같은 자들은' **'우리 주 그리스도를 섬기지 아니하고,'** **'자기의 배만 섬기나니,'** 재치 있고 그럴듯한 언변으로, 순진한 사람들의 마음을 미혹하느니라."(롬16:17-18) 하고 말입니다. 이런 사람들을 보고 주님은 사도 바울을 통해 아래와 같이 "진리를 떠난 사람들"이라고 말씀하시지 않았습니까?

"그러므로 그들을 사정없이 책망하여, 올바른 믿음을 갖게 하고, **'유대인의 신화나 진리를 떠난 사람들'**의 말에, 귀를 기울이지 못하게 하시오."(딛1:13-14; 현대인의 성경) 이렇게 말입니다.

이렇게 오늘날 우리 주 예수 그리스도를 섬기지 아니하고 자기들의 배를 신으로 섬기는 목사들이 있습니다.

하나님의 선물을 상품 취급하는 목사들

그러한 목사들이 거룩한 목사직을 자기들 마음대로 상품화하여, 여자들은 돈을 주고 목사직을 사고, 돈에 눈이 먼 목사들은 그 돈을 받고 목사직을 파는 것입니다. 이렇게 거룩한 성직을 끼리끼리 서로 사고팔고 하는 것입니다. 주님께서는 **"너희가 거저 받았으니 거저 주어라."**(마10:8) 이렇게 제자들을 가르치셨는데도 말입니다. 이렇게 목사가 되어서 목사직에 대한 돈을 받고, 여자 목사를 세우는 사람이나, 그렇게 하여 여자 목사가 된 사람이나, 그리고 여자 목사들을 옹호하는 목사들은, 예수님을 믿고 세례를 받은 마술사 시몬과 같이 그 마음에 불의가 가득한 것입니다.

그러하기에 위와 같은 목사들은 발람과 같이 돈을 위해 잘못된 길로 갈뿐더러, 고라처럼 우두머리가 되어 교인들을 진두지휘하고 싶어 하는 것입니다. 그뿐입니까?

"자신이 손을 얹는 자마다 성령을 받게 함으로써, 믿는 사람들로부터 부정한 이득을 취하려는 더러운 생각만이 가득한 마술사 시몬처럼(행8:19), 거룩한 하나님의 선물을 이용하여 돈을 벌고 싶어 하는 것"입니다. 이렇게 믿지 않는 악한 마음을 품는 것입니다. 그렇게 자기 확신을 잃어버리는 것입니다. 그와 같이 악의가 가득한 굶주린 이리 떼와 같은 자들이, 자신의 더러운 이득을 취하려고 거룩한 목사라는 양의 탈을 쓰려고 하는 것입니다. 아니 양의 탈을 쓴 사람들이 많은 것(마7:15)입니다.

그래서 사도 바울은, 달려갈 길을 다 가고 주 예수님에게서 받은 사명을 다 마치는 그런 마지막 길을 가면서도, 자기가 떠나고 난 후에 생기게 될 일에 대하여, 에베소의 장로들과 작별인사하는 가운데서 그들에게 이렇게 권면하지 않았습니까?

"내가 떠나고 나면, **'사나운 이리 떼와 같은 선생들이 여러분 가운데 들어와 양 떼를 사정없이 해칠 것'**이며 **'여러분 중에도 그와 같은 사람들이 일어나'** 그릇된 것을, 가르쳐서 신자들을 꾀어내어 자기들을 따르게 할 것입니다."(행20:29-30; 현대인의 성경)라고 말입니다. 또 사도 바울은 빌립보 교인들에게 그 당시에도 많은 사람이 그리스도의 십자가 원수가 되어 살고 있다고 말씀을 전하지 않았습니까?

"여러분에게 내가 여러 번 말했고 이제도 눈물을 흘리며 말하지만, **'많은 사람들이 그리스도의 십자가 원수가 되어 살고 있습니다.'** 그들의 마지막은 멸망뿐입니다. 그들은 자기들의 뱃속을 '신으로 삼고,' 자기네 수치를 오히려 '자랑으로 생각하며,' '세상일에만 마음을 쓰는 자들입니다.'"(빌3:18-19) 하고 이렇게 말입니다. 꼭, 오늘날을 대변하듯이 말입니다.

이렇게 마귀는 어떻게 해서라도, 하나님께서 세우신 교회를, 온통 뒤엎어 놓으려고 하는 것입니다. 지금의 교회는 사람 수를 채우려고 하는 외적인 일에는 단합하고 있는 것 같이 보이나, 영적 곧 영원한 생명에 관한 일로는 하나가 되지 못하고 분열되고 있는 것입니다. 겉으로는 교회와 같은 행세를 하고 있으나, 속으로는 교회의 거룩한 행동에서 벗어나고 있는 것입니다.

이렇게 지적을 해도 아직도 모르겠다면, 마술사 시몬에 대하여 기록된 말씀을 잘 들어보십시오. 그러면 여러분들이 하나님의 선물을 가지고, 하나님께 행한 짓이 얼마나 사악한 짓인지를 깨닫게 될 것입니다.

그 말씀은 이렇습니다.

빌립이 사마리아 한 도시로 가서 그리스도를 전하였습니다. 군중들은 빌립이 복음 전하는 말을 듣고 기적을 보면서 하나같이 그의 말에 귀를 기울였습니다. 더러운 귀신들이 많은 사람들에게서 큰소리를 지르며 떠나가고 많은 중풍 병자와 앉은뱅이가 나아 그 도시에는 큰 기쁨이 있었습니다.

그 도시에는 시몬이라는 사람이 살고 있었습니다. 그는 전부터 마술을 하여 사마리아 사람들을 놀라게 하며 자기가 대단한 사람인 양 떠들어 댔습니다. 그래서 모든 계층의 사람들이 그에게 관심을 보이며 "이 사람은 하나님의 큰 능력을 받은 사람이다." 하고 말하였습니다. 그가 마술로 오랫동안 사람들을 놀라게 했기 때문에 사람들은 그를 따라다녔습니다.

그러나 빌립이 하나님 나라와 예수 그리스도의 이름에 대한 기쁜 소식을 전하자 그들은 모두 믿고 남녀가 다 세례를 받았습니다. 그리고 **'시몬도 믿고 세례를 받은 후'** 빌립을 줄곧 따라다니며 기적들이 일어나는 것을 보고 놀랐습니다.

예루살렘에 있던 사도들은 사마리아 사람들이 하나님의 말씀을 받아들였다는 소식을 듣고 베드로와 요한을 그리로 보냈습니다. 두 사도는 그리로 가서 새로 믿은 사람들이 성령을 받도록 기도하였습니다.

이것은 아직 성령이 내리지 않았고 단지 주 예수님의 이름으로 세례만 받았기 때문이었습니다. 그래서 **두 사도가 그들에게 손을 얹자 그들이 성령을 받았습니다.**

시몬은 그 광경을 보고 사도들에게 돈을 주면서 "나에게도 이런 능력을 주어 내가 손을 얹은 사람은 누구든지 성령을 받게 해 주십시오." 하였습니다.

그러나 베드로는 그에게 이렇게 대답하였습니다.

"당신은 '하나님의 선물을 돈으로 살 수 있다고 생각했으니 그 돈과 함께 망할 것이오.' 당신은 하나님 앞에서 마음이 바르지 못함으로

'우리에 일에 당신이 차지할 **자리도 몫도 없소.**' 그러므로 당신은 마음에 품은 악을 회개하고 주님께 간구하시오. 혹시 마음에 품었던 악한 생각을 하나님께서 용서해 주실지도 모르오. 내가 보기에 **당신은 죄에 얽매여 마음이 고약해졌소.**"

그러자 시몬이 대답하였습니다. "당신들이 한 말이 '나에게 미치지 않도록 나를 위해서' 주님께 간구해 주십시오."(행8:4-24; 현대인의 성경, 새 번역 성경, 공동번역) 하고 말입니다.

여러분들은 잘 보셨나요?

하나님의 은혜에 선물을 돈을 주고, 사고파는 행위가 얼마나 악한 것인지에 대하여, 사도 베드로를 통해 주님께서는 강력하게 마술사 시몬에게 **"당신은 하나님의 선물을 돈으로 살 수 있다고 생각했으니 그 돈과 함께 망할 것이오."**(행8:20) 하고 말씀하셨습니다.

이러한데도 하나님께서 선물로 주시는 목사직을, 그것도 주의 종이라는 목사들이 안수 비용을 받고 사고팔고 하는 것(행8:18-19; "사도들에게 돈을 주면서' 내가 손을 얹은 사람은 누구든지 성령을 받게 해 주십시오."라고 말하는 마술사 시몬처럼 말입니다)입니다.

위와 같이 마술사 시몬처럼 오늘날 목사들이 하나님의 선물을 돈으로 살 수 있고, 돈을 받고 팔 수 있다고 생각하는 것입니다. 주님은 제자들에게 **"너희가 거저 받았으니 거저 주어라."**(마10:8) 하고 말씀하셨는데 말입니다. 이렇게 마술사 시몬과 같이, 하나님의 은혜에 선물을, 돈으로 살 수 있다고 생각하는 사람들과 돈을 받고 팔 수 있다고 생각하는 모든 사람에게 주님의 말씀을 받아 전합니다.

첫 번째로는 당신은 하나님의 선물을 돈으로 살 수 있다고 생각했으니 **"그 돈과 함께 망할 것이오."**

두 번째로는 당신은 하나님 보시기에 마음이 바르지 못하니 우리의 일에 **"당신이 차지할" "자리"도 "몫"도 없소.**

세 번째로는 **"당신은 악의가 가득하며 불의에 얽매여 있소."**

이렇게 성령님이 주시는 은혜의 선물을, 돈을 주고 사고 돈을 받고 파는, 그와 같은 행위를 하는 사람에 대하여, 사도 베드로를 통해 주님께서 하신 말씀을 다시 정리하여 말씀을 드린다면, 마술사 시몬과 같이 **"그 돈과 함께 망할 사람들이며, 그들이 차지할 자리도 몫도 없는 사람들이고, 악의가 가득하며 불의에 얽매여 있는 사람들입니다."** 이렇게 정리할 수 있습니다.

그러므로 여러분들도(행8:19; "사도들에게 돈을 주면서" "나에게도 그런 권능을 주어 내가 손을 얹는 사람마다 성령을 받을 수 있게 해 주십시오." 하고 청하는 마술사 시몬과 같이) 성령님이 주시는 은혜의 선물로, 성령님을 자기 마음대로 계시게 할 수 있다고 하고, 그것으로 장사하여 **"부정한 이익"** 을 꿈꾸는 그런 악한 생각을 회개하고, 죄를 용서해 달라고 주님께 기도하십시오. 혹시 마음에 품었던 악한 생각을, 하나님께서 용서해 주실지도 모릅니다.

이렇게 마술사 시몬은 사도 베드로를 통하여, 주님께서 자신에게 하신 말씀을 듣고, 사도들에게 간청하였습니다.

"여러분들이 말한 것이 조금도 내게 미치지 않도록, 나를 위하여 주님께 기도해 주십시오."(행8:24)라고 말입니다. 여러분도 자기가 지은 죄를 알고, 그 죄를 회개할 줄을 아는 시몬과 같은 사람들이 되십시오.

회개하는 형제 여러분 모두에게 하나님께서 용서와 자비를 베푸시기를 빕니다.

오늘날 이렇게 '그리스도 교훈에 역행'(고전14:34)하여, 자신들의 **'더러운 수입을 얻기 위해서,'** 마술사 시몬의 요구와 같이(행8:17-19; '두 사도가 그들에게 손을 얹자 그들이 성령을 받았습니다.' 마술사 시몬은 그 광경을 바라보고 사도들에게 돈을 주면서 '나에게도 이런 능력을 주어 내가 손을 얹는 사람은 누구든지 성령을 받게 해 주십시오.' 하였다고 하는 말씀과 같이) 그렇게 가르쳐서는 안 되는데도, 자신들의 더러운 이익을 위하여 '여자도 목사가 될 수 있다고 가르쳐' 순진한 신자들의 가정을 온통 뒤흔들어 놓고 있는 것입니다.

그렇게 신자들이 하나님의 말씀에 불순종하여 걸려서 넘어지며(벧전2:8), 건전한 교훈에 역행하여 죄를 지음으로써, 스스로 멸망을 불러들이게 하는 것(벧후3:16)입니다. 이와 같이 교회가 멸망의 문으로 달려가고 있는데도, 교인들은 전혀 모르고 있는 것입니다. 이처럼 교회가 겉보기와는 달리 속은 문드러져 썩도록 하는 것이, 마귀의 술책으로서 여러분을 속여, 교인들이 "그리스도 안에서 하나가 되지 못하고 영적으로 분열하도록 하는 것"입니다. 그와 같이 하나님의 말씀에 교인들이 불순종하도록 하는 것이 마귀가 파놓은 함정인 것입니다.

그러기에 성경에 "훗날에 사람들이 '거짓된 영들의 말을 듣고 악마의 교설에 미혹되어 믿음을 버릴 때가 올 것'이라고 성령님께서 분명히 말씀하십니다."(딤전4:1) 하고 주님은 사도 바울을 통해서 그렇게 기록하시지 않았습니까?

그토록 마귀에게 사로잡혀서 마귀의 종노릇을 하는 목사들이 마귀의 뜻을 따라 교인들이 하나님의 말씀에 불순종하도록 그렇게 가르치고 있는 것입니다. 그러므로 여러분은 보십시오.

주님은 사도 바울을 통해 위와 같이 가르치는 자들에 대하여 이렇게 말씀하셨습니다.

"형제 여러분, 내가 여러분에게 권합니다. **'여러분이 배운 교훈을 거슬러서, 분열을 일으키며, 올무를 놓는 사람들'**을 경계하고, 멀리하십시오. 이런 사람들은 우리 주 그리스도를 섬기는 것이 아니라, 자기네 배를 섬기는 것이며, 그럴듯한 말과 아첨하는 말로 **'순진한 사람들의 마음을 속이는 것입니다.'**"(롬16:17-18; 새 번역 성경) 하고 말입니다.

위와 같은 영적 분열은 여러분이 스스로 멸망을 불러들이게 하는 일인 것입니다. 그런 영적 분열은 여러분이 그리스도 안에 살지 못하게 하는 것입니다. 그렇게 멸망의 길을 가도록 인도함으로써, 마귀는 여러분이 받은 구원을 마귀의 종노릇을 하는 목사들을 통해 그렇게 조롱하는 것입니다.

그렇게 그들은 사탄이 원하는 대로 "자신들의 더러운 욕심을 누구는 수억씩, 누구는 수십억씩 채우는 것"입니다. 그렇게 연봉으로 터무너없이 받아 챙기는 그런 사람들은 자기 배를 신으로 섬기는 자들(롬16:17-18)이라고 하셨습니다. 그렇게 그들은 그리스도의 고난에 참여하지 않으며 오히려 부정한 이익을 탐내고 있는 것입니다. 그들은 그와 같은 못된 행동을 하면서도 가르친다고 순진한 사람들의 마음을 미혹하고 있는 것입니다. 그렇게 악한 행동을 하면서 가르친다면, 그들에게 배우는 사람들은 무엇을 보고 배우겠습니까?

"악한 친구와 사귀어 좋은 버릇마저 그르치는 일"(고전15:33)을 배우게 되는 것입니다.

그러므로 "여러분은 속지 마십시오." 하고 주님은 사도 바울을 통해서 속지 말라고 우리에게 그렇게 말씀하시지 않았습니까?

말씀이 이러한데도 어떤 사람들은 그런 자들에게 속고 있는 사람들이 있는 것입니다. 그렇게 오늘날 **돈을 위해 발람의 잘못된 길로 달려가고 있는 것입니다.** 그만큼 영적 분별력이 없는 것입니다.

거짓 사도, 사람을 속여 먹는 일꾼, 그리스도 사도로 가장하는 자들

그러므로 여러분은 보십시오.

KBS 뉴스 출처에 의하면 어느 교회 목사는 "모 교회의 사회적 위치를 보면 대기업이나 마찬가지인데 담임 목사 연봉 1억 5천여만 원이 적다고 은퇴한다고 말을 한다는 것"입니다. 또 같은 뉴스 출처로서 어느 교회 목사는 연봉에 대하여 "5억이 많다고 하면 복을 못 받아!" 하고 호통을 치며 말을 한다고 합니다. 그렇게들 말을 한다니 무슨 목사가 대기업의 회장입니까? 아니면 대기업 사장입니까? 교회가 무슨 하나님의 말씀을 팔아 장사하는 목사들의 사업장입니까?

그리고 그렇게 어려운 자기 식구들은 전혀 생각하지 아니하고, 오히려 그들에게서 억대 연봉을 넙죽넙죽 받아가는 것이 하나님의 뜻입니까?

"여러분은 세상이나 세상에 속한 것들을 사랑하지 마십시오."(요일 2:15) "돈을 사랑하는 것이 모든 악의 뿌리입니다."(딤전6:10; 공동번역) 하고 주님께서 사도들을 통해 말씀하시지 않았습니까?

"탐심은 우상 숭배니라."(골3:5) 하고 말씀하시지 않았습니까? 그렇게 여러분은 우상 숭배(출20:4-5)하여 하나님과 원수가 되지 마십시오. 그러므로 위와 같은 생각을 가지고 주의 일한다는 사람들에게, 주님을 대신하여 말하겠습니다.

교회를 사회적 위치로 보아 중소기업이나, 대기업으로 생각하는 그와 같은 생각과 교회 돈을 욕심부려 너무 터무니없이 넙죽넙죽 받아가는, 그와 같은 육체적인 생각들이, 여러분은 세상에서 나온 것이라는 것(요일2:16; **"세상에 있는 모든 것**, 곧 육신의 정욕과 눈의 욕심과 삶에 대한 자랑은 모두 '아버지에게서 나온 것이 아니라,' **세상에서 나온 것입니다.**")을 모르셨습니까?

그렇게 육체적인 생각을 하는 사람들은, 세상과 벗이 되고자 하는 사람들로서, 간음하는 자가 되는 것입니다. 그러므로 성경에 그와 같이 세상과 벗이 되고자 하는 사람들에게 주님은 사도 야고보를 통해 이렇게 경고하시지 않았습니까?

"간음하는 사람들이여, **'세상과 벗 되는 것이 하나님과 원수가 된다는 것**'을 모르십니까? 누구든지 세상과 벗이 되고자 하는 사람은 스스로 '하나님과 원수가 되는 것입니다.'"(약4:4; 현대인의 성경) 하고 말입니다.

모세는 믿음으로 이집트 공주의 아들이 되는 것을 거절(히11:24)했는데, 어떤 이들은 믿음을 버리고 이집트 공주의 아들이 되기를, 탐욕을 내세워 자청하는 사람들이 있는 것입니다. 그렇게 일시적인 죄의 쾌락을 누리려는 사람들이 있는 것입니다. 그러므로 연봉으로 목사가 두둑하게 한몫 챙기려는 그와 같은 생각들은, 아버지에게서 나온 것이겠습니까? 세상에서 나온 것이겠습니까?

그러므로 형제 여러분, 그와 같은 목사 밑에서 그들은 무엇을 보고 배우겠습니까?

그들의 말이 증명하고(증명; "교회를 사회적 위치로 보아 대기업이나 마찬가지인데" 하고 말하고) 있듯이 그렇게 세상과 벗이 되고자 하는 생각들을 배우지 않겠습니까?

그와 같이 교회를 세상적 위치로 보는 목사 밑에서 배우는 그들은 "스스로 하나님의 원수가 되어 믿음을 저버리게 되는 것을 배우게 되는 것"입니다. 그러므로 주님은 사도 바울을 통해 일찍이 이런 날이 올 것이라고 오늘날에 대하여 아래와 같이 예언하시지 않았습니까?

"'훗날 사람들이 거짓된 영들의 말을 듣고 악마의 교설'(교설; wordrow.kr 사전; 남들이 잘 알아채지 못할 정도로 재치 있게 꾸며 하는 말)에 '미혹되어' '믿음을 버릴 때가 올 것'이라고 '성령께서 분명히 말씀하십니다.'"(딤전4:1; 공동번역) 하고 말입니다. 이렇게 성령님께서는 사도 바울을 통해 훗날 사람들이 거짓된 영들의 말을 듣고 악마의 교설에 미혹되어 믿음을 버릴 때가 올 것이라고 그와 같이 오늘날에 대하여 예언하셨습니다.

성령님의 말씀이 이러함으로, 정말 그들의 말이 사실이라면, 위의 말씀과 같이 악마의 교설에 미혹되어, 믿음을 버리게 되는 일이 오늘날 교회 안에서 벌어지고 있는 것입니다.

"누가 그렇게 하라고 시키는 일도 아닐 텐데도," 하나님의 말씀대로 되어가는 것을 보면, 하나님의 말씀은 이렇게 살아 있어서 운동하고 있는 것입니다.

"하나님의 말씀은 살아 있고 활동력이 있어서 양쪽에 날이 선 그 어떤 칼보다도 더 날카롭습니다. 그래서 혼과 영과 관절과 골수를 쪼개고 **'사람의 마음속에 품은 생각과 뜻을 알아냅니다.'"**(히4:12; 현대인의 성경) 이렇게 말입니다.

하나님의 말씀이 이러하니 누구든지 하나님 앞에서 자기 마음을 속이려고 하지 마십시오. 많이 가지려고 욕심내지 마십시오. 오히려 마음에 사랑을 품고 형제를 사랑하십시오.

그러므로 이렇게 교인들이 악마의 교설에 미혹되어 세상 말을 할 정도이면, 그 교인들을 가르치는 사람들은 어떠한 사람들이겠습니까?

성령님께서는 사도 바울을 통해, 위와 같이 세상과 벗이 되고자 하는 행동을 하면서, 가르치는 자들에 대하여, 위에서도 말씀을 드렸지만, 여기서도 말씀을 드리겠습니다. 우리를 인도하시는 성령님께서는 이렇게 말씀하셨습니다.

"훗날 사람들이 거짓된 영들의 말을 듣고 악마의 교설'에 '미혹되어'

'믿음을 버릴 때가 올 것'이라고 '성령께서 분명히 말씀하십니다.' '이런 교설(교설; wordrow.kr 사전; 남들이 잘 알아채지 못할 정도로 재치 있게 꾸며 하는 말)은 거짓말쟁이 위선에서 오는 것'이고 '이런 자들의 양심에는 사탄의 노예라는 낙인이 찍혀 있습니다.'"(딤전4:1-2; 공동번역) 하고 말입니다.

이렇게 "훗날 사람들이 거짓된 영들의 말을 듣고 악마의 교설에 미혹되어 믿음을 버릴 때가 올 것이라고 성령님께서 분명하게 말씀하셨다고" 하셨고 "이런 교설은 거짓말쟁이들의 위선에서 오는 것이라고" 말씀하셨으며 "이런 자들의 양심에는 사탄의 노예라는 낙인이 찍혀 있다고"도 분명하게 말씀하셨습니다.

그러므로 위의 말씀과 같이 그리스도의 몸 된 교회에서, 지나치게 물질에 탐욕을 부리는 자들에 대해서는, 성경은 또 어떤 자들이라고 말씀하고 있습니까?

"그러한 자들은' '거짓 사도요,' '기만하는 일꾼들이요,' '자신들을 그리스도의 사도로 가장하는 자들이니라.'"(고후11:13; 킹 제임스 성경) 하고 그러한 자들은 "사탄의 종들"이라고 말씀하고 있습니다.

위에 디모데전서 4장 1절에서 그러한 자들의 양심에는 "사탄의 노예"라는 낙인이 찍혀 있다고 말씀하고 있듯이 고린도 후서 11장 15절에서는 "사탄의 종들"이라고도 그렇게 말씀하고 있는 것입니다.

"그러므로 '사탄의 종들'이 '의의 종으로 가장'한다고 하더라도"(고후11:15) 하고 이렇게 말입니다. 그렇게 "거짓 사도들이 엄청난 보수를

받아가는 것을 방지하기 위하여," "사도 바울은 자기가 받을 권리가 있는 보수를 받지 않겠다고, 계속 반대 의사 표시를 고린도 교회에 표명하였던 것"입니다. 이렇게 말입니다.

"내가 왜 여러분에게 짐이 되지 않으려고 애썼겠습니까? 내가 여러분을 사랑하지 않기 때문에 그랬겠습니까? 결코, 그렇지 않습니다. 내가 여러분을 사랑한다는 것은, 하나님께서도 알고 계십니다. 나는 앞으로도, 지금까지 해 온 대로 계속 밀고 나가겠습니다. 그것은 **'거짓 사도들이 놀이는 기회를 주지 않고,' '그들도 우리처럼 보수를 받지 않고 일하는 것을,' '자랑하도록 하기 위한 것입니다."**(고후11:12; 현대인의 성경) 그리고 바로 이어서 이러한 거짓 사도들을 보고 주님은 사도 바울을 통해 어떤 사람들이라고 말씀하셨습니까? 그런 자들에 대하여, 바로 위에서도 말씀드린 바와 같이, 이런 자들이라고 말씀하셨습니다.

"그런 자들은 거짓 사도이며 사람을 속여 먹는 일꾼이며 그리스도의 사도로 가장하는 자들입니다."(고후11:13; 공동번역) 하고 말입니다. 그렇습니다.

그런 자들은 거짓 사도이며 사람을 속여 먹는 일꾼이며 그리스도의 사도로 가장한 자들입니다. "주님의 말씀이 위와 같다면" 오늘날 교회 안에도 터무니없는 보수를 받아가는 "그리스도의 사도로 가장한 목사들"이 얼마나 많이 있습니까? 그렇게 **돈을 위해 발람의 잘못된 길로 달려가고 있는 것입니다."**

주님의 말씀이 그러하시다면, 위와 같은 교회의 교인들은, 누구를 섬기고 있다는 말씀이 되겠습니까?

그들은 "거짓 목사이며 사람을 속여 먹는 일꾼이며 그리스도의 목사로 가장하는 자들을 섬기고 있다는 말씀"이 되는 것입니다.

그리스도인이라면 누구나 다 알고 있는 사실입니다만 주님은 양들을 위하여 목숨을 버리셨습니다. 그런데 저런 목사들은 어디 양들을 위하여 목숨을 버리고 있습니까? 오히려 "5억이 많다고 하면 복 못 받아!" 하고 호통을 치며(벧후2:3; 새 번역 성경; "또 그들은 '탐욕에 빠져 그럴듯한 말로 여러분의 호주머니를 털어 갈 것'입니다."라는 말씀과 같이) 양들의 것을 탈취하여 자기들의 배를 신처럼 섬기고 있지 않습니까?

저들은 그렇게 엄청난 돈을 받아가면서도 하나님의 말씀을 사실대로 해석하여 어디 바르게 가르치거나 그리스도와 고난을 같이 나누라고 하고 그렇게 나눈 적이 있습니까?

오히려 성경 하나님의 말씀을 잘못 해석하여, 교회 안에 온통 하나님을 거역하는, 여자 목사들로 가득하게 채우고 있지 않습니까? 그러면서도 그들은 여자 목사를 세우지 않는, 다른 교단들을 계속 공략하고 있지 않습니까? 그들은 그렇게 악한 행동하면서도, 살아 계신 하나님을 두려워하지 않을뿐더러, 얼굴 한 번 붉히지도 않고 있는 것입니다. 그만큼 죄를 지으면서도 부끄러워할 줄도 모르고 있는 것입니다. 그러므로 여호와 하나님께서는 "내 백성이 지식이 없어 망하는구나."(호4:6) 하셨습니다.

하와처럼, 또 속아 죄에 빠져버리다

그렇게도 하나님께서는 거룩한 사도들을 통해 **"하와가 뱀의 간사한 말에 속아 넘어간 것처럼"**(고후11:3; 현대인의 성경) 하고 말씀하셨고 **"아담이 속은 것이 아니라 하와가 속아 죄에 빠진 것입니다."**(딤전2:14; 공동번역) 하고 누누이 말씀하셨습니다.

이렇게 하와가 뱀의 간사한 말에 속아 넘어갔고, 아담이 속은 것이 아니라 하와가 속아 죄에 빠진 것입니다. 하고 주님께서 여자들에게 강력하게 경고하셨는데도, 하나님의 말씀을 듣지 않고 멸시하더니, 결국에는 **"여자들이"** **"무법한 자들의 속임수에 빠져들어 가"**(벧후3:17; 공동번역) 인류의 어머니인 "하와가 뱀의 간사한 꾐에 속아 넘어가 죄에 빠진 것"처럼, 그렇게 **"불의한 자들의 꾐에 속아 넘어가 '여자 목사'가 되어 또 죄에 빠진 것입니다."**

그와 같이 "마귀의 종노릇을 하는 목사들"이 성경의 다른 부분들을 잘못 해석하듯이, 하나님의 말씀을 잘못 해석함으로써, "스스로 멸망"(벧후3:16)을 불러들이고 있는 "그 자리에," "여자들이 목사가 되어 자기 **스스로 멸망**에 대열에 합류하고 있는 것"입니다.

그렇게 "그들은 '하나님의 말씀에 불순종'하여 '걸려 넘어지며,' 또 '그렇게 되는 것이 하나님의 뜻입니다.'"(벧전2:8; 현대인의 성경) 하고 사도 베드로는 하나님의 말씀을 받아 기록하여, 전하고 있는데도, 저들 눈에는 보이지 않는 모양입니다. 그러므로 사도 베드로를 통해 전하신 말씀을 주님에게서 받아, 굵은 글씨체로 다시 기록하여, 누구나 눈으로 볼 수 있도록 하겠습니다. 그러므로 여러분들은 이 굵은 글씨체와 함께 기록한 말씀을 보시고, 깨달은 사람은 회개하고, 주님께로 돌아오십시오. 주님께서는 "나 여호와는 그 누구도 죽는 것을 원하지 않는 다. 그러므로 너희는 회개하고 살아라."(겔18:32) 말씀하셨습니다. 그러니 회개하고 사십시오.

"그의 모든 편지에서도 바울은 이와 같은 말을 했는데 **그 가운데는 알기 어려운 말이 더러 있습니다.' '무식하고 믿음이 약한 사람들이 다른 성경처럼 그것도 억지로 해석하여 스스로 멸망을 불러들이고 있습니다.'** 사랑하는 여러분, 그러므로 여러분은 **'이것을 알고 늘 조심'하여 '악한 사람들의 꾐에 빠지지 않도록 믿음을 굳게 지키십시오.'"**(벧후3:16-17) 하셨고 **"그들은 '하나님의 말씀에 불순종'하여 '걸려 넘어지며,' 또 '그렇게 되는 것이 하나님의 뜻입니다.'"**(벧전2:8) 하고 말씀하셨습니다.

여자 목사를 세운 목사들과 여자 목사 여러분들은 잘 보셨습니까? 잘 보셨으면 바로 회개하여 멸망으로 치닫는 길(유1:11; "고라처럼 하나님을 거역하여 멸망으로 치닫고 있습니다.")에서 멈추고 돌아서서 멸망에서 벗어나십시오.

그러므로 여자 목사를 세운 목사들과 여자 목사들은, 마음에 품은 악을 회개하고 기도하십시오. 여러분들이 모르고 지은 죄라면, 혹시 주님께서 여러분의 악한 생각을 용서해 주실지도 모릅니다. 그러므로 회개하고 사십시오.

그리고 한없는 자비를 베풀어 주셔서 여러분을 구원하신 주님께로 돌아오십시오. 그리고 이전과 같이 하나님의 말씀에 불순종하여, 모퉁이에 머릿돌이 되신, 살아 있는 주님의 돌(벧전2:4)에 걸려 넘어지지 마십시오. 오히려 이제부터는 인간의 더러운 정욕과 욕망을 그리고 욕심을 다 벗어 버리고 하나님의 뜻을 행하십시오. 그와 같이하여 회개에 합당한 일을 하십시오.

그러나 만일 회개하지 않으면 심판 전(벧후2:9)에도 한 부자와 같이, 자신이 죽어 육신은 땅에 묻히고, 자신의 영혼은 지옥 불에 떨어져 "영혼에도 감각이 살아 있어서" 혹독하게 고통을 받게(눅16:19-31) 될지도 모릅니다. 그리고 심판의 부활(요5:29)로 나가서 영원한 형벌을 받고, 주님 앞에서 쫓겨나 영원히 타는 유황불 못에 들어가, 말할 수 없는 혹독한 고통을 영원히 받게 될지도 말입니다. 그러니 고집부리지 말고 제발!! 회개하고 지옥 불에 떨어지지 마십시오. 유황이 영원히 타는 불 못에 들어가 영원히 고통받지 마십시오. 멸망을 확실하게 면하십시오.

"사람이 한번 죽는 것은 정해진 운명이지만 죽은 후에는 심판이 있습니다."(히9:27) 하고 말씀하시지 않았습니까?

하나님의 말씀을 허투루 듣지 마십시오. **하나님께서는 정말 살아 계십니다."**

이렇게 주님의 말씀을 받아 전해드렸는데도 회개하지 않는 사람들은, 말로는 하나님을 믿는다고 하지만 실제로는 "하나님을 믿지 않는 사람들"인 것입니다. 그래서 주님은 사도 바울을 통하여 이렇게 말씀하시지 않았습니까?

"그들은 **'하나님을 안다고 하면서도'** '행동으로는 그것을 부정하고 있습니다.'** '그들은 밉살스럽고 불순종하는 사람들'이며 선한 일을 하기에는 적합하지 않은 사람들입니다."(딛1:16; 현대인의 성경) 하고 말입니다.

그러므로 사랑하는 형제 여러분, 성경에서도 하나님을 믿지 않는 사람에 대하여 이렇게 말씀하고 있다고 위에서도 계속하여 말씀드리지 않습니까?

"그러나 **'믿지 않는 자들'**에게는 '집 짓는 자들에게 버림을 받았으나 모퉁이에 머릿돌이 된 돌'이요, 또한 '걸리는 돌과 넘어지게 하는 바위'입니다. '그들이 넘어지는 것은,' **'말씀에 순종하지 않은 탓'**이요, 또

한 '그렇게 되도록 정해 놓으셨기 때문'입니다."(벧전2:7,8; 새 번역 성경, 공동번역) 하고 말씀하셨다고 위에서도 몇 번 말씀을 드렸습니다.

주님께서는 위와 같이 주님의 날이 오기 전에 "법을 무시하는 무법자들이 나타날 것"(마24:11, 살후2:9-10, 딤전4:1, 벧후3:17)이라고 성경에 기록하셨고, 오늘날 세상이 그러하기에 주님께서는 "여러분은 아무에게도 절대로 속아 넘어가지 마십시오."(벧후3:17) 하고 말씀하셨습니다.

그 무법자가 나타나서 할 일은 이렇습니다.

"그 무법자는 사탄의 능력으로 나타나서, 온갖 거짓된 능력과 놀라운 일을 보이며, '멸망할 사람들'에게 갖은 속임수를 다 쓸 것입니다. '그 사람들은' '진리를 받아들이지도 않고,' '사랑하지도 않기 때문에,' 구원을 받지 못해 결국 멸망하고 말 것입니다. 그러므로 '하나님께서 그들 가운데 유혹을 보내, 거짓을 믿게 하실 것'입니다. 그것은 '진리를 믿지 않고, 불의를 좋아하는 모든 사람들(마13:41; 악행을 일삼는 자들)이, 심판을 받도록 하기 위한 것입니다.'"(살후2:9-12; 현대인의 성경, 새 번역 성경) 하고 말입니다.

이렇게 무법자가 나타나서 하는 일은 많은 교인이 "진리에 불순종하게" 하고, "진리를 믿지 못하게" 하며, "진리를 사랑하지 못하도록 만드는 일을 하는 것"입니다. 그렇게 함으로써 결국 **"심판을 받아 멸망하게 하는 것"**입니다. 하나님의 말씀에 불순종하는 여자 목사들과, 하나님의 말씀에 불순종하도록 부추기며, 그들을 지지하는 거짓 목사들처럼 말입니다. 그렇게 사탄은 그리스도 안에 있는 사람들을 "조롱"하는 것입니다. 그들의 믿음을 너무나 "가볍게" 보는 것입니다.

하와가 뱀의 간사한 말에 속아 넘어가 죄에 빠진 것처럼, 그리고 무법한 자들의 꾐에 속아 넘어가 죄에 빠진 여자 목사들처럼, 우리도 "넘어질 것"이라고 말입니다.

그러므로 우리는 이런 때일수록 하나님의 말씀에 더욱 순종하여, "순수한 마음과 선한 양심과 거짓 없는 믿음에서 우러나오는 사랑"을, 불러일으켜야만 하는 것(딤전1:5)입니다. 그래야만 하는 데도 "이러한 목적에서 벗어나서 헛된 일에 빠진 사람들이 많은 것"(딤전1:6-7)입니다.

성경에서 **"때가 이르면"** 사람들이 건전한 교훈을 받으려 하지 않고 귀를 즐겁게 하는 말을 들으려고 자기네 '욕심에 맞추어 스승을 모아들일 것'입니다. 그들은 **'진리를 듣지 않고' '꾸민 이야기에 귀를 기울일 것입니다."**(딤후4:3-4; 새 번역 성경) 하고 주님께서는 사도 바울을 통해 말씀하셨는데, 과연 그렇게 되어 가고 있는 것입니다.

그러므로 지금이 마지막 때 중에서 절정에 다다르고 있는 시대인 것입니다.

이렇게 "때가 이르면" "진리를 듣지 않고" "꾸민 이야기에 귀를 기울일 것입니다."(딤후4:4) 하고 주님께서 사도 바울을 통해 말씀하신 대로 많은 사람이 꾸민 이야기에(공동번역; "꾸며낸 이야기에 마음을 팔 것입니다." 그렇게 "마음을 판다는 것은" "아나니아와 삽비라처럼 **사탄에게 마음을 빼앗겨**

버린다는 말씀"(행5:3)입니다) 마음을 빼앗기고 있는 것입니다. 그렇게 "꾸민 이야기에 마음을 빼앗기고 있다 보니까" 하나님의 말씀에 불순종하게 되는 것(벧전2:8)입니다.

그렇게 "꾸민 이야기에 마음을 빼앗기고 있다 보니까" 여자 목사들이 생겨난 것(고전14:34, 엡5:22-24, 딤전2:11-14)입니다. 그와 같이 "꾸민 이야기에 마음을 빼앗기고 있다 보니까" 산 돌에 걸려 넘어지게 되는 것(벧전2:8)입니다.

그렇게 "꾸민 이야기에 마음을 빼앗기고 있다 보니까" 자기도 모르게 멸망의 문으로 가고 있는 것(마7:13, 벧후3:16)입니다. 그와 같이 "꾸민 이야기에 마음을 빼앗기고 있다 보니까" 심판받게 되는 것(살후2:9-12)입니다. 등등 이외에도 성경 하나님의 말씀을 억지로 해석하여, 수많은 교인이 하나님의 말씀에 불순종하게 함으로써, 영원한 형벌을 받고 주님 앞에서 쫓겨나게 하는 것(살후1:8,9)입니다. 이렇게 오늘날 교회 안에서 말세에 일어날 이런 일들이 끊임없이 일어나고 있는 것입니다.

그러므로 주의 종이라는 사람들은 이것을 알아야만 합니다. 자기가 이 땅에서 한 일을 하나님께 낱낱이 보고해야 할 사람이라는 것(히13:17)을 말입니다.

그러므로 회개하고 지금부터라도 하나님을 두려워하고 선을 행하여야만 하는 것입니다. 그리스도 안에서 살아야만 하는 것입니다. 그리스도와 함께 활동해야만 하는 것입니다. 진심으로 양 떼를 보살펴야만 하는 것입니다. 그러면 목자 장이신 그리스도께서 다시 오실 때 시들지 않는 영광의 면류관을 받게 되는 것(벧전5:1-4; 현대인의 성경)입니다.

그러므로 여러분을 인도하는 주의 종들이 그리스도 안에 살고 있다면, 그는 그리스도의 진실한 종인 것입니다. 그리스도 안에 사는 사람들은 주님의 계명을 실천하는 사람들이기 때문(갈5:25; "우리가 성령님을 따라 산다면 그분의 가르침을 실천해야 합니다."라고 하신 말씀처럼 그리스도의 계명을 실천하는 사람)입니다. 위에서도 그리스도의 계명을 여러 번 말씀을 드렸습니다.

그리스도의 계명에 대한 말씀은, "신앙의 중심을 잡아주는 수평 저울과 같은 말씀"이기 때문에, 여기서도 말씀을 드리겠습니다. 그리스도의 계명은 다음과 같습니다.

"내가 너희를 사랑한 것처럼, 너희도 서로 사랑하여라. 이것이 내 계명이다."(요15:12; 현대인의 성경) 하고 말씀하신 것입니다. 그렇습니다. 위의 말씀이 그리스도의 계명인 것입니다.

그러므로 우리는 그리스도의 계명을 지켜야만 하는 것입니다. 그리스도의 계명은 어렵게 지키는 것이 아닙니다. 그리스도의 계명은 이렇게 지키는 것입니다. 그것은 "우리가 예수님이 우리를 사랑하신 것처럼 우리도 형제를 진실로 서로 사랑하는 것입니다."(요15:12) 이와 같이 그리스도의 사랑을 형제들에게 실천하는 사람이, 그리스도의 계명을 지키는 것입니다.

위에 한 구절의 짧은 말씀이 **"모든 그리스도인의 신앙의 중심축이 되는 말씀인 것"**입니다. 그러므로 여러분들이 믿고 쫓는 주의 종이 신앙의 중심축이 되는 그리스도의 계명을 지키고 있다면, 그런 사람은 우리 주 예수 그리스도의 참된 종입니다. 그러한 주의 종들을 여러분들은 깍듯이 섬기고 본받으십시오.

그러나 그리스도의 계명을 지키지 않으며, 건전한 교훈을 역행하여 주님의 말씀에 불순종하는 사람들을, 여러분들에게 주님의 이름으로 다시 한번 말씀드립니다만(롬11:17) 그런 사람들을 멀리하십시오. 그런 사람들에게서 떠나십시오. 그러나 만일 주님의 말씀을 듣지 않고 그런 사람들을 따르다가는 성령님을 거역하게 되어 함께 멸망할 수 있습니다.

예수님께서는 성령님에 대하여 **"그는 진리의 영이시다."**(요14:17) 말씀하셨으며, 그리고 주님은 아버지께 기도하시기를 **"아버지의 말씀은 진리이십니다."**(요17:17) 하고 기도하셨습니다. 그리고 또 주님은 또 사도 요한을 통하여서는 **"성령님 자신이 진리이시기 때문입니다."** (요일5:7; 현대인의 성경) 하고 그렇게 말씀하셨습니다.

진리에 대한 말씀이 이러한데도 여자 목사가 된 사람들은 주님께서 명령하여 세우신 "교회의 질서"를 깨뜨렸을 뿐만 아니라 아버지의 말씀이신 "진리를 거역"하고 있는 것입니다.

그렇게 여자 목사가 되어 진리를 거역하고 있다면, "성령님은 진리의 영"이시고, "아버지의 말씀은 진리"이시며, "성령님 자신이 진리"이시다면, 여자 목사가 된 사람들은 누구를 거역하게 된 것일까요?

그렇습니다. 이 세상에서도 오는 세상에서도 용서를 받지 못한다는 "성령을 거역하는 죄를 저지르게 된 것"입니다.

"누구든지 말로 인자를 거역하면 사하심을 얻되 누구든지 말로 **'성령을 거역하면'** 이 세상과 오는 세상에서도 사하심을 얻지 못하리라."(마12:32) 하고 주님은 말씀하셨습니다. 그런데 여러분은 말로만도 아니고, 아예 행동으로 성령을 거역하고 있으니, 그 죄를 어떻게 감당하시겠습니까?

주님은 성령님을 모욕하는 사람에 대하여 히브리 기자를 통해 이렇게 말씀하셨습니다.

"모세의 법을 어긴 사람도 두세 증인만 있으면 동정의 여지없이 사형을 받았는데, 하물며 **'하나님의 아들을 짓밟고' '자기를 거룩하게 한 계약의 피를 깨끗지 않은 것으로 여기고,' '은혜를 주시는 성령님을 모욕한 사람'**이 받을 형벌이 어찌 더 무겁지 않겠습니까?"(히10:29; 현대인의 성경) 하고 말입니다. 그리고 "주께서 자기 백성을 심판하실 것이다."(히10:30) 하셨고 "살아 계신 하나님의 심판의 대상이 된다는 것은 정말 무서운 일입니다."(히10:31) 하셨습니다.

말씀이 이러한데도 "하나님을 거역하며," "주님의 말씀을 멸시하고" 있으면서도 "살아 계신 하나님을 두려워하지도 않고 있는 것입니다." 그래서 "회개하지 않고 있는 것입니다." 성경적으로 볼 때 여러분들은 하나님을 얼마나 멸시하는 것인지는 알고는 있습니까?

만일 사람이 그와 같이 법으로 정하여 놓았다고 해도, 이렇게 무법자들처럼 행동하지는 않았을 것입니다. 여러분이 지금과 같이 스스로 여자 목사가 되어, 하나님의 말씀을 안하무인격으로 아예 무시할 정도로는, 그 법을 그렇게 무시하지는 않았을 것이라는 말입니다. 그런데 여러분의 그런 무모한 행동은 사람보다도 못한 하나님으로 멸시하는 행동에 속한 것입니다.

여러분은 하나님께서 여러분의 눈에 보이지 않는다고 해서, 도대체 하나님을 모르시나 본데요. **"우리 하나님은 태워 없애시는 불이십니다."**(히12:29; 새 번역 성경) 그리고 **"주께서 자기 백성을 심판하시리라."**(히10:30) 라는 말씀처럼 "자기 백성을 심판하시는 분"이시며, **"살아 계신 하나님의 심판의 대상이 된다는 것**'은 '정말 무서운 일입니다.'"**(히10:31) 하고 히브리서 기자를 통해 말씀하신 것처럼, 우리 하나님은 **"하나님의 자비를 저버린 사람들을, 열매 맺지 못하는 가지를 포도나무 가지에서 잘라 버리시듯이, 잘라 버리시는 그와 같이 준엄하신 무서운 분"**(롬11:22)이십니다.

그리고 또한 그분은 끝이 없는 우주와 온 세상을 창조하신 창조주 하나님이십니다. 그리고 그분이 만드신 창조물 안에서 보이지 않는 그분의 속성 곧 영원하신 능력과 신성으로 여전히 일하고 계신 분(롬1:20)이십니다. 그리고 또 하나님은, 여러분에게 하늘에서 비를 내려주시고, 열매 맺는 계절을 주셔서 선한 일을 하시고, 음식과 기쁨으로 여러분의 마음을 만족(행14:17; 현대인의 성경)하게 하신 분이십니다. 그리고 하나님은 모든 영의 아버지(히12:9)요 주인이십니다. 그리고 또한 그분이 우리가 성령님의 도움으로 예수님을 "주님"(고전12:3)이라고 부르게 하신 분이십니다.

이렇게 우리가 성령님의 인도를 받아 예수님을 "주님"이라고 부를 수 있게 하였을 뿐만 아니라, 성령님을 통해 하나님을 "나의 아버지"(롬8:15, 갈4:6)라고도 부르게 하신 분도 온 세상을 창조하신 우리 주 하나님이십니다. 이렇게 여러분이 성령님의 인도를 받아 입술로 예수님을 "나의 주님"이라고 부르고, 또 하나님을 "나의 아버지"라고 부르게 됨으로써, 하나님께서 살아 계심을 여러분이 그렇게 직접 체험케 하신 분이십니다.

이렇게 빛을 받아서 하늘의 선물이 주는 기쁨을 맛보게 하셨고, 하나님의 성령을 나누어(고전12:7; 현대인의 성경; "각 사람에게 성령님이 계시는 증거를 주신 것은") 받게 하셨습니다. 또 한 하나님의 선한 말씀과 앞으로 올 세상의 권세의 맛을 보게 하셨습니다.

이렇게 하늘의 신령한 것을 우리로 맛보게 하신 분이 바로 우리 주 예수 그리스도이십니다.

그리고 또한 전지전능하신 아버지 하나님이시오. 그분의 아버지이신, 참 하나님과 함께 계시다가 이 땅에 오신 분이 바로 우리 주 예수 그리스도이십니다.

이렇게 하늘에서 오신 예수님께서 우리 아버지 하나님께서 하늘에 계신다고 우리에게 "확실하게 알려 주셨습니다."

"만일 내가 전에 있던 곳으로 올라가는 것을 본다면 어떻게 하겠느냐?"(요6:62) 하고 말입니다. 이렇게 우리 주님은 죽었다가 3일 만에 다시 살아나셔서, "말씀하신 그대로" 아래와 같이 500명이 넘는 형제들이 보는 앞에서, "전에 있던 곳" 하늘로 올라가셨습니다.

"예수님이 이 말씀을 하신 다음에 그들이(고전15:6; 500명이 넘는 형제들이) 지켜보는 앞에서 하늘로 들려 올라가시니 구름에 싸여 보이지 않았습니다."(행1:9) 하고 그와 같이 예수님의 부활과 승천을 증거하고 있지 않습니까?

예수님의 부활 이후를 간추려서 말씀을 드린다면, 이렇게 예수님이 죽었다가 3일 만에 다시 살아나셔서, 40일 동안 때때로 제자들에게 나타나 자기가 살아 있다는 확실한 증거를, 많이 보여 주시며 하나님의 나라에 관해서 말씀하셨습니다. 그리고 예수님은 사도들과 함께 모인 자리에서 여러 가지 말씀을 하시고 그들이 지켜보는 데서 하늘로 승천하셨습니다.

이렇게 죽었다가 3일 만에 다시 살아나셔서 하늘로 올라가신 예수 그리스도를 우리가 믿음으로써, 지금 바라다보고 있는 눈에 보이는 육적인 것을 소망하고 있는 것이 아니라, 보이지 않는 것 영적인 것을 바라다보고 그것을 소망하고 있는 것입니다. 그래서 주님께서 제자들에게 이렇게 말씀하시지 않았습니까?

"생명을 주는 것은 하나님의 영이며 인간의 육체는 아무 쓸모가 없다. 내가 너희에게 한 말은 영적인 생명에 관한 것이다."(요6:63; 현대인의 성경) 하고 말입니다. 그런데도 눈에 보이고 썩어질 것에 욕심을 부리며, 그것에 열정을 쏟아붓고 있는 사람들이 많은 것입니다.

그러기에 물어보겠습니다. 여러분들은 예수 그리스도를 믿는 믿음으로, 육체의 앞날에 대한 유토피아를 꿈꾸고, 천국에도 희망을 걸며 그렇게 믿고 있나요?

주님은 자기를 믿는 자들의 믿음 생활에 대하여 사도 바울을 통하여 이렇게 말씀하셨습니다.

"우리는 그리스도를 믿음으로써 지금의 이 **'은총'**(영적 은총)을 누리게 되었고 또 **'하나님의 영광에 참여할 희망**(벧전2:9; 놀라운 빛 가운데로 들어가게 하신 하나님)**을 안고 기뻐하고 있습니다.'** 그뿐 아니라 우리는 고통을 당하면서도 기뻐합니다. 고통은 인내를 낳고 인내는 시련을 이겨내는 끈기를 낳고 그러한 끈기는 소망을 낳는다는 것을 우리는 압니다. '이 소망은 우리를 실망을 주지 않습니다.' 우리가 받은 성령께서 우리 마음속에 하나님의 사랑을 부어 주셨기 때문입니다."(롬5:2-5; 개역 성경, 공동번역) 하고 말입니다. 그리고 주님은 이렇게도 말씀하셨습니다.

"우리가 하나님의 자녀라면 하나님의 상속자로서, 그리스도와 공동상속인이 되는 것입니다. 그러므로 **'우리가 그리스도와 영광을 받으려면,' '그분과 함께 고난도 받아야 합니다.'"**(롬8:17; 현대인의 성경) 하고 말입니다. 그래서 사도 바울은 이렇게 고백하지 않았습니까?

"이제 나는 여러분을 위하여 고난을 받는 것을, 기쁘게 여기고 있으며, '그리스도의 남은 고난'을, '그분의 몸 된 교회를 위하여, 내 육신으로 채워가고 있습니다.'"(골1:24; 새 번역 성경) 하고 말입니다. 이렇게 사도 바울은 "잠시 죄의 쾌락을 누리는 것"보다는 "형제들과 함께 그리스도를 위해 받는 고난을 택한 것"입니다.

그리고 주님은 사도 베드로를 통해 이렇게도 말씀하셨습니다.

"그리스도의 고난의 증인으로 '장차 영광을 함께 누릴 사람'으로 부탁합니다."(벧전5:1) 하고 말입니다. 주님은 이렇게도 기도하셨습니다.

"아버지께서 천지 창조 이전부터 나를 사랑하셔서서 '나에게 주신 그 영광을 그들도 볼 수 있게 하여 주십시오.'"(요17:24; 공동번역) 하고 주님의 제자들이 아버지께서 주신 "그 영광"을 볼 수 있게 해 달라고 그렇게 기도하셨습니다. 그래서 사도 요한은 "그분의 참모습을 보게 될 것입니다."(요일3:2) 하고 기록하지 않았습니까?

그리고 주님은 육체의 앞날에 대한 행복을 꿈꾸며, 믿음 생활하려고 하는 사람들에게 사도 요한을 통하여 이렇게 말씀하시지 않았습니까?

"여러분은 세상이나 세상에 속한 것들을, 사랑하지 마십시오.' 누구든지 세상을 사랑하면, 그 사람에게는 '하나님 아버지에 대한 사랑이 없습니다.' 세상에 있는 모든 것, 곧 육신의 정욕과 눈의 욕심과 삶에 대한 자랑은, '모두 아버지에게서 나온 것이 아니라' '세상에서 나온 것입니다.'"(요일2:15-16; 현대인의 성경) 하고 말입니다.

주님의 말씀이 이러한데도 일시적인 죄의 쾌락을 위해 세상을 사랑하며, 천국에도 희망을 걸고 사는 그런 두 얼굴을 하고 사는 사람들이 있습니다. 그런 사람들 가운데는 안타깝게도 주님의 그 영광을 볼 수 없는 사람들도 생기게 되는 것입니다. 그들도 여러분처럼 주님의 이름을 부르는 사람들입니다. 그러므로 그날에 주님의 영광을 볼 수 없는 그들은 어떤 사람들인지를 잘 보십시오.

"하나님은 공정하셔서 **'여러분을 괴롭히는 자들'**에게는 '괴로움을 당하게 하시고,' **'괴로움을 당하는 여러분'**에게는, 우리와 함께 안식을 누리게 해 주실 것입니다. 이 일은 주 예수께서 자기의 권능 있는 천사들과 함께 하늘로부터 불꽃 가운데 나타나셔서 **'하나님을 알지 못하는 사람들'**과 **'우리 주 예수의 복음에 순종하지 않는 자들'**을 처벌하실 때에 일어날 것입니다. 그들은 영원한 형벌을 받고 주님 앞에서 쫓겨나 **'그의 능력 있는 영광을 보지 못할 것입니다.'"**(살후1:6-9; 새 번역 성경, 현대인의 성경, 공동번역) 하고 그렇게 말씀하신 것입니다.

위의 말씀과 같이 그렇게 "그리스도의 능력 있는 영광을 볼 수 없는 자들"은 "하나님을 알지 못하는 사람들"과 "우리 주 예수 그리스도의 복음에 순종하지 않는 자들"입니다.

하나님을 알지 못하는 자들에 대하여서는 "형제를 사랑하지 않는 사람은 **하나님을 모릅니다.'"**(요일4:8; 현대인의 성경) 하고 위에서도 말씀을 드렸습니다.

이렇게 하나님에게서 나온 "하나님의 자녀들도 모르고" "하나님도 모르기에" "하나님과 그분의 자녀들을 사랑할 줄을 모를 뿐만 아니라, 오히려 하나님의 진리의 말씀을 거역"하게 되는 것입니다. 이와 같이 여자 목사들은 하나님을 모르기에, 세상 변화에 따라 여자 목사가 되어, 우리 주님의 복음에 순종하지 않고, 오히려 불순종하고 있는 것입니다. 그러므로 그와 같이 세상을 사랑하도록 주관하는 사탄에게 마음을 빼앗겨 버려, 하나님의 말씀에 불순종하는 여자 목사들이, 어떻게 "우리 주님의 능력 있는 영광을 볼 수 있겠습니까?"

유대인들도 "우리는 사생아가 아니오, 우리 아버지는 하나님 한 분뿐이오."(요8:41)라고 대답하였으나 실상은 그들도 "하나님을 알지도 못하는 자들"이었습니다. 그래서 그들은 자기들의 하나님이시고, 자신들의 아버지이시며 그분의 아들이신 예수님이, 그들의 아버지와 함께 계셨다가 하늘에서 내려오셨습니다. 그러하셨는데도, 정작 유대인들은 자기들이 주장하는 하나님을 모르는 자들이었기 때문에, 하나님의 아들이신 예수님을 알아보지도 못하였을 뿐 아니라, 그분의 아들이신 예수님을 사랑하지 못하였던 것입니다.

"너희 아버지가 정말 하나님이시라면 너희가 나를 사랑했을 것이다."(요8:42)라고 말씀하신 주님의 말씀처럼 말입니다. 그러므로 여러분들도 여러분 자신이 하나님의 자녀라면, 하나님의 자녀가 된 형제들을 사랑하여야만 하는 것입니다. 그러하니 여러분은 잘 보십시오. 위의 말씀을 입증해 주는 구절이 있습니다.

"예수님이 그리스도이심을 믿는 사람들은 누구나 **'하나님의 자녀입니다.'**"(요일5:1) 하고 말씀하셨고 "그리고 하나님 아버지를 사랑하는 사람은 '**그분의 자녀들도 사랑합니다.**'"(요일5:1) 하셨습니다. 그리고 하나님의 자녀들을 사랑하고 있다는 것을, 알 수 있는 것에 대하여 주님은 이렇게 말씀하셨습니다.

"우리가 하나님을 사랑하고 '**그분의 계명을 지킬 때 이것으로**' 우리는 하나님의 자녀들을 사랑하고 있다는 것을 알게 됩니다."(요일5:2) 하고 말입니다. 그리고 이어서 하나님을 사랑하는 법에 대하여는 이렇게 말씀하셨습니다.

"하나님을 사랑하는 것은 곧 '**그분의 계명을 지키는 것입니다.**'"(요일5:3) 이렇게 말입니다. 그리고 공동번역은 같은 구절을 이렇게 해석합니다.

"하나님의 계명을 지키는 것이, 곧 '**하나님을 사랑하는 일입니다.**'"(요일5:3) 하고 말입니다.

그러므로 여러분은 보십시오. 여호와 하나님께서는 자기를 사랑하는 자들에 대하여 이렇게 말씀하셨습니다.

"**나를 사랑하고 내 계명**(하나님의 계명)**을 지키는 자**'에게는 천 대까지 은혜를 베푸느니라."(출20:6) 하고 말입니다. 이렇게 "하나님의 계명을 지키는 것이, 하나님을 사랑하는 일인 것"입니다. 이렇게 "하나님의 자녀를 사랑하는 것이 하나님을 사랑하는 것"입니다.

이렇게 주님은 위의 말씀을 증거로 우리에게 "**너희 아버지가 정말 하나님이시라면 너희가 나를 사랑했을 것이다.**"(요8:42)라고 하신 말씀에 대하여, 사도 요한을 통하여 "입증하여 보여 주시고 있는 것"입니다. 아래의 해석과 같이 이렇게 말입니다.

"여러분의 아버지가 정말 하나님이시라면, 여러분이 하나님의 자녀를 사랑했을 것입니다." 이렇게 말입니다. 그러므로 결국은 눈에 보이는 형제를 사랑하는 것이, 곧 하나님을 사랑하는 것(요일4:20)임을 우리는 알 수 있는 것입니다. 그 말씀이 바로 **"형제 사랑은 곧 하나님 사랑"**이라는 말씀인 것입니다.

이렇게 형제를 사랑하는 사람들은, 서로 행동으로 진실하게 사랑함으로써, **"크고 첫째 되는 계명과 그와 같은 둘째 되는 계명을 다 지키게 되는 것"**입니다. 위에 말씀이 성경이 가르치고자 하는 **"성경 전체의 핵심의 말씀인 것"**입니다.

그러므로 사랑하는 형제 여러분, 여러분의 눈에 보이는 형제를 지금부터라도 행동으로 진실하게 사랑합시다. 그렇게 형제를 사랑하는 일이 곧 주님을 사랑하는 일이요, 주님을 이 땅에 보내신 하나님을 사랑하는 일입니다. 그러므로 주님께서 말씀하시기를 "너희가 여기 있는 형제 중에 지극히 작은 자 하나에게 한 것이, 곧 내게 한 것이니라."(마25:40) 하고 말씀하시지 않았습니까?

주님의 말씀이 이러함으로 이제부터라도 눈에 보이는 형제를 힘써서 사랑합시다. 그리고 그리스도의 죽음을 본받아 형제를 위하여 목숨을 버려 사랑합시다. 그것은 왜냐하면 주님이 우리를 위해서 스스로 목숨을 버리신 일로 우리는 사랑이 무엇인지를 알았기 때문입니다. 그러므로 우리도 눈에 보이는 형제를 위하여 목숨을 버려 사랑하는 것이 마땅한 것(요일3:16)입니다.

그러나 만일 예수님이 그리스도이심을 믿는다고 하면서도, 하나님에게서 나온 형제들을 서로 사랑하지 않는다면, 여러분들도 유대인과 같이, 그리고 "형제를 사랑하지 않는 사람은 하나님을 모릅니다."라는 말씀과 같이, 하나님을 모르는 사람들인 것입니다.

이처럼 "주여, 주여," 하고 부르거나 "하나님 아버지," 하고 부르면서도 하나님을 모르는 이런 사람들은, 하나님을 자신들의 아버지라고 주장하면서도, 하나님을 알지 못하는 그런 유대인들과 같은 사람들이 되는 것입니다. **"자기의 옛 죄"**가 **"깨끗해진 것"**을, 잊어버리는 사람이 되는 것입니다. 그렇게 하나님의 비밀인 예수 그리스도를 아는 지식이 없는 사람들이 되는 것입니다.

그러므로 "하나님을 '아버지'라고 부르는 사람들"은 그리고 "예수님을 '주님'이라고 부르는 사람들"은, 거룩하신 성령님을 자신의 마음에 모신 사람들인 것입니다. 우리가 이러한 사람들이므로 성령의 도움을 받아 형제를 사랑하되 행함과 진실함으로 사랑하십시오.

만일 "그렇지 않을 때는" 마태복음 25장에 등장하여 "주님, 주님," 하고 부르는 거짓 형제들(마25:44)처럼 마귀의 자식으로 판결을 받아(요8:44, 요일3:10) 영원한 형벌을 받고 주님 앞에서 쫓겨나 영원히 꺼지지 않는 불에 들어가게 되는 것(마25:41; "저주를 받은 자들아, **나'를 떠나** 마귀와 그 사자들을 위하여 예비 된 영원한 불에 들어가라.")입니다. 주님은 위와 같은 거짓 형제들에게 사도 바울을 통해서도 같은 말씀을 하셨습니다.

"그들은 영원한 형벌을 받고 **'주님 앞'**에서 쫓겨나 **'그의 능력 있는 영광'**을 보지 못할 것입니다."(살후1:9) 하고 말입니다. 그와 같이 주님의 영광을 볼 수 있게 초대받은 사람들(요17:24)이, 주님의 영광스러운 능력 있는 영광을 보지 못하고, 주님 앞에서 쫓겨나게 되는 것입니다.

그러므로 그렇게 "성령을 거역"하여 "진리에 순종하지 않는 목사가 있다면," 진리에 순종하지 않는 그런 목사를 두려워하지 말고(신18:22; 현대인의 성경; 만일 어떤 예언자가 여호와의 이름으로 말을 해도 "그것이 이루어지지 않으면," 그가 말한 것은, 여호와께서 주신 말씀이 아니라, **그가 제멋대로 지어낸 말**입니다. (요7:18; "자기 마음대로 말하는 사람"은 자기의 영광을 구하는 사람이다) 그러므로 여러분은 "그런 자를 두려워하지 마십시오."라는 말씀과 같이 두려워하지 말고), 교회가 그런 목사에게 회개하기를 권면하는 일입니다.

그렇게 교회가 다 나서서 죄에서 떠나 돌이키기를 권면하였음에도, 권면을 받은 "마귀에게 사로잡혀서 마귀의 종노릇을 하는 목사"가 회개하지 않는다면, 그와 같은 사람들을 교회 밖으로 내어 쫓아내거나(고전5:12-13), 그렇지 않으면 그런 목사들에게서 빨리 떠나야만(민16:26; "이 악한 자들의 천막에서 **떠나고**," 롬16:17; "너희가 배운 교리에 역행하여 분열을 일으키고 공박하는 자들을 주의하고 그들에게서 **떠나라.**" 계18:4; "내 백성아, **거기서 나와** 그의 죄에 참여하지 말고, 그의 받을 재앙들을 받지 말라.") 합니다.

만일 그렇게 하지 않으면 여러분들은 "마귀에게 사로잡혀서 마귀의 종노릇을 하는 목사가 한 일에 동참한 죄"로 그들과 함께 멸망하게(민16:26;현대인의 성경; "그렇지 않으면 **여러분도 그들의 죄로 함께 멸망하게 될**

것입니다."라는 말씀과 같이, 그리고 렘20:6; "바스훌아, 너와 너의 모든 집 안 사람들이 포로가 되어 바빌로니아로 끌려가 거기서 **죽어 묻힐 것**이며, 또 **'너의 거짓된 예언을 들은 네 친구들도 그렇게 될 것이다.'**") 되는 것입니다.

하나님의 자녀인 여러분들은 이렇게 계속 미련을 떨며 "진리를 거역하는 자들"을 만날 이유가 하나도 없는 것입니다. 여러분들은 차라리 자기 새끼를 빼앗긴 암곰을 만나십시오. 새끼를 빼앗긴 암곰을 만나는 것이 어리석은 미련한 사람을 만나는 것보다 더 낫다고(잠17:12) 말씀하셨습니다. 만일 그렇지 않고 여러분들이 진리에 순종하지 않는 그러한 여자 목사뿐만 아니라 나쁜 친구들을 계속 만났다가는, 그들 속에 물들어 버려(요이1:10-11), 자기도 모르게 좋은 버릇마저 그르치게 되어 그들과 같은 죄를 짓게 되는 것입니다. 그러므로 "정신을 똑바로 차리고 죄를 짓지 마십시오."(고전15:34) 하고 말씀하시지 않았습니까?

그렇게 "하나님을 제대로 알지 못하는 사람이 있다고"(고전15:34) 말입니다.

그러므로 그와 같이 계속 "육체의 정욕대로 살며," 여자 목사를 세운 목사들과 그리고 그들에 의하여 세움을 받은 여자 목사들과 같이, **"하나님의 권위를 멸시하는 죄"**를 짓다가 죽으면, 심판 전에도 육체는 땅에 묻히고, "영혼은 지옥 불"에 들어가 한 부자와 같이 "영혼에도 감각이 살아 있어서" 혹독한 벌을 받게 하실 수 있다고(벧후2:9-10) 성경은 말씀하고 있습니다. 그런 후에 죽지 않는 몸으로 부활(요5:29; "악한 일을 한 사람은 부활하여 심판을 받을 것이다.")하여 심판을 받아 "마귀와 그의 사자들을 위하여 예비 된 영원한 불"에 들어가 영원히 혹독한 고통을 받으며 살게 된다고(마25:41) 말입니다.

그러므로 여러분들은 "오늘이라는 시간이 있는 동안에 회개하십시오." 회개하고 영혼의 목자와 감독자가 되시는 그리스도에게로 돌아오십시오. 혹시 모르고 지은 죄라면, 용서해 주실지도 모릅니다. 그런 다음 회개한 증거를 행동으로 보이십시오. 그와 같이하여 그리스도의 몸 된 교회 안에서 질서 있는 생활을 하시기를 바랍니다.

하나님 아버지의 풍성하신 자비가 사랑하는 형제 여러분과 회개하는 형제들에게 있기를 우리 주 예수 그리스도 이름으로 기도합니다. 아멘.